쉽다! 재밌다! 법률지식이 쏙쏙!

개정4판

만화로 배우는 헌법 판례 120

글 _ 김재호 변호사
그림 _ 김영란

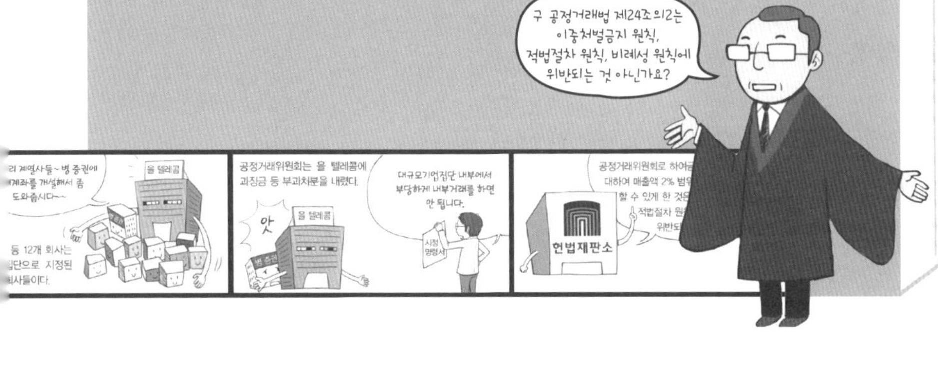

구 공정거래법 제24조의2는
이중처벌금지 원칙,
적법절차 원칙, 비례성 원칙에
위반되는 것 아닌가요?

⊙MG 박문각

Preface 머리말

2013년 12월에 영화 '변호인'(감독 양우석)이 개봉되었습니다. 주인공 송우석(송강호 분) 변호사는 '대한민국의 주권은 국민에게 있고 모든 권력은 국민으로부터 나온다.'는 대한민국 헌법 제1조 제2항을 인용하였습니다. 송우석 변호사는 "국가란 국민입니다."라고 외쳤고, 관객들은 이 부분을 영화의 명장면 중 하나로 꼽았습니다.

우리는 주로 헌법을 TV에서 정치인들의 입을 통해 접하게 됩니다. 학창시절 사회교과서에서 '헌법은 우리나라 최고의 법이다.'라고 배운 뒤에도 헌법은 우리가 느끼는 일상의 범위 밖에 있는 듯합니다. 하지만 2016년 방영된 '응답하라 1988'에서 보라와 선우 커플이 동성동본 문제로 결혼에 적신호가 켜졌다가 1997년 위헌 결정이 내려져 결혼에 골인한 것이나, 62년간 유지되었던 형법상 간통죄가 위헌결정을 받아 2015년에 형법에서 사라진 것을 보면 알 수 있듯이, 헌법은 우리가 의식하지는 못하지만 공기와 같이 언제나 우리 곁에 있습니다. 고 노무현 전대통령에 대한 탄핵심판사건의 결정내용이 달라졌다면, 헌법재판소가 서울이 수도라는 것은 관습헌법이라며 행정수도특별법에 대해 위헌 결정을 내리지 않았다면, 통합진보당 해산 결정을 내리지 않았다면 우리의 삶은 어떻게 달라져 있을까요? 이렇듯 우리는 손에 잡히지 않을 듯 추상적인 헌법의 존재와 가치를 헌법재판소 판례를 통해 뚜렷이 느낄 수 있습니다.

"모든 국민은 인간으로서의 존엄과 가치를 가지며, 행복을 추구할 권리를 가진다(대한민국 헌법 제10조)."

아름다운 한 편의 시 구절과도 같은 이 규정을 구체화하기 위하여 헌법은 국민의 기본권을 규정하고 국회, 대통령, 행정부, 법원과 같은 통치기구 등을 규정하고 있습니다. 딱딱하고 어렵게 느껴지는 헌법규정을 두꺼운 교과서가 아닌 만화로, 이론이 아닌 판례를 통해 들여다보며 헌법의 세계에 빠져보는 건 어떨까요?

본서의 특징은 다음과 같습니다.

첫째, 헌법재판소의 판례 중 시험 출제 가능성이 높고, 핵심적인 판례 120개를 정선하여 재미있게 볼 수 있는 만화로 재구성하였습니다.

둘째, 각각의 판례에 대한 사건개요, 판결요지, 해설을 함께 실어 각 판례에 대한 전방위적 학습이 가능하도록 하였습니다.

셋째, 각 판례와 연관된 기출문제나 기출지문을 실어 실제 시험에 대비할 수 있도록 구성하였습니다.

헌법재판의 전체적인 절차와 내용을 본서만을 통해 이해하기는 어려울 수 있으나, 헌법의 내용을 처음 접하는 초심자나 주요 판례의 내용을 공부하고자 하는 수험생에게 좋은 교재가 되리라 생각합니다. 끝으로 부모님과 아내에게 이 책을 통해 감사의 마음을 전합니다.

김재호 씀

Contents 차례

제1편 헌법총론

제1장 관습헌법
1. 신행정수도의 건설을 위한 특별조치법 사건 • 10
2. 행정중심복합도시 건설을 위한 특별법 사건 • 12

제2장 합헌적 법률해석
3. 지방공무원법 제29조의3 사건 • 14

제3장 헌법의 수호
4. 노동조합 및 노동관계조정법 사건 • 16

제4장 국적
5. 국적법 제2조 제1항 제1호 사건 • 18

제5장 재외국민의 보호의무
6. 재외동포의 출입국과 법적지위에 관한 법률 제2조 제2호 사건 • 20

제6장 영토
7. 신 한 · 일 어업협정 사건 • 22
8. 대한민국과 일본국 간의 재산 및 청구권에 관한 문제의 해결과 경제협력에 관한 협정 제3조 사건 • 24

제7장 헌법전문
9. 5·18 민주화운동등에 관한 특별법 제2조 위헌제청 사건 • 26

제8장 법치국가의 원리
10. 세무사법 개정법률 중 제3조 제2호 위헌확인 사건 • 28
11. 구 조세특례제한법 제69조 제1항 사건 • 30

제9장 문화국가의 원리
12. 학교보건법 제6조 제1항 제2호 위헌제청 사건 • 32

제10장 평화국가의 원리
13. 일반 사병 이라크 파병 위헌확인 사건 • 34

Contents 차례

제2편 기본권

제1장 기본권총론

14. 외국인근로자의 고용 등에 관한 법률 제25조 제4항 사건 • 38
15. 미국산 쇠고기 및 쇠고기 제품 수입위생조건 사건 • 40
16. 법학전문대학원 설치인가 중 입학전형계획 사건 • 42
17. 경고 및 관계자 경고 처분취소 사건 • 44
18. 도로교통법 제78조 제1항 단서 제5호 사건 • 46
19. 계구사용행위 등 위헌확인 사건 • 48

제2장 인간의 존엄과 가치 · 행복추구권 · 평등권

20. 초기배아 폐기 사건 • 50
21. 2007년 전시증원연습 사건 • 52
22. 이동전화 식별번호 통합추진 사건 • 54
23. 무공영예수당 사건 • 56
24. 혼인빙자간음죄 사건 • 58
25. 불법 유통된 담배에 대한 과세 사건 • 60
26. 인터넷게임 이용금지 강제적 셧다운제 사건 • 62
27. 좌석안전띠 미착용 사건 • 64
28. 법위반사실 공표 명령 사건 • 66
29. 태아의 성별 고지 금지 사건 • 68
30. 청소년 성매수자 신상공개 제도 사건 • 70
31. 간통죄 위헌확인 사건 • 72
32. 동원교육대 입영 중 사고에 대한 보상 사건 • 74
33. 제대군인 가산점 제도 사건 • 76
34. 연합뉴스 국가기간뉴스통신사 지정 사건 • 78

제3장 자유권적 기본권

35. 사형 제도 사건 • 80
36. 입법부작위 위헌확인 사건 • 82
37. 긴급조치 제1호, 제2호, 제9호 사건 • 84
38. 피의자 조사과정 촬영허용행위 사건 • 86
39. 검사조사실에서의 계구사용 사건 • 88
40. 구 특정범죄 가중처벌 등에 관한 법률 제2조 제1항 사건 • 90
41. 부당내부거래에 대한 과징금 부과 사건 • 92
42. 배우자의 선거범죄로 인한 당선무효 사건 • 94
43. 형사기소된 국가공무원의 임의적 직위해제 사건 • 96

44. 게임물 수거·폐기 사건 • 98
45. 변호인의 조력을 받을 권리 침해 위헌확인 사건 • 100
46. 공직자의 병역공개 사건 • 102
47. 위치추적 전자장치 부착 사건 • 104
48. 수용자의 서신 검열 사건 • 106
49. 미결수용자의 종교집회 참석 제한 사건 • 108
50. 음란표현 사건 • 110
51. 인터넷게시판 본인확인조치 위헌확인 사건 • 112
52. 미결수용자 일간지구독금지 사건 • 114
53. 방영금지가처분과 검열금지 사건 • 116
54. 야간 시위 금지 사건 • 118
55. 물포사용행위 위헌확인 사건 • 120
56. 농업협동조합법 위헌확인 사건 • 122
57. 국립대학의 장 후보자 추천 사건 • 124
58. 민법 제766조 제1항 위헌소원 사건 • 126
59. 실화책임에 관한 법률 사건 • 128
60. 하천 제외지 국유화 사건 • 130
61. 신용카드 의무수납 및 가격차별금지 제도 사건 • 132
62. 백화점 셔틀버스 운행금지 사건 • 134
63. 경비업의 겸영금지 사건 • 136
64. 형법 제341조 제1항 사건 • 138

제4장 정치적 기본권

65. 재외선거인 선거권 및 국민투표권 제한 사건 • 140
66. 공직선거법 제93조 제1항 사건 • 142
67. 공무원의 정당가입 금지 및 정치행위 규제 사건 • 144
68. 지방공무원법 제61조 사건 • 146

제5장 청구권적 기본권

69. 심리불속행 제도와 상고제한 사건 • 148
70. 부동산 강제집행절차에서의 경매취소 사건 • 150
71. 형사보상청구의 상한제 및 불복금지 사건 • 152

제6장 사회적 기본권

72. 2002년도 최저생계비 고시 사건 • 154
73. 공무원 퇴직연금 지급정지 사건 • 156

74. 중학교 급식 경비부담 사건 • 158
75. 고교평준화 조례 사건 • 160
76. 학교폭력예방법상 재심제한 사건 • 162
77. 산업재해보상보험법 적용대상 제외 사건 • 164
78. 공무원의 노동조합 가입범위 사건 • 166
79. 유니언 샵 규정에 대한 위헌소원 사건 • 168
80. 특수경비원의 단체행동권 제한 사건 • 170
81. 공직선거운동에서 확성장치 사용 사건 • 172
82. 군인사법 제48조 제3항 사건 • 174
83. 호주제 위헌 사건 • 176
84. 비의료인의 무면허 의료행위 금지 사건 • 178
85. 남자만의 병역의무 부과 사건 • 180

제3편 통치구조

제1장 대의제의 원리
86. 국회구성권 사건 • 184
87. 비례대표국회의원 의석승계 제한 사건 • 186

제2장 정당 제도
88. 지구당 및 당연락소 폐지 사건 • 188
89. 정당등록요건 사건 • 190

제3장 선거 제도
90. 지방자치단체장의 선거일 전 180일 사퇴 사건 • 192

제4장 지방자치 제도
91. 경상남도 등과 정부 간의 권한쟁의 • 194
92. 제주특별자치도에 대한 헌법소원 사건 • 196
93. 당진군과 평택시 간의 권한쟁의 • 198
94. 주민소환에 관한 법률 사건 • 200

제5장 국회
95. 국회의원과 국회의장 간의 권한쟁의 1 • 202
96. 국회의원과 국회의장 간의 권한쟁의 2 • 204
97. 국회의장과 국회의원 간의 권한쟁의 • 206

98. 사립학교법 개정법률안의 수정안 가결 사건 • 208
99. 대통령(노무현) 탄핵 사건 • 210

제6장 대통령·행정부

100. 금융감독위원회의 부실금융기관 처분 사건 • 212
101. 게임제공업소의 경품취급기준고시 사건 • 214
102. 사면법 제5조 제1항 제2호 사건 • 216

제7장 국무총리

103. 정부조직법 제14조 제1항 사건 • 218

제8장 감사원

104. 강남구청 등과 감사원 간의 권한쟁의 • 220

제9장 법원

105. 법원조직법 제45조 제4항 사건 • 222

제4편 헌법재판

제1장 위헌법률심판

106. 민사집행법 제130조 제3항 사건 • 226
107. 헌법재판소법 제47조 제2항 사건 • 228
108. 구 사립학교법 제53조의2 제3항 사건 • 230

제2장 헌법소원심판

109. 사법시험령 제4조 제3항 효력정지 가처분신청 사건 • 232
110. 불기소처분취소(재심) 사건 • 234
111. 헌법재판소법 제68조 제1항 사건 • 236
112. 형사소송법 제260조 제4항 사건 • 238
113. 조선철도 주식의 보상금청구에 관한 헌법소원 사건 • 240
114. 군법무관의 월급 인상 규정에 관한 사건 • 242
115. 행정입법부작위 위헌확인 사건 • 244
116. 근로기회제공불이행 위헌확인 사건 • 246
117. 재판지연 위헌확인 사건 • 248
118. 기소유예처분취소 사건 • 250
119. 아동·청소년의 성보호에 관한 법률 제38조 제1항 제1호 사건 • 252
120. 사실혼 배우자의 상속권 사건 • 254

제1장 관습헌법
제2장 합헌적 법률해석
제3장 헌법의 수호
제4장 국적
제5장 재외국민의 보호의무
제6장 영토
제7장 헌법전문
제8장 법치국가의 원리
제9장 문화국가의 원리
제10장 평화국가의 원리

제 1 편

01

헌법총론

1 신행정수도의 건설을 위한 특별조치법 사건
헌재 2004.10.21. 2004헌마554·566(병합) 전원재판부

조문보기

헌법 제1조
② 대한민국의 주권은 국민에게 있고, 모든 권력은 국민으로부터 나온다.

헌법 제72조
대통령은 필요하다고 인정할 때에는 외교·국방·통일 기타 국가안위에 관한 중요정책을 국민투표에 붙일 수 있다.

헌법 제130조
① 국회는 헌법개정안이 공고된 날로부터 60일 이내에 의결하여야 하며, 국회의 의결은 재적의원 3분의 2 이상의 찬성을 얻어야 한다.
② 헌법개정안은 국회가 의결한 후 30일 이내에 국민투표에 붙여 국회의원선거권자 과반수의 투표와 투표자 과반수의 찬성을 얻어야 한다.
③ 헌법개정안이 제2항의 찬성을 얻은 때에는 헌법개정은 확정되며, 대통령은 즉시 이를 공포하여야 한다.

사건개요 청구인들은 서울특별시 소속 공무원, 서울특별시 의회의 의원, 서울특별시에 주소를 둔 시민 혹은 그 밖의 전국 각지에 거주하는 국민들이다. 청구인들은 신행정수도의 건설을 위한 특별조치법이 헌법개정 등의 절차를 거치지 않은 수도이전을 추진하는 것이므로 법률 전부가 헌법에 위반되며 이로 인하여 청구인들의 국민투표권, 납세자의 권리, 청문권, 평등권, 거주이전의 자유, 직업선택의 자유, 공무담임권, 재산권 및 행복추구권을 각 침해받았다는 이유로 위 법률을 대상으로 그 위헌의 확인을 구하는 헌법소원심판을 청구하였다.

판결요지 신행정수도의 건설을 위한 특별조치법은 수도이전의 의사결정을 포함한다. 우리 헌법상 관습헌법은 인정될 수 있다. '우리나라의 수도가 서울인 점'은 자명하고 전제된 헌법규범으로서 불문헌법으로 인정될 수 있다. 또한 '우리나라의 수도가 서울인 점'은 관습헌법으로 인정될 수 있다. 관습헌법을 하위 법률의 형식으로 의식적으로 개정할 수 없다. 따라서 '우리나라의 수도가 서울인 점'에 대한 관습헌법을 폐지하기 위해서는 헌법개정이 필요하다. 이 사건 법률은 헌법 제130조에 따라 헌법개정절차에 있어 국민이 가지는 국민투표권을 침해하여 위헌이다.

해설 우리나라는 성문헌법을 가진 나라로서 기본적으로 우리 헌법전(憲法典)이 헌법의 법원(法源)이 된다. 그러나 성문헌법이라고 하여도 그 속에 모든 헌법사항을 빠짐없이 완전히 규율하는 것은 불가능하고 또한 헌법은 국가의 기본법으로서 간결성과 함축성을 추구하기 때문에 형식적 헌법전에는 기재되지 아니한 사항이라도 이를 불문헌법(不文憲法) 내지 관습헌법으로 인정할 소지가 있다. 이 판결은 수도가 서울인 점은 불문헌법 내지 관습헌법으로서 하위 법률로 개정할 수 없다는 점을 분명히 한 점에서 의의가 있다.

기출지문 OX

관습법이 실질적으로 법률과 같은 효력을 가지더라도 형식적 의미의 법률이 아니기 때문에 위헌법률심판의 대상이 되지 않는다. (   )   ▶15. 법원서기보

해설 관습법도 실질적 의미의 법률에 해당하기 때문에 위헌법률심판의 대상이 된다.

정답 ×

2 행정중심복합도시 건설을 위한 특별법 사건

헌재 2005.11.24. 2005헌마579·763(병합) 전원재판부

조문보기

헌법 제72조
대통령은 필요하다고 인정할 때에는 외교·국방·통일 기타 국가안위에 관한 중요정책을 국민투표에 붙일 수 있다.

헌법 제86조
② 국무총리는 대통령을 보좌하며, 행정에 관하여 대통령의 명을 받아 행정각부를 통할한다.

헌법 제130조
② 헌법개정안은 국회가 의결한 후 30일 이내에 국민투표에 붙여 국회의원선거권자 과반수의 투표와 투표자 과반수의 찬성을 얻어야 한다.

사건개요 헌법재판소는 신행정수도 건설을 위한 특별조치법 전부에 대하여 위헌 결정을 선고하였다. 정부와 국회는 그 후속대책을 마련하기 위해 논의하던 중 '신행정수도 후속대책을 위한 연기·공주지역 행정중심복합도시 건설을 위한 특별법'을 제정하였다. 이 법은 이전대상에서 제외되는 중앙부처를 규정하였다. 이에 서울시 정무부시장, 서울시의회 의원 등은 위 법률이 우리나라의 수도는 서울이라는 불문의 관습헌법에 위반되며 청구인들의 국민투표권, 납세자의 권리, 청문권 등 기본권을 침해한다는 이유로 헌법소원심판을 청구하였다.

판결요지 신행정수도 후속대책을 위한 연기·공주지역 행정중심복합도시 건설을 위한 특별법에 의하여 연기·공주지역에 건설되는 행정중심복합도시는 수도로서의 지위를 획득하지 않는다. 따라서 행정중심복합도시의 건설로 서울의 수도로서의 지위가 해체되지 않는다. 또한 행정중심복합도시의 건설로 권력구조 및 국무총리의 지위가 변경되지 않는다. 그러므로 행정중심복합도시의 건설이 헌법 제72조의 국민투표권을 침해할 가능성은 없다.

해설 헌법 제72조는 국민투표에 부쳐질 중요 정책인지 여부를 대통령이 재량에 의하여 결정하도록 명문으로 규정하고 있고 헌법재판소 역시 위 규정은 대통령에게 국민투표의 실시 여부, 시기, 구체적 부의사항, 설문 내용 등을 결정할 수 있는 임의적인 국민투표발의권을 독점적으로 부여하였다고 하여 이를 확인하고 있다. 따라서 특정의 국가 정책에 대하여 다수의 국민들이 국민투표를 원하고 있음에도 불구하고 대통령이 이러한 희망과는 달리 국민투표에 회부하지 아니한다고 하여도 이를 헌법에 위반된다고 할 수 없고 국민에게 특정의 국가정책에 관하여 국민투표에 회부할 것을 요구할 권리가 인정된다고 할 수도 없다.

기출지문 O X

국민은 특정의 국가 정책에 관하여 국민투표에 회부할 것을 대통령에게 요구할 권리가 있다.
(   )
▶15. 법원서기보

해설 국민에게 특정의 국가 정책에 관하여 국민투표에 회부할 것을 요구할 권리가 인정된다고 할 수 없다는 것이 헌법재판소의 결정이다(헌재 2005.11.24. 2005헌마579·763).

정답 (×)

제1장 관습헌법

3 지방공무원법 제29조의3 사건
헌재 2002.11.28. 98헌바101, 99헌바8(병합) 전원재판부

조문보기

지방공무원법 제29조의 3 (전입)
지방자치단체의 장은 다른 지방자치단체의 장의 동의를 얻어 그 소속 공무원을 전입할 수 있다.

헌법 제7조
① 공무원은 국민전체에 대한 봉사자이며, 국민에 대하여 책임을 진다.
② 공무원의 신분과 정치적 중립성은 법률이 정하는 바에 의하여 보장된다.

헌법 제15조
모든 국민은 직업선택의 자유를 가진다.

사건개요 갑은 경기 양평군의 지방공무원으로 임용되어 근무하던 자이다. 양평군수와 남양주시장은 갑의 사전 동의 없이 지방공무원법 제29조의 3을 근거로 갑을 남양주시로 전입시켰다. 그러자 갑은 서울고등법원에 양평군수의 위 전출발령에 대하여 행정소송을 제기한 다음 각 전출발령의 근거가 된 지방공무원법 제29조의 3의 위헌 여부가 재판의 전제가 된다고 하여 위헌법률심판 제청을 신청하였다가, 기각 결정을 받고 헌법소원을 청구하였다.

판결요지 지방공무원법 제29조의3은 "지방자치단체의 장은 다른 지방자치단체의 장의 동의를 얻어 그 소속 공무원을 전입할 수 있다"라고만 규정하고 있어, 이러한 전입에 있어 지방공무원 본인의 동의가 필요한지에 관하여 다툼의 여지없이 명백한 것은 아니나, 위 법률조항을 해당 지방공무원의 동의 없이도 지방자치단체의 장 사이의 동의만으로 지방공무원에 대한 전출 및 전입명령이 가능하다고 풀이하는 것은 헌법적으로 용인되지 아니한다. 헌법 제7조에 규정된 공무원의 신분보장 및 헌법 제15조에서 보장하는 직업선택의 자유의 의미와 효력에 비추어 볼 때 위 법률조항은 해당 지방공무원의 동의가 있을 것을 당연한 전제로 하여 그 공무원이 소속된 지방자치단체의 장의 동의를 얻어서만 그 공무원을 전입할 수 있음을 규정하고 있는 것으로 해석하는 것이 타당하다.

해설 일반적으로 어떤 법률에 대한 여러 갈래의 해석이 가능할 때에는 원칙적으로 헌법에 합치되는 해석을 하여야 한다. 왜냐하면 국가의 법질서는 헌법을 최고법규로 하여 그 가치질서에 의하여 지배되는 통일체를 형성하는 것이며 그러한 통일체 내에서 상위규범은 하위규범의 효력근거가 되는 동시에 해석근거가 되기 때문이다. 이 결정은 한정합헌 결정으로서 의미를 갖는다.

기출문제

합헌적 법률해석의 근거로 내세우기에 옳지 않은 것은? ▶14. 서울시 7급

① 헌법의 생활규범성 및 상반규범성에서 기인하는 규범 조화의 요청
② 헌법의 최고규범성에서 나오는 법질서의 통일성
③ 민주적 정당성을 갖는 입법권의 존중(권력분립의 정신)
④ 법적 안정성의 요청에 의한 규범 유지의 필요성 및 법률의 추정적 효력
⑤ 국제사회의 신의 존중과 국가간의 긴장 회피 및 신뢰보호

해설 헌법의 생활규범성은 합헌적 법률해석의 근거가 아니고 헌법의 규범적 특질에 해당한다. 합헌적 법률해석이란 법률의 개념이 다의적이고 가능한 어의의 테두리안에서 여러 가지 해석이 가능하다면 헌법에 합치되는 해석을 하여야 한다는 개념이다. 합헌적 법률해석의 근거로 헌법재판소가 들고 있는 것으로는 헌법의 최고규범성에서 나오는 법질서의 통일성, 권력분립의 정신, 입법권에 대한 존중, 법적 안정성의 요청에 의한 규범 유지의 필요성, 국제사회에서의 신의 존중과 국가간의 긴장 회피 및 신뢰보호 등이 있다.

정답 ①

4 노동조합 및 노동관계조정법 사건
헌재 1997.9.25. 97헌가4 전원재판부

조문보기

헌법재판소법 제41조
① 법률이 헌법에 위반되는지 여부가 재판의 전제가 된 경우에는 당해 사건을 담당하는 법원(군사법원을 포함한다. 이하 같다)은 직권 또는 당사자의 신청에 의한 결정으로 헌법재판소에 위헌 여부 심판을 제청한다.

사건개요 갑 회사는 을 노동조합을 상대로 창원지방법원에 을의 위법한 쟁의행위(전면파업)로 인한 손해배상청구권 및 업무방해금지청구권을 피보전권리로 하여 쟁의행위금지 가처분 신청을 하였다. 창원지방법원은 직권에 의한 결정으로 위헌 여부 심판을 제청하였다.

판결요지 국회법 소정의 협의 없는 개의시간의 변경과 회의일시를 통지하지 아니한 입법과정의 하자는 저항권 행사의 대상이 되지 않는다. 따라서 헌법재판소에 의한 법률의 위헌 여부 판단과는 관계 없이, 법원은 입법과정의 하자를 이유로 한 쟁의행위의 정당성 여부를 판단할 수 있다.

해설 저항권은 국가권력에 의하여 헌법의 기본원리에 대한 중대한 침해가 행하여지고 그 침해가 헌법의 존재 자체를 부인하는 것으로서 다른 합법적인 구제수단으로는 목적을 달성할 수 없을 때에 국민이 자기의 권리·자유를 지키기 위하여 실력으로 저항하는 권리이므로, 국회법 소정의 협의 없는 개의시간의 변경과 회의일시를 통지하지 아니한 입법과정의 하자는 저항권 행사의 대상이 되지 아니한다. 따라서 을 노동조합이 쟁의행위를 할 당시 개정 법률의 국회 통과 절차가 다른 합법적인 구제수단으로는 목적을 달성할 수 없는 국가권력에 의한 헌법의 기본원리에 대한 중대한 침해였고, 이 침해행위에 대한 구제수단으로 실력에 의한 쟁의행위를 선택한 것이 권리·자유를 지키기 위한 불가피한 유일한 수단으로 인정할 수 있는지 여부는 법원이 판단할 문제이다.

기출지문 O X

1. 근로자뿐만 아니라, 근로자의 모임인 노동조합도 근로의 권리의 주체가 된다. (   )
▶ 15. 법원서기보

2. 대법원은 낙선운동을 저항권의 한 형태로 인정하고 있다. (   )
▶ 14. 국회 8급

해설 1. 헌법 제32조 제1항이 규정한 근로의 권리는 근로자를 개인의 차원에서 보호하기 위한 권리로서 개인인 근로자가 그 주체가 되는 것이고 노동조합은 그 주체가 될 수 없다(헌재 2009.2.26. 2007헌바27).
2. 시민단체의 특정 후보자에 대한 낙선운동이 시민불복종운동으로서 정당행위 또는 긴급피난에 해당한다고 볼 수 없다(대판 2004.11.12. 2003다52227).

정답 1. (×) 2. (×)

5 국적법 제2조 제1항 제1호 사건
헌재 2000.8.31. 97헌가12 전원재판부

조문보기

구 국적법(1948.12.20. 법률 제16호로 제정되고, 1997.12.13. 법률 제5431호로 전문개정되기 전의 것) 제2조 (국민의 요건)
① 다음 각호의 1에 해당하는 자는 대한민국의 국민이다.
1. 출생한 당시에 부가 대한민국의 국민인 자
2.~4. 생략

국적법(1997.12.13. 법률 제5431호로 전문개정된 것) 부칙 제7조 (부모양계혈통주의 채택에 따른 모계출생자에 대한 국적취득의 특례)
① 이 법 시행 전 10년 동안에 대한민국의 국민을 모로 하여 출생한 자로서 다음 각호의 1에 해당하는 자는 이 법의 시행일부터 3년 내에 대통령령이 정하는 바에 의하여 법무부장관에게 신고함으로써 대한민국의 국적을 취득할 수 있다.
1. 모가 현재 대한민국의 국민인 자
2. 모가 사망한 때에는 그 사망 당시에 모가 대한민국의 국민이었던 자
②~④ 생략

사건개요 갑은 1955.9.3. 출생할 당시의 국적취득을 구 국적법에서 부계혈통주의로 규정한 것이 헌법에 위반되는지 여부가 재판의 전제가 된다는 이유로 위헌제청신청을 하였다. 제청법원은 1997.8.20. 이를 받아들여 헌법재판소에 위헌심판을 제청하였다. 이 심판사건 계속 중 제청대상 구법조항은 부모양계혈통주의로 개정되었고, 부칙에서 신법 시행 이전 10년 동안에 대한민국 국민을 모로 하여 출생한 자에 대하여 대한민국 국적을 취득할 수 있도록 하는 경과규정을 두었다.

판결요지 출생에 의한 국적취득에 있어 부계혈통주의를 규정한 구 국적법 제2조 제1항 제1호는 헌법상 평등의 원칙에 위배된다. 구법상 부가 외국인이기 때문에 대한민국 국적을 취득할 수 없었던 한국인 모의 자녀 중에서 신법 시행 전 10년 동안에 태어난 자에게만 대한민국 국적을 취득하도록 하는 경과규정인 신 국적법 부칙 제7조 제1항은 헌법불합치 및 잠정적용을 결정한다.

해설 부계혈통주의 원칙을 채택한 구법조항은 출생한 당시의 자녀의 국적을 부의 국적에만 맞추고 모의 국적은 단지 보충적인 의미만을 부여하는 차별을 하고 있다. 이렇게 한국인 부와 외국인 모 사이의 자녀와 한국인 모와 외국인 부 사이의 자녀를 차별취급하는 것은, 모가 한국인인 자녀와 그 모에게 불리한 영향을 끼치므로 헌법 제11조 제1항의 남녀 평등 원칙에 어긋난다. 부칙조항은 구법조항의 위헌적인 차별로 인하여 불이익을 받은 자를 구제하는 데 신법 시행 당시의 연령이 10세가 되는지 여부는 헌법상 적정한 기준이 아닌 또 다른 차별취급이므로, 부칙조항 역시 헌법 제11조 제1항의 평등 원칙에 위배된다.

기출지문 O X

출생이나 그 밖에 국적법에 따라 대한민국 국적과 외국 국적을 함께 가지게 된 자는 대한민국의 법령 적용에서 대한민국 국민으로만 처우한다. (   ) ▶ 14. 지방직 7급

해설 출생이나 그 밖에 이 법에 따라 대한민국 국적과 외국 국적을 함께 가지게 된 자(복수국적자)는 대한민국의 법령 적용에서 대한민국 국민으로만 처우한다(국적법 제11조의2 제1항).

정답 (O)

6 재외동포의 출입국과 법적지위에 관한 법률 제2조 제2호 사건

헌재 2001.11.29. 99헌마494 전원재판부

조문보기

재외동포의 출입국과 법적 지위에 관한 법률(1999. 9.2. 법률 제6015호로 제정된 것) 제2조 (정의)

이 법에서 "재외동포"라 함은 다음 각호의 1에 해당하는 자를 말한다.
1. 생략
2. 대한민국의 국적을 보유하였던 자 또는 그 직계비속으로서 외국국적을 취득한 자 중 대통령령이 정하는 자(이하 "외국국적동포"라 한다)

재외동포의 출입국과 법적 지위에 관한 법률 시행령 (1999.11.27. 대통령령 제16602호로 제정된 것) 제3조 (외국국적동포의 정의)

법 제2조 제2호에서 "대한민국의 국적을 보유하였던 자 또는 그 직계비속으로서 외국국적을 취득한 자 중 대통령령이 정하는 자"라 함은 다음 각호의 1에 해당하는 자를 말한다.
1. 대한민국 정부수립 이후에 국외로 이주한 자 중 대한민국의 국적을 상실한 자와 그 직계비속
2. 대한민국 정부수립 이전에 국외로 이주한 자 중 외국국적 취득 이전에 대한민국의 국적을 명시적으로 확인받은 자와 그 직계비속

사건개요 정부는 재외동포의 출입국과 법적지위에 관한 법률을 제정하였다. 갑은 현재 중국에 거주하고 있는 중국국적의 재외동포들이다. 갑은 위 법률 제2조 제2호가 1948년 대한민국 정부수립 이전에 해외로 이주한 자 및 그 직계비속을 재외동포의 범주에서 제외함에 따라, 자신이 위 법률에서 규정하는 혜택을 받지 못하게 되어 인간으로서의 존엄과 가치 및 행복추구권(헌법 제10조), 평등권(헌법 제11조) 등을 침해당하였다고 주장하면서, 헌법소원심판을 청구하였다.

판결요지 법률규정과 밀접불가분한 시행령규정까지 심판대상의 확장이 인정된 사례이다. 공포 전 법률에 대한 헌법소원도 적법하며 수혜적 법률도 기본권 침해성이 인정될 수 있다. 또한 외국인도 기본권 주체성이 인정된다. 재외동포법의 적용대상에서 정부수립이전이주동포, 즉 대부분의 중국동포와 구 소련동포 등을 제외한 것은 평등 원칙에 위반된다.

해설 법률안이 거부권 행사에 의하여 최종적으로 폐기되었다면 모르되, 그렇지 아니하고 공포되었다면 법률안은 그 동일성을 유지하여 법률로 확정되는 것이라고 보아야 하므로 이에 대한 헌법소원은 적법하다. '수혜적 법률'의 경우에는 수혜범위에서 제외된 자가 그 법률에 의하여 평등권이 침해되었다고 주장하는 당사자에 해당되고, 당해 법률에 대한 위헌 또는 헌법불합치 결정에 따라 수혜집단과의 관계에서 평등권 침해 상태가 회복될 가능성이 있다면 기본권 침해성이 인정된다. 정부수립 이전 이주동포를 재외동포법의 적용대상에서 제외한 것은 합리적 이유 없이 정부수립 이전 이주동포를 차별하는 자의적인 입법이어서 헌법 제11조의 평등원칙에 위배된다.

기출지문 O X

수혜적인 법률규정에서 배제된 자는 수혜를 배제하고 있는 법률규정에 대하여 헌법소원을 제기할 수 있으며, 이 경우 청구기간의 구속을 받는다. (   ) ▶14. 경정승진

해설 그 법률에 의하여 평등권이 침해되었다고 주장하는 당사자에 해당하기 때문이다.

정답 (o)

7 신 한·일 어업협정 사건
헌재 2001.3.21. 99헌마139·142·156·160(병합) 전원재판부

조문보기

헌법 제3조
대한민국의 영토는 한반도와 그 부속도서로 한다.

헌법 제6조
① 헌법에 의하여 체결·공포된 조약과 일반적으로 승인된 국제법규는 국내법과 같은 효력을 가진다.

헌법 제10조
모든 국민은 인간으로서의 존엄과 가치를 가지며, 행복을 추구할 권리를 가진다. 국가는 개인이 가지는 불가침의 기본적 인권을 확인하고 이를 보장할 의무를 진다.

헌법 제11조
① 모든 국민은 법 앞에 평등하다. 누구든지 성별·종교 또는 사회적 신분에 의하여 정치적·경제적·사회적·문화적 생활의 모든 영역에 있어서 차별을 받지 아니한다.

사건개요 갑은 어선의 선주로서 우리나라와 일본 사이의 해역에서 활오징어 채낚이조업을 하는 자이며 어민들의 권익 수호를 위하여 전국적으로 조직된 전국어민 총연합회 회장이다. 그런데 갑은 일본국 가고시마에서 서명되고 임시국회의 본회의에서 비준동의안이 가결된 후 발효된 대한민국과 일본국간의 어업에 관한 협정과 그 합의의사록이 헌법상 보장된 국민의 영토권, 평등권, 행복추구권, 직업선택의 자유 및 재산권 등 청구인의 기본권을 침해하여 헌법에 위반된다고 주장하면서 헌법소원심판을 청구하였다.

판결요지 이 사건 대한민국과 일본국간의 어업에 관한 협정은 국내법과 같은 효력을 가지므로 그 체결행위는 '공권력의 행사'에 해당한다. 국민의 개별적 기본권이 아니라 할지라도 모든 국가권능의 정당성의 근원인 국민의 기본권 침해에 대한 권리구제를 위해 그 전제조건으로서 영토에 관한 권리를 이를테면 영토권으로 구성하여 기본권의 하나로 간주하는 것은 가능하다.
이 사건 협정은 배타적 경제수역을 직접 규정한 것이 아닐 뿐만 아니라 독도가 중간수역에 속해 있다 할지라도 독도의 영유권문제나 영해문제와는 직접적인 관련을 가지지 아니한다. 따라서 이 사건 협정은 청구인들의 헌법상 보장된 행복추구권, 직업선택의 자유, 재산권, 평등권을 침해하였다고 볼 수 없다.

해설 이 사건 협정의 합의의사록은 한일 양국 정부의 어업질서에 관한 양국의 협력과 협의 의향을 선언한 것이다. 이러한 것들이 곧바로 구체적인 법률관계의 발생을 목적으로 한 것으로는 보기 어렵다. 더구나 합의의사록은 조약에 해당하지 아니한다. 따라서 이를 국회에 상정하지 아니한 것이 국회의 의결권과 국민의 정치적 평등권을 침해하였다고 볼 수 없다. 이 사건 협정은 배타적경제수역을 직접 규정한 것이 아닐 뿐만 아니라 배타적경제수역이 설정된다 하더라도 이는 영해를 제외한 수역을 의미한다. 이러한 점들은 이 사건 협정에서의 이른바 중간수역에 대해서도 동일하다. 그러므로 독도가 중간수역에 속해 있다 할지라도 독도의 영유권문제나 영해문제와는 직접적인 관련을 가지지 아니한 것임은 명백하다 할 것이다.

기출지문 O X

1. 현행 헌법 제3조(영토조항)에 의하면 북한지역도 대한민국의 영토이기 때문에 당연히 대한민국의 주권이 미친다. ( )   ▶15. 법원서기보

2. 독도 등을 중간수역으로 정한 대한민국과 일본 간의 어업에 관한 협정은 어업에 관한 협정으로서 독도의 영유권문제나 영해문제와는 직접적인 관련을 가지지 아니하므로 헌법상 영토조항을 위반하였다고 할 수 없다. ( )   ▶14. 경정승진

해설 1. 우리 헌법이 "대한민국의 영토는 한반도와 그 부속도서로 한다"라는 영토조항(제3조)을 두고 있는 이상 대한민국의 헌법은 북한지역을 포함한 한반도 전체에 그 효력이 미치고 따라서 북한지역은 당연히 대한민국의 영토가 된다(헌재 2005.6.30. 2003헌바114).
2. 헌재 2001.3.21. 99헌마139 등 참조

정답 1. (O) 2. (O)

8 대한민국과 일본국 간의 재산 및 청구권에 관한 문제의 해결과 경제협력에 관한 협정 제3조 사건

헌재 2011.8.30. 2006헌마788

1965년 6월 22일 대한민국 정부는 일본과 재산 및 청구권에 관한 문제의 해결과 경제협력에 관한 협정을 체결하였다.

1991년 8월 갑과 을은 처음으로 일본군 위안부들의 실상을 세상에 알렸다.

일본은 사죄하라! 반성하라!!
일본은 전쟁범죄 인정하고, 진실앞에 사죄하라!

일본군 위안부 손해배상청구권에 대해 정부가 손을 놓고 있다니! 이것은 명백한 기본권 침해입니다!

헌법재판소

청구인들이 일본국에 대하여 가지는 배상청구권이 '대한민국과 일본국 간의 재산 및 청구권에 관한 문제의 해결과 경제협력에 관한 협정'에 의해 소멸되었는지 해결하고 있지 아니한 외교부의 부작위로 인하여 청구인들의 중대한 기본권 침해를 초래하였으므로 이는 헌법에 위반됩니다.

조문보기

대한민국과 일본국 간의 재산 및 청구권에 관한 문제의 해결과 경제협력에 관한 협정(1965.6.22. 체결, 1965.12.18. 발효) 제2조

1. 양 체약국은 양 체약국 및 그 국민(법인을 포함함)의 재산, 권리 및 이익과 양 체약국 및 그 국민간의 청구권에 관한 문제가 1951년 9월 8일에 샌프란시스코우시에서 서명된 일본국과의 평화조약 제4조 (a)에 규정된 것을 포함하여 완전히 그리고 최종적으로 해결된 것이 된다는 것을 확인한다.

2. 본조의 규정은 다음의 것(본 협정의 서명일까지 각기 체약국이 취한 특별조치의 대상이 된 것을 제외한다)에 영향을 미치는 것이 아니다.
(a) 일방체약국의 국민으로서 1947년 8월 15일부터 본 협정의 서명일까지 사이에타방체약국에 거주한 일이 있는 사람의 재산, 권리 및 이익
(b) 일방체약국 및 그 국민의 재산, 권리 및 이익으로서 1945년 8월 15일 이후에 있어서의 통상의 접촉의 과정에 있어 취득되었고 또는 타방체약국의 관할하에 들어오게 된 것

3. 2의 규정에 따르는 것을 조건으로 하여 일방체약국 및 그 국민의 재산, 권리 및 이익으로서 본 협정의 서명일에 타방체약국의 관할하에 있는 것에 대한 조치와 일방체약국 및 그 국민의 타방체약국 및 그 국민에 대한 모든 청구권으로서 동일자 이전에 발생한 사유에 기인하는 것에 관하여는 어떠한 주장도 할 수 없는 것으로 한다.

사건 개요 갑은 일제에 의하여 강제로 동원되어 성적 학대를 받으며 위안부로서의 생활을 강요당한 '일본군 위안부 피해자'이다. 대한민국은 1965.6.22. 일본국과의 사이에 '대한민국과 일본국 간의 재산 및 청구권에 관한 문제의 해결과 경제협력에 관한 협정'을 체결하였다. 일본군 위안부로서의 배상청구권이 존재하는지에 대하여 일본국은 부정하고 대한민국 정부는 긍정하고 있다. 갑은 외교통상부장관이 이 사건 협정 제3조가 정한 절차에 따라 해석상 분쟁을 해결하기 위한 조치를 취할 의무가 있는데도 이를 전혀 이행하지 않고 있다고 주장하면서, 이러한 피청구인의 부작위가 갑의 기본권을 침해하여 위헌이라는 확인을 구하는 이 사건 헌법소원심판을 청구하였다.

판결 요지 청구인들이 일본국에 대하여 가지는 일본군 위안부로서의 배상청구권이 '대한민국과 일본국 간의 재산 및 청구권에 관한 문제의 해결과 경제협력에 관한 협정' 제2조 제1항에 의하여 소멸되었는지 여부에 관한 한·일 양국 간 해석상 분쟁을 이 사건 협정 제3조가 정한 절차에 따라 해결하지 아니하고 있는 외교통상부장관의 부작위는 위헌이다.

해설 우리 정부가 직접 일본군 위안부 피해자들의 기본권을 침해하는 행위를 한 것은 아니지만, 일본에 대한 배상청구권의 실현 및 인간으로서의 존엄과 가치의 회복에 대한 장애상태가 초래된 것은 우리 정부가 청구권의 내용을 명확히 하지 않고 '모든 청구권'이라는 포괄적인 개념을 사용하여 이 사건 협정을 체결한 것에도 책임이 있다는 점에 주목한다면, 그 장애상태를 제거하는 행위로 나아가야 할 구체적 의무가 있음을 부인하기 어렵다. 결국 이 사건 협정 제3조에 의한 분쟁 해결 절차로 나아가는 것만이 국가기관의 기본권 기속성에 합당한 재량권 행사라 할 것이고, 피청구인의 부작위로 인하여 청구인들에게 중대한 기본권의 침해를 초래하였다 할 것이므로, 이는 헌법에 위반된다.

기출지문 O X

우리 헌법은 전문에서 "3·1운동으로 건립된 대한민국 임시정부의 법통"의 계승을 천명하고 있지만, 우리 헌법의 제정 전의 일인 일제강점기에 일본군 위안부로 강제 동원된 피해자들의 인간의 존엄과 가치를 회복시켜야 할 의무는 입법자에 의해 구체적으로 형성될 내용이고 헌법에서 유래하는 작위의무라고 할 수 없다. (　　　) ▶13. 변호사시험

해설 우리 헌법은 전문에서 "3·1운동으로 건립된 대한민국임시정부의 법통"의 계승을 천명하고 있는바, 비록 우리 헌법이 제정되기 전의 일이라 할지라도 국가가 국민의 안전과 생명을 보호하여야 할 가장 기본적인 의무를 수행하지 못한 일제강점기에 일본군 위안부로 강제 동원되어 인간의 존엄과 가치가 말살된 상태에서 장기간 비극적인 삶을 영위하였던 피해자들의 훼손된 인간의 존엄과 가치를 회복시켜야 할 의무는 대한민국임시정부의 법통을 계승한 지금의 정부가 국민에 대하여 부담하는 가장 근본적인 보호의무에 속한다고 할 것이다(헌재 2011.8.30. 2006헌마788).

정답 (×)

9 5·18 민주화운동등에 관한 특별법 제2조 위헌제청 사건

헌재 1996.2.16. 96헌가2,96헌바7,96헌바13 전원재판부

조문보기

5·18 민주화운동등에 관한 특별법 제2조 (공소시효의 정지)
① 1979년 12월 12일과 1980년 5월 18일을 전후하여 발생한 헌정질서파괴범죄의공소시효등에관한특별법 제2조의 헌정질서파괴범죄행위에 대하여 국가의 소추권행사에 장애사유가 존재한 기간은 공소시효의 진행이 정지된 것으로 본다.
② 제1항에서 "국가의 소추권행사에 장애사유가 존재한 기간"이라 함은 당해 범죄행위의 종료일부터 1993년 2월 24일까지의 기간을 말한다.

헌법 제11조
① 모든 국민은 법 앞에 평등하다. 누구든지 성별·종교 또는 사회적 신분에 의하여 정치적·경제적·사회적·문화적 생활의 모든 영역에 있어서 차별을 받지 아니한다.

형사소송법 제253조 (시효의 정지와 효력)
① 시효는 공시의 제기로 진행이 정지되고 공소기각 또는 관할위반의 재판이 확정된 때로부터 진행한다.
② 공범의 1인에 대한 전항의 시효정지는 다른 공범자에게 대하여 효력이 미치고 당해사건의 재판이 확정된 때로부터 진행한다.

형법 제1조 (범죄의 성립과 처벌)
① 범죄의 성립과 처벌은 행위시의 법률에 의한다.

사건개요 검사는 12·12 군사반란사건과 관련된 피의자 38명에 대하여 기소유예의 불기소처분을 하고, 5·18 내란사건과 관련된 피의자 35명에 대하여 공소권없음의 불기소처분을 하였다. 그런데 5·18 민주화운동등에 관한 특별법이 1995.12.21.자로 제정·공포되자, 검사는 위 두 사건과 관련된 피의자들 전원에 대하여 사건을 재기한 다음 구속영장을 청구하고 기소하였다. 피고인들은 특별법은 위헌이라고 주장하면서 법원에 위헌심판의 제청신청을 하였다(일부 기각된 피고인들은 헌법소원심판을 청구함).

판결요지 5·18 민주화운동등에 관한 특별법 제2조가 개별사건법률로서 위헌인 것은 아니다. 위 법률조항이 형벌불소급의 원칙에 위반되지는 않는다. 위 법률조항이 부진정소급효(不眞正遡及效)를 갖는 경우 법적 안정성과 신뢰보호의 원칙을 포함하는 법치주의 정신에 위반되지는 않는다.

해설 개별사건법률은 원칙적으로 평등원칙에 위배되는 자의적 규정이라는 강한 의심을 불러 일으키는 것이지만, 개별법률금지의 원칙이 법률제정에 있어서 입법자가 평등 원칙을 준수할 것을 요구하는 것이기 때문에 특정 규범이 개별사건법률에 해당한다 하여 곧바로 위헌을 뜻하는 것은 아니며, 이러한 차별적 규율이 합리적인 이유로 정당화될 수 있는 경우에는 합헌적일 수 있다. 이른바 12·12 및 5·18 사건의 경우 그 이전에 있었던 다른 헌정질서파괴범과 비교해 보면, 공소시효의 완성 여부에 관한 논의가 아직 진행 중이고, 집권 과정에서의 불법적 요소나 올바른 헌정사의 정립을 위한 과거 청산의 요청에 미루어 볼 때 비록 특별법이 개별사건법률이라고 하더라도 입법을 정당화할 수 있는 공익이 인정될 수 있으므로 위 법률조항은 헌법에 위반되지 않는다.

기출지문 O X

법률조항에 대한 위헌 결정에 원칙적으로 소급효를 인정하는 것은 정의의 요청보다는 법적 안정성을 중시한 결과이다. (   ) ▶ 14. 지방직 7급

해설 법률조항에 대한 위헌 결정에 소급효를 인정하는 것은 개인의 권리구제 등 정의의 요청을 중시한 것이다.
정답 (×)

10 세무사법 개정법률 중 제3조 제2호 위헌확인 사건

헌재 2001.9.27. 2000헌마152 전원재판부

조문보기

구 세무사법(1999.12.31. 법률 제6080호로 개정되기 전의 것) 제3조 (세무사의 자격)
다음 각호의 1에 해당하는 자는 세무사의 자격을 가진다.
2. 국세(관세를 제외한다. 이하 같다)에 관한 행정사무에 종사한 경력이 10년 이상인 자로서 그중 일반직 5급 이상 공무원으로서 5년 이상 재직한 경력이 있는 자

사건개요 갑은 국세청 등에서 5급 이상 공무원으로서 국세에 관한 행정사무에 종사하고 있다. 구 세무사법 제3조 제2호에 따르면 국세에 관한 행정사무 종사경력이 10년 이상이고, 일반직 5급 이상 공무원으로서 5년 이상 재직한 경력이 있는 경우에는 당연히 세무사 자격이 부여되었다. 그런데 개정된 세무사법 제3조는 위 제2호를 삭제하였고, 개정법 부칙 제3항은 2000년 12월 31일 현재 종전의 제3조 제2호의 규정에 해당하는 자에 대하여만 구법 규정을 적용하도록 규정하고 있다. 그에 따라 2000.12.31. 현재 구법 규정상의 자격 부여 요건을 갖추지 못한 갑은 세무사 자격 시험을 거치지 않고도 세무사 자격이 부여되는 지위를 상실하였다. 이에 갑은 헌법소원심판을 청구하였다.

판결요지 국세 관련 경력공무원에 대하여 세무사 자격을 부여하지 않도록 개정된 세무사법 제3조는 직업선택의 자유를 침해하지 않는다. 다만 기존 국세 관련 경력공무원 중 일부에게만 구법 규정을 적용하여 세무사자격이 부여되도록 규정한 위 세무사법 부칙 제3항은 신뢰이익을 침해하는 것으로서 헌법에 위반된다. 또한 세무사법 부칙 제3항은 평등의 원칙에도 위반된다.

해설 직업선택의 자유는 특정인에게 배타적·우월적인 직업선택권이나 독점적인 직업활동의 자유까지 보장하는 것은 아니므로, 국세 관련 경력공무원에 대한 세무사 자격의 부여 여부는 정책적 판단에 따라 결정될 입법정책의 과제이다. 그러나 청구인들의 세무사 자격 부여에 대한 신뢰는 보호할 필요성이 있는 합리적이고도 정당한 신뢰라 할 것이고, 기존 국세 관련 경력공무원 중 일부에게만 구법 규정을 적용하여 세무사 자격이 부여되도록 규정한 위 세무사법 부칙 제3항은 충분한 공익적 목적이 인정되지 아니함에도 청구인들의 기대가치 내지 신뢰이익을 과도하게 침해한 것으로서 헌법에 위반된다. 또한 부칙조항은 합리적인 이유 없이, 자의적으로 설정된 기준을 토대로 위 부칙조항의 적용대상자와 청구인들을 차별 취급하는 것으로서 평등의 원칙에도 위반된다.

기출지문 O X

신뢰보호 원칙에 위반되는 법률은 위헌이지만 체계정당성에 위반되는 법률이라는 이유 때문에 바로 위헌이라고 할 수는 없다. (   )　　　　　　　　　　　　　　　　　　　　▶14. 국가직 7급

해설 체계정당성 위반은 비례의 원칙이나 평등의 원칙 등 일정한 헌법의 규정이나 원칙을 위반하여야만 비로소 위헌이 되며, 체계정당성의 위반을 정당화할 합리적인 사유의 존재에 대하여는 입법 재량이 인정된다(헌재 2005.6.30. 2004헌바40).

정답 (○)

11 구 조세특례제한법 제69조 제1항 사건
헌재 2003.11.27. 2003헌바2 전원재판부

조문보기

조세특례제한법(1998.12. 28. 법률 제5584호로 전문 개정되고 2001.12.29. 법률 제6538호로 개정되기 전의 것) 제69조 (자경농지에 대한 양도소득세 등의 면제)
① 다음 각호의 1에 해당하는 자가 8년 이상 계속하여 직접 경작한 토지로서 농지세의 과세대상(비과세·감면 및 소액 불징수의 대상이 되는 토지를 포함한다)이 되는 토지 중 대통령령이 정하는 토지의 양도로 인하여 발생하는 소득에 대하여는 양도소득세 또는 특별부가세를 면제한다.
1. 대통령령이 정하는 바에 따라 농지소재지에 거주하는 거주자

사건개요 갑은 대전 유성구 ○○동 소재 답 3,018㎡를 취득하여 소유권이전등기를 마치고 위 농지를 자경하여 오던 중 을에게 양도하였다. 갑은 이 사건 농지를 8년 이상 자경하였으므로 양도소득세 감면대상으로 보고 자산양도차액예정신고와 과세표준확정신고를 하지 아니하였다. 서대전 세무서장은 갑이 거주요건을 갖추지 못하여 양도소득세 면제대상에 해당하지 않는다는 이유로 갑에게 양도소득세 부과처분을 하였다. 이에 갑은 위 부과처분에 대한 취소소송 중에 법 제69조 제1항에 대하여 위헌심판제청신청을 하였으나 제청신청 기각 결정을 송달받고 이 사건 헌법소원심판을 청구하였다.

판결요지 자경농지의 양도소득세 면제대상자를 "대통령령이 정하는 바에 따라 농지소재지에 거주하는 거주자"라고 위임한 구 조세특례제한법 규정은 포괄위임금지 및 조세법률주의에 위반되지 않는다. 법령이 거듭 개정되어온 결과 법인의 경우와 달리 자연인에 대하여만 거주요건을 둔 것이 거주자를 비거주자에 대하여, 자연인을 법인에 대하여, 그리고 조세법령의 변경내용 숙지 여부에 따라 차별하여 조세평등주의에 위반되는 것은 아니다. 또한 이 사건 법률조항이 거주·이전의 자유를 침해하는 것은 아니다.

해설 위 규정은 자경농민이 농지소재지로부터 거주를 이전하는 것을 직접적으로 제한하는 내용의 규정이라고 볼 수 없고, 다만 8년 이상 농지를 자경한 농민이 농지소재지에 거주하는 경우 양도소득세를 면제함으로써 농지소재지 거주자가 농지에서 이탈되는 것이 억제될 것을 기대하는 범위 내에서 간접적으로 제한되는 측면이 있을 뿐이며, 따라서 양도세의 부담을 감수하기만 한다면 자유롭게 거주를 이전할 수 있는 것이므로 거주·이전의 자유를 형해화할 정도로 침해하는 것은 아니라 할 것이다.

기출문제

다음 중 현행 헌법이 명문으로 규정하고 있지 않은 것은? ▶15. 법원서기보

① 경자유전의 원칙
② 농수산물의 수급균형
③ 지속가능한 국민경제의 성장
④ 중소기업의 보호·육성

해설 ③ 지속가능한 국민경제의 성장이라는 규정은 없다. 헌법 제119조 제2항은 국가는 균형있는 국민경제의 성장 및 안정과 적정한 소득의 분배를 유지하고, 시장의 지배와 경제력의 남용을 방지하며, 경제주체간의 조화를 통한 경제의 민주화를 위하여 경제에 관한 규제와 조정을 할 수 있다고 규정하고 있다.
① 국가는 농지에 관하여 경자유전의 원칙이 달성될 수 있도록 노력하여야 하며, 농지의 소작제도는 금지된다(헌법 제121조 제1항).
② 국가는 농수산물의 수급균형과 유통구조의 개선에 노력하여 가격안정을 도모함으로써 농·어민의 이익을 보호한다(헌법 제123조 제4항).
④ 국가는 중소기업을 보호·육성하여야 한다(헌법 제123조 제3항).

정답 ③

12 학교보건법 제6조 제1항 제2호 위헌제청 사건
헌재 2004.5.27. 2003헌가1, 2004헌가4(병합) 전원재판부

조문보기

학교보건법 제6조 (정화구역안에서의 금지행위 등)
① 누구든지 학교환경위생정화구역 안에서는 다음 각호의 1에 해당하는 행위 및 시설을 하여서는 아니 된다. 다만, 대통령령이 정하는 구역 안에서는 제2호, 제4호, 제8호 및 제10호 내지 제14호에 규정한 행위 및 시설 중 교육감 또는 교육감이 위임한 자가 학교환경위생정화위원회의 심의를 거쳐 학습과 학교보건위생에 나쁜 영향을 주지 않는다고 인정하는 행위 및 시설은 제외한다.
2. 극장, 총포화약류의 제조장 및 저장소, 고압가스·천연가스·액화석유가스 제조소 및 저장소

사건개요 갑은 광주에 있는 ○○극장을 인수하여 운영하고 있는 사람이다. 위 ○○극장은 그곳 정문으로부터 19m 떨어진 곳에 '○○유치원'이란 교육기관이 위치하고 있다. 갑은 자신이 운영하는 위 극장이 위치하는 곳은 학교보건법 소정의 학교환경위생정화구역이므로 극장영업행위 또는 시설을 하여서는 아니 되고 기존 시설의 경과조치규정에 의해 이전·폐쇄 유효기간 내에 이전·폐쇄하여야 하는 시설임에도 불구하고 영업행위를 하였다는 이유로 기소되어 그 소송이 현재 광주지방법원에 계속 중이다. 광주지방법원은 학교보건법에 대해 위헌법률심판 제청을 하였다.

판결요지 학교 정화구역 내에서의 극장 시설 및 영업을 금지하고 있는 학교보건법 제6조 제1항 본문 제2호 중 '극장'부분 중 대학의 정화구역에서도 극장영업을 일반적으로 금지하고 있는 부분은 직업의 자유를 과도하게 침해하여 위헌이다. 유치원 및 초·중·고등학교의 정화구역 중 극장영업을 절대적으로 금지하고 있는 절대금지구역 부분은 극장 영업을 하고자 하는 자의 직업의 자유를 과도하게 침해하여 위헌이다. 학교정화구역내의 극장 시설 및 영업을 금지하고 있는 이 사건 법률조항은 정화구역 내에서 극장업을 하고자 하는 자의 표현의 자유 내지 예술의 자유를 침해한다. 또한 학교정화구역내의 극장 시설 및 영업을 금지하고 있는 이 사건 법률조항은 학생들의 행복추구권을 침해한다.

해설 직업행사의 자유에 대하여는 직업선택의 자유와는 달리 공익목적을 위하여 상대적으로 폭넓은 입법적 규제가 가능한 것이지만, 그렇다고 하더라도 그 수단은 목적 달성에 적절한 것이어야 하고 또한 필요한 정도를 넘는 지나친 것이어서는 아니 된다. 그런데 이 사건 법률조항은 유치원 및 초·중·고등학교의 정화구역 내에서의 극장 시설 및 영업도 일반적으로 금지하고 있고 그 예외를 인정하지 않는 절대금지구역으로 설정하고 있다. 문화재단, 비영리단체가 운영하는 순수예술이나 아동·청소년을 위한 전용영화상영관 등의 경우에는 정화구역 내에 위치하더라도 초·중·고등학교 학생들에게는 오히려 유익한 문화적 시설로의 성격을 가질 수 있음에도 이와 같은 유형의 극장에 대한 예외를 전혀 인정하지 않고 일률적으로 금지하고 있는 이 사건 법률조항은 그 입법목적을 달성하기 위해 필요한 정도 이상으로 과도하게 극장 운영자의 기본권을 제한하는 법률인 것이다.

기출문제

언론출판의 자유를 제한하는 입법의 위헌여부를 심사하는 기준으로 가장 거리가 먼 것은? ▶13. 국회 9급

① 자의금지의 원칙
② 사전억제금지의 원칙
③ 명백하고도 현존하는 위험의 원칙
④ 보다 덜 제한적인 규제수단이 선택에 관한 원칙
⑤ 명확성의 원칙

해설 자의금지의 원칙은 완화된 평등권 심사의 원칙으로 적용된다.

정답 ①

제9장 문화국가의 원리

13 일반 사병 이라크 파병 위헌확인 사건
헌재 2004.4.29. 2003헌마814 전원재판부

조문보기

헌법 제5조
① 대한민국은 국제평화의 유지에 노력하고 침략적 전쟁을 부인한다.
② 국군은 국가의 안전보장과 국토방위의 신성한 의무를 수행함을 사명으로 하며, 그 정치적 중립성은 준수된다.

헌법 제10조
모든 국민은 인간으로서의 존엄과 가치를 가지며, 행복을 추구할 권리를 가진다. 국가는 개인이 가지는 불가침의 기본적 인권을 확인하고 이를 보장할 의무를 진다.

사건 개요 갑은 일반 국민의 한 사람인바, 대한민국 정부가 2003.10.18. 국군을 이라크에 파견하기로 한 것은 침략적 전쟁을 부인한다고 규정하고 있는 헌법 제5조에 위반될 뿐만 아니라 특히 의무복무를 하는 일반 사병은 급여를 받는 직업군인인 장교 및 부사관과 달리 실질적으로 급여를 받지 못하는 바 일반 사병을 이라크에 파견하는 것은 국가 안전보장 및 국방의 의무에 관한 헌법규정에 위반된다는 이유로 2003.11.17. 헌법재판소법 제68조 제1항에 의하여 위 파병의 위헌확인을 구하는 이 사건 헌법소원심판을 청구하였다.

판결 요지 외국에의 국군의 파견 결정과 같이 성격상 외교 및 국방에 관련된 고도의 정치적 결단이 요구되는 사안에 대한 국민의 대의기관의 결정은 사법심사의 대상이 되지 않는다. '대통령이 2003.10.18. 국군(일반사병)을 이라크에 파견하기로 한 결정'이 헌법에 위반되는지의 여부에 대한 판단을 헌법재판소가 하여야 하는 것이 아니다. 그 성격상 국방 및 외교에 관련된 고도의 정치적 결단을 요하는 이 사건 파견 결정은 사법심사의 대상이 되지 않는다.

해설 외국에의 국군의 파견 결정은 그 문제에 대해 정치적 책임을 질 수 있는 국민의 대의기관이 관계분야의 전문가들과 광범위하고 심도 있는 논의를 거쳐 신중히 결정하는 것이 바람직하며 우리 헌법도 그 권한을 국민으로부터 직접 선출되고 국민에게 직접 책임을 지는 대통령에게 부여하고 그 권한행사에 신중을 기하도록 하기 위해 국회로 하여금 파병에 대한 동의 여부를 결정할 수 있도록 하고 있는바, 현행 헌법이 채택하고 있는 대의민주제 통치구조 하에서 대의기관인 대통령과 국회의 그와 같은 고도의 정치적 결단은 가급적 존중되어야 한다.

기출지문 O X

이른바 이라크전쟁이 국제규범에 어긋나는 침략전쟁인지 여부 등에 대한 판단은 대의기관인 대통령과 국회의 몫이고, 성질상 한정된 자료만을 가지고 있는 헌법재판소가 판단하는 것은 바람직하지 않다. (   ) ▶14. 서울시 7급

해설 이른바 이라크전쟁이 국제규범에 어긋나는 침략전쟁인지 여부 등에 대한 판단은 대의기관인 대통령과 국회의 몫이고, 성질상 한정된 자료만을 가지고 있는 우리 재판소가 판단하는 것은 바람직하지 않다고 할 것이며, 우리 재판소의 판단이 대통령과 국회의 그것보다 더 옳다거나 정확하다고 단정 짓기 어려움은 물론 재판결과에 대하여 국민들의 신뢰를 확보하기도 어렵다고 하지 않을 수 없다고 판시한바 있다(헌재 2004.4.29. 2003헌마814).

정답 (O)

제1장 기본권총론
제2장 인간의 존엄과 가치·행복추구권·평등권
제3장 자유권적 기본권
제4장 정치적 기본권
제5장 청구권적 기본권
제6장 사회적 기본권

제 2 편

02

기본권

14 외국인근로자의 고용 등에 관한 법률 제25조 제4항 사건

헌재 2011.9.29. 2007헌마1083, 2009헌마230·352(병합)

조문보기

구 외국인근로자의 고용 등에 관한 법률(2003.8.16. 법률 제6967호로 제정되고, 2009.10.9 법률 제9798호로 개정되기 전의 것) 제25조 (사업 또는 사업장 변경의 허용)
④ 제1항의 규정에 의한 외국인근로자의 다른 사업 또는 사업장으로의 변경은 제18조 제1항의 규정에 의한 기간 중 원칙적으로 3회를 초과할 수 없다. 다만, 대통령령으로 정하는 부득이한 사유가 있는 경우에는 그러하지 아니하다.

구 외국인근로자의 고용 등에 관한 법률 시행령(2004.3.17. 대통령령 제18314호로 제정되고, 2010.4.7. 대통령령 제22114호로 개정되기 전의 것) 제30조 (사업 또는 사업장의 변경)
② 법 제25조 제4항 단서의 규정에 따라 직업안정기관의 장은 외국인근로자가 법 제25조 제1항 제2호 내지 제4호의 1에 해당하는 사유만으로 사업 또는 사업장을 3회 변경한 경우에는 1회에 한하여 사업 또는 사업장의 변경을 추가로 허용할 수 있다.

사건개요 갑(찬드라)은 인도네시아 국적의 외국인근로자이다. 갑은 고용허가를 받아 우리나라에 입국하여 근로를 개시하였다. '외국인근로자의 고용 등에 관한 법률'은 외국인근로자는 자신이 근로하는 사업 또는 사업장을 3회 초과하여 변경하는 것을 금지하고 있는데 갑은 사업장을 3회 변경하였다. 갑이 근무하는 사업장의 사업주가 경영악화를 이유로 갑을 해고하려고 하자 갑은 고용지원센터를 찾아가 사업장 변경문제를 협의하였으나 위 법률상 규정에 의하여 더 이상 사업장 변경신청 또는 변경은 불가능하다는 통보를 받았다. 이에 갑은 위 법령이 갑의 직업선택의 자유, 근로의 권리 등을 침해하여 위헌이라고 주장하면서 헌법소원심판을 청구하였다.

판결요지 외국인에게 직장선택의 자유에 대한 기본권주체성을 한정적으로 긍정한 사례이다. 외국인근로자의 사업장 이동을 3회로 제한한 구 '외국인근로자의 고용 등에 관한 법률'조항은 직장선택의 자유를 침해하지 않는다. 이 사건 법률조항은 포괄위임입법금지원칙에 위반되지 않는다. 외국인근로자의 사업장 변경을 1회에 한하여 추가적으로 허용하는 구 '외국인근로자의 고용 등에 관한 법률 시행령'조항은 법률유보 원칙에 위반되지 않는다. 이 사건 시행령조항은 직장선택의 자유를 침해하지 않는다.

해설 직업의 자유 중 이 사건에서 문제되는 직장선택의 자유는 인간의 존엄과 가치 및 행복추구권과도 밀접한 관련을 가지는 만큼 단순히 국민의 권리가 아닌 인간의 권리로 보아야 할 것이므로 외국인도 제한적으로라도 직장 선택의 자유를 향유할 수 있다고 보아야 한다. 이 사건 시행령조항은 외국인근로자의 3년의 체류기간동안 3회의 사업장 변경 기회를 주는 이 사건 법률조항에 더하여 사업장 변경을 추가로 허용해주기 위하여 마련된 것인 점, 이 사건 시행령조항은 사업장을 추가 변경할 수 있는 사유를 외국인근로자의 자의가 아닌 경우로 사업장 변경이 가능한 경우를 거의 망라하여 규정한 점, 외국인근로자의 언어적·문화적 적응기간의 필요성, 국가 안전보장, 질서유지를 위한 외국인근로자에 대한 체계적 관리의 필요성 등에 비추어 보면 이 사건 시행령조항이 합리적인 이유 없이 현저히 자의적이라고 볼 수 없고, 청구인들의 직장선택의 자유를 침해하지 아니한다.

기출지문 O X

기본권의 성질상 인간의 권리에 해당하는 기본권은 외국인도 그 주체가 될 수 있다고 할 때 그것은 기본권 행사능력을 가짐을 의미한다. (   ) ▶13. 국회 9급

해설 기본권의 성질상 인간의 권리에 해당하는 기본권은 외국인도 그 주체가 될 수 있다고 할 때 그것은 기본권향유능력을 가짐을 의미한다.

정답 (×)

15 미국산 쇠고기 및 쇠고기 제품 수입위생조건 사건
헌재 2008.12.26. 2008헌마419·423·436(병합) 전원재판부

조문보기

헌법 제6조
① 헌법에 의하여 체결·공포된 조약과 일반적으로 승인된 국제법규는 국내법과 같은 효력을 가진다.

헌법 제10조
모든 국민은 인간으로서의 존엄과 가치를 가지며, 행복을 추구할 권리를 가진다. 국가는 개인이 가지는 불가침의 기본적 인권을 확인하고 이를 보장할 의무를 진다.

헌법 제36조
③ 모든 국민은 보건에 관하여 국가의 보호를 받는다.

헌법 제37조
② 국민의 모든 자유와 권리는 국가안전보장·질서유지 또는 공공복리를 위하여 필요한 경우에 한하여 법률로써 제한할 수 있으며, 제한하는 경우에도 자유와 권리의 본질적인 내용을 침해할 수 없다.

사건개요 농림부장관은 가축전염병예방법에 근거하여 미국산 쇠고기 수입의 위생조건에 관한 고시를 제정·공포하였다. 미국에서 소해면상뇌증(속칭 광우병)이 발생하여 쇠고기 수입이 중단된 이후 정부는 검역 및 수입을 전면 중단하는 조치를 단행하였다. 그 후 우리 정부와 미국 정부는 고시를 개정하기 위한 협상을 진행한 후 미국산 쇠고기 수입위생조건 고시 개정안을 예고하였다. 갑은 위와 같이 예고된 고시 개정안이 갑의 기본권을 침해하여 헌법에 위반된다는 취지로 이 사건 헌법소원심판을 청구하였다.

판결요지 (1) 국가로서는 미국산 쇠고기의 수입과 관련하여 소해면상뇌증의 원인물질인 변형 프리온 단백질이 축적된 것이 유입되는 것을 방지하기 위하여 적절하고 효율적인 조치를 취함으로써 소비자인 국민의 생명·신체의 안전을 보호할 구체적인 의무가 있다.
(2) 이 사건 고시는 소비자의 생명·신체의 안전을 보호하기 위한 조치의 일환으로 행하여진 것이어서 실질적인 규율 목적 및 대상이 쇠고기 소비자와 관련을 맺고 있으므로 쇠고기 소비자는 이에 대한 구체적인 이해관계를 가진다 할 것인바, 일반소비자인 청구인들에 대해서는 이 사건 고시가 생명·신체의 안전에 대한 보호의무를 위반함으로 인하여 초래되는 기본권 침해와의 자기관련성을 인정할 수 있고, 기본권 침해와의 현재관련성 및 직접관련성도 인정할 수 있다.
(3) 이 사건 고시가 개정 전 고시에 비하여 완화된 수입위생조건을 정한 측면이 있다 하더라도, 미국산 쇠고기의 수입과 관련한 위험상황 등과 관련하여 개정 전 고시 이후에 달라진 여러 요인들을 고려하면, 이 사건 고시상의 보호조치가 체감적으로 완벽한 것은 아니라 할지라도, 위 기준과 그 내용에 비추어 쇠고기 소비자인 국민의 생명·신체의 안전을 보호하기에 전적으로 부적합하거나 매우 부족하여 그 보호의무를 명백히 위반한 것이라고 단정하기는 어렵다.

해설 국가가 국민의 생명·신체의 안전에 대한 보호의무를 다하지 않았는지 여부를 헌법재판소가 심사할 때에는 국가가 이를 보호하기 위하여 적어도 적절하고 효율적인 최소한의 보호조치를 취하였는가 하는 이른바 '과소보호 금지원칙'의 위반 여부를 기준으로 삼아, 국민의 생명·신체의 안전을 보호하기 위한 조치가 필요한 상황인데도 국가가 아무런 보호조치를 취하지 않았든지 아니면 취한 조치가 법익을 보호하기에 전적으로 부적합하거나 매우 불충분한 것임이 명백한 경우에 한하여 국가의 보호의무의 위반을 확인하여야 한다.

기출지문 O X

미국산 쇠고기수입의 위생조건에 관한 고시가 국민의 생명·신체의 안전을 보호하기에 전적으로 부적합하거나 매우 부족하여 그 보호의무를 명백히 위반한 것이라고 단정하기는 어렵다. (   )

▶13. 서울시 7급

해설 미국산 쇠고기 수입위생조건에 관한 고시가 개정 전 고시에 비하여 완화된 수입위생조건을 정한 측면이 있다 하더라도, 미국산 쇠고기의 수입과 관련한 위험상황 등과 관련하여 개정 전 고시 이후에 달라진 여러 요인들을 고려하면, 이 사건 고시가 국민의 생명·신체의 안전을 보호하기에 전적으로 부적합하거나 매우 부족하여 그 보호의무를 명백히 위반한 것이라고 단정하기는 어렵다(헌재 2008.12.26. 2008헌마419).

정답 (○)

16 법학전문대학원 설치인가 중 입학전형계획 사건
헌재 2013.5.30. 2009헌마514

조문보기

법학전문대학원 설치·운영에 관한 법률(2013.3.23. 법률 제11690호로 개정된 것) 제7조 (법학전문대학원의 입학정원)
① 교육부장관은 국민에 대한 법률서비스의 원활한 제공 및 법조인의 수급상황 등 제반사정을 고려하여 법학전문대학원의 총 입학정원을 정한다. 이 경우 교육부장관은 총 입학정원을 미리 국회 소관 상임위원회에 보고하여야 한다.
③ 법학전문대학원의 개별 입학정원은 각 법학전문대학원의 교원·시설 및 재정을 비롯한 교육여건과 제1항에 따른 총 입학정원 등을 종합적으로 고려하여 교육부장관이 대통령령으로 정하는 범위 안에서 정한다.

법학전문대학원 설치·운영에 관한 법률 제22조 (입학자격)
법학전문대학원에 입학할 수 있는 자는 학사학위를 가지고 있거나 법령에 따라 이와 동등 이상의 학력이 있다고 인정된 자(이하 "학사학위를 취득한 자"라 한다)로 한다.

사건개요 갑은 대학교 4학년에 재학 중인 학생이자, 법학전문대학원을 입학하려고 진학을 준비하여 모집요강에 따라 입학지원을 하려던 남성이다. 교육부장관은 학교법인 이화학당이 제출한 입학전형계획 중 여성만을 입학자격요건으로 한 부분을 인정하였다. 이에 갑은 교육부장관의 위의 행위가 갑의 평등권, 직업의 자유 및 교육을 받을 권리를 침해한다고 주장하면서 이 사건 헌법소원심판을 청구하였다.

판결요지 사립대학인 학교법인 이화학당의 법학전문대학원 모집요강은 헌법소원심판의 대상인 공권력의 행사에 해당하지 않는다. 교육부장관이 학교법인 이화학당에게 한 법학전문대학원 설치인가 중 여성만을 입학자격요건으로 하는 입학전형계획을 인정한 부분은 남성인 청구인의 직업선택의 자유를 침해하지 않는다.

해설 이 사건 인가처분에 의하여 청구인의 직업선택의 자유와 사립대학의 자율성이라는 두 기본권이 충돌하게 된다. 학생의 선발, 입학의 전형도 사립대학의 자율성의 범위에 속한다는 점, 여성 고등교육기관이라는 이화여자대학교의 정체성에 비추어 여자대학교라는 정책의 유지 여부는 대학 자율성의 본질적인 부분에 속한다는 점, 이 사건 인가처분으로 인하여 남성인 청구인이 받는 불이익이 크지 않다는 점 등을 고려하면, 이 사건 인가처분은 청구인의 직업선택의 자유와 대학의 자율성이라는 두 기본권을 합리적으로 조화시킨 것이며 양 기본권의 제한에 있어 적정한 비례관계를 유지한 것이라고 할 것이다. 따라서 이 사건 인가처분이 청구인의 직업선택의 자유를 침해한다고 할 수 없다.

기출지문 O X

기본권의 충돌은 상이한 기본권 주체가 서로 대립되는 기본권의 적용을 주장할 때 발생하는 문제이다. (   ) ▶14. 국회 9급

해설 기본권의 충돌은 대립하는 두 기본권 주체와 국가권력의 삼각관계의 문제이고 충돌하는 기본권이 반드시 상이한 기본권을 것을 전제로 하지는 않는다.

정답 (O)

17 경고 및 관계자 경고 처분취소 사건
헌재 2007.11.29. 2004헌마290 전원재판부

조문보기

구 공직선거 및 선거부정방지법(2005.8.4. 법률 제7681호로 개정되기 전의 것) 제8조의 2 (선거방송심의위원회)
① 방송법 제20조(방송위원회의 설치)의 규정에 의한 방송위원회(이하 "방송위원회"라 한다)는 선거방송의 공정성을 유지하기 위하여 임기만료에 의한 선거의 선거일 전 120일(대통령의 궐위로 인한 선거 또는 재선거에 있어서는 그 선거의 실시사유가 확정된 때부터 20일)까지 선거방송심의위원회를 설치하여 선거일 후 30일까지 운영하여야 한다.
⑤ 선거방송심의위원회는 선거방송의 공정여부를 조사하여야 하고 조사결과 선거방송의 내용이 공정하지 아니하다고 인정되는 경우에는 방송법 제100조(제재조치 등) 제1항 각 호의 규정에 의한 제재조치 등을 정하여 이를 방송위원회에 통보하여야 하며, 방송위원회는 불공정한 선거방송을 한 방송사에 대하여 통보받은 제재조치 등을 지체없이 명하여야 한다.

방송법(2006.10.27. 법률 제8060호로 개정된 것) 제100조 (제재조치 등)
① 방송위원회는 방송사업자·중계유선방송사업자 또는 전광판방송사업자가 제33조의 심의규정 및 제74조 제2항에 의한 협찬고지 규칙을 위반한 경우에는 다음 각 호의 제재조치를 명할 수 있다.
3. 방송편성책임자·해당방송프로그램의 관계자에 대한 징계
4. 주의 또는 경고

사건 개요 갑 방송은 '○○수첩'을 제작·방송하는 회사이고, 을은 위 회사 소속 프로듀서로서 ○○수첩의 제작책임자이다. 갑과 을은 ○○수첩에서 '친일파는 살아있다 2'라는 제목의 텔레비전 프로그램을 방송하였다. 선거방송심의위원회는 갑과 을에 대하여 '경고 및 관계자 경고'를 하는 심의결정을 하여 방송위원회에 통보하였고, 방송위원회는 갑과 을에게 '경고 및 관계자 경고'를 하였다. 갑과 을은 경고처분이 언론의 자유를 침해하여 위헌임을 확인한다는 결정을 구하는 이 사건 헌법소원심판을 청구하였다.

판결 요지 방송위원회가 갑 방송 및 을에 대하여 한 경고 및 관계자 경고에 대하여 을의 심판청구는 부적법하여 각하하였다. 다만 갑 방송의 경우에는 이 사건 경고로 인해 방송의 자유를 침해당하였다고 판단하였다.

해설 을은 이 사건 경고로 인하여 불공정한 언론인으로 취급되어 재직하는 회사에 불이익을 주는 사람으로 낙인찍히는 결과가 된다는 취지로 주장하나, 그러한 청구인의 불이익은 단지 간접적, 사실적인 것에 불과하며, 이를 청구인의 기본권을 직접 제한하는 법적 불이익에 해당한다고 볼 수 없어 자기관련성이 인정될 수 없다. 이 사건 경고가 피청구인(방송위원회)이 방송사업자에게 방송표현 내용에 대한 경고를 함으로써 해당 방송에 대하여 제재를 가하는 것이라고 볼 때, 그러한 제재는 방송의 자유를 제한하는 것이므로 헌법 제37조 제2항에 따라 법률적 근거를 지녀야 한다. 이 사건 경고는 기본권 제한에서 요구되는 법률유보 원칙에 위배된 것이므로 더 나아가 살펴볼 필요 없이 갑 방송의 방송의 자유를 침해하므로 이를 취소한다.

기출지문 O X

법률유보의 원칙은 기본권의 제한에 있어서 법률의 근거뿐만 아니라, 그 형식도 반드시 법률의 형식일 것을 요구한다. (   )   ▶ 15. 법원서기보

해설 국민의 기본권은 헌법 제37조 제2항에 의하여 국가 안전보장·질서유지 또는 공공복리를 위하여 필요한 경우에 한하여 이를 제한할 수 있으나, 그 제한의 방법은 원칙적으로 법률로써만 가능하고 제한의 정도도 기본권의 본질적 내용을 침해할 수 없으며 필요한 최소한도에 그쳐야 한다. 여기서 기본권 제한에 관한 법률유보 원칙은 '법률에 근거한 규율'을 요청하는 것이므로, 그 형식이 반드시 법률일 필요는 없다 하더라도 법률상의 근거는 있어야 한다 할 것이다(헌재 2012.5.31. 2010헌마139).

정답 (×)

18 도로교통법 제78조 제1항 단서 제5호 사건
헌재 2005.11.24. 2004헌가28 전원재판부

조문보기

도로교통법(2001.12.31. 법률 제6565호로 개정되고 2005.5.31. 법률 7545호로 전문 개정되기 전의 것) 제78조 (면허의 취소·정지)
① 지방경찰청장은 운전면허(연습운전면허를 제외한다. 이하 이 조에서 같다)를 받은 사람이 다음 각 호의 1에 해당하는 때에는 행정자치부령이 정하는 기준에 의하여 운전면허를 취소하거나 1년의 범위 안에서 그 운전면허의 효력을 정지시킬 수 있다. 다만, 제1호·제2호, 제3호(정기적성검사기간이 경과된 때를 제외한다), 제5호 내지 제8호, 제10호·제11호·제13호 및 제14호에 해당하는 때에는 그 운전면허를 취소하여야 한다.
5. 운전면허를 받은 사람이 자동차등을 이용하여 범죄행위를 한 때

사건개요 갑은 서울 동대문구 ○○동 136의 235 소재 ○○렌트카 사무실 앞 도로에서 그레이스 승합차에 을을 강제로 태우고 안양시 ○○동까지 약 20킬로미터를 운행하여 을을 감금하였다는 이유로 서울특별시지방경찰청장으로부터 제1종 보통, 제1종 특수(레커), 제2종 보통, 제2종 원동기장치자전거 등 자동차 운전면허를 취소당하였다. 갑은 위 자동차 운전면허 취소처분이 위 행위에 이르게 된 경위나 행위태양 및 갑의 구체적 불이익 등을 고려하지 않은 채 행하여진 것이라 하여 서울행정법원에 취소소송을 제기하는 한편, 위 도로교통법 규정이 명확성 원칙 등을 위반하는 규정이라 하여 위헌법률심판 제청신청을 하였다.

판결요지 '운전면허를 받은 사람이 자동차등을 이용하여 범죄행위를 한 때'라는 도로교통법 제78조 제1항 제5호의 법문은 명확성 원칙을 위반하고 있다. 또한 위와 같은 경우에 반드시 운전면허를 취소하도록 하는 것은 직업의 자유 등을 침해하는 것이다.

해설 이 사건 규정의 법문은 '운전면허를 받은 사람이 자동차등을 이용하여 범죄행위를 한 때'를 필요적 운전면허 취소사유로 규정하고 있다. 오늘날 자동차는 생업의 수단 또는 대중적인 교통수단으로서 일상생활에 없어서는 안 될 필수품으로 자리 잡고 있기 때문에 그 운행과 관련하여 교통관련 법규에서 여러 가지 특례제도를 두고 있는 취지를 보면, 이 사건 규정의 범죄에 사소한 과실범죄가 포함된다고 볼 수는 없다. 그럼에도 불구하고 이 사건 규정이 범죄의 중함 정도나 고의성 여부 측면을 전혀 고려하지 않고 자동차 등을 범죄행위에 이용하기만 하면 운전면허를 취소하도록 하고 있는 것은 그 포섭 범위가 지나치게 광범위한 것으로서 명확성 원칙에 위반된다고 할 것이다.

기출지문 O X

기본권 제한과 관련한 법률의 명확성 원칙은 법률을 제정함에 있어서 개괄조항이나 불확정 법개념의 사용을 금지하는 것은 아니다. (   )   ▶ 15. 법원서기보

해설 법률이란 그 구성요건을 충족시키는 모든 사람과 모든 개별적인 경우에 대하여 적용되는 일반·추상적 규범으로서 그 본질상 규율하고자 하는 생활관계에서 발생가능한 모든 법적 상황에 대하여 구체적이고 서술적인 방식으로 법률의 내용을 규정하는 것은 불가능하며, 어느 정도 추상적이고 개괄적인 개념 또는 변화하는 사회현상을 수용할 수 있는 개방인 개념을 사용하는 것이 불가피하다. 그러므로 법률의 명확성 원칙은 입법자가 법률을 제정함에 있어서 개괄조항이나 불확정 법개념의 사용을 금지하는 것이 아니다(헌재 2004.7.15. 2003헌바35).

정답 (○)

19 계구사용행위 등 위헌확인 사건
헌재 2008.5.29. 2005헌마137·47·376, 2007헌마187·1274(병합) 전원재판부

조문보기

특별관리대상자관리지침 (2005.8.17. 법무부예규 제731호) 제55조 (엄중격리대상자 동행계호)
② 엄중격리대상자를 동행할 경우에는 거실 내에서 계구(금속수갑)를 착용한 후 목적지까지 동행하고 목적지에 도착하면 사용 중인 계구를 해제할 수 있다. 다만, 제54조 제1항 제2호에 해당하는 자로 분류처우회의 심의결과 폭행 등의 우려가 해소되었다고 인정되는 경우에는 계구를 사용하지 아니할 수 있다.

특별관리대상자관리지침 제53조 (엄중격리대상자 수용)
① 엄중격리대상자는 엄중격리 사동에 독거수용하여 다른 수형자와 접촉을 원칙적으로 차단한다.
② 엄중격리 사동에는 적정인원으로 구성된 처우전담반을 편성하여 상담 등 제반처우를 전담하게 하여야 한다.
③ 자해·자살 등으로부터 엄중격리대상자의 신체를 보호하기 위하여 엄중격리 사동 수용거실에는 CCTV 카메라 및 자해·자살 방지용 비품 등을 설치할 수 있다.

사건개요 2004. 7월경 수형자가 교도관을 살해하는 사건이 발생하였다. 이에 법무부는 "특별관리대상자 관리지침"을 제정하여 시행하였다. 엄중격리대상자를 비롯한 특별관리대상자는 분류처우회의 심의를 거쳐 지정된다. 엄중격리대상자로 지정되면 엄중경비시설인 청송제2교도소로 이송되고, 독거실에 1년 이내의 기간 수용되며, 독거실에 폐쇄회로 텔레비전을 설치할 수 있다. 또한 이동 중에는 손목에 수갑을 채우고, 2인 이상 교도관의 계호를 받으며 운동도 분리되어 5.5평 정도로 구획된 운동장에서 혼자 하게 한다. 갑은 엄중격리대상자로 선정되어 지침에 의한 엄중격리처우를 받게 되자 자신의 기본권이 침해되었다고 주장하면서 이 사건 헌법소원심판을 청구하였다.

판결요지 교도소 내 엄중격리대상자에 대하여 이동 시 계구를 사용하고 교도관이 동행계호하는 행위 및 1인 운동장을 사용하게 하는 처우는 신체의 자유를 과도하게 제한하는 것이 아니다. 엄중격리대상자의 수용거실에 CCTV를 설치하여 24시간 감시하는 행위는 법률유보의 원칙에 위배되어 사생활의 자유·비밀을 침해하는 것은 아니다.

해설 수형자는 형벌의 집행을 위하여 격리된 구금시설에서 강제적인 공동생활을 하게 되므로 헌법이 보장하는 신체활동의 자유 등 기본권이 제한되기 마련이나, 제한되는 기본권은 형의 집행과 도망의 방지라는 구금의 목적과 관련된 기본권에 한정되어야 하고, 특히 수용시설 내의 질서 및 안전 유지를 위하여 행해지는 기본권의 제한은 다른 방법으로는 그 목적을 달성할 수 없는 경우에만 예외적으로 허용되어야 한다. 청구인들은 상습적으로 교정질서를 문란케 하는 등 교정사고의 위험성이 높은 엄중격리대상자들인바, 이들에 대한 계구사용행위, 동행계호행위 및 1인 운동장을 사용하게 하는 처우는 그 목적의 정당성 및 수단의 적정성이 인정되며, 필요한 경우에 한하여 부득이한 범위 내에서 실시되고 있다고 할 것이다. 따라서 이로 인하여 수형자가 입게 되는 자유 제한에 비하여 교정사고를 예방하고 교도소 내의 안전과 질서를 확보하는 공익이 더 크다고 할 것이다.

기출지문 O X

교도소 내 엄중격리대상자에 대하여 이동 시 계구를 사용하고 교도관이 동행계호하는 행위 및 1인 운동장을 사용하게 하는 처우는 신체의 자유를 과도하게 제한하는 것이 아니다. (   )

▶13. 법원행시

해설 헌법재판소는 교도소 내 엄중격리대상자에 대하여 이동 시 계구를 사용하고 교도관이 동행계호하는 행위 등은 신체의 자유를 과도하게 제한하는 것이 아니라고 하였다(헌재 2008.5.29. 2005헌마137).

정답 (O)

20 초기배아 폐기 사건
헌재 2010.5.27. 2005헌마346

조문보기

생명윤리 및 안전에 관한 법률(2004.1.29. 법률 제7150호로 제정된 것) 제16조 (배아의 보존기간 및 폐기)
① 배아의 보존기간은 5년으로 한다. 다만, 동의권자가 보존기간을 5년 미만으로 정한 경우에는 이를 보존기간으로 한다.
② 배아생성의료기관은 제1항의 규정에 의한 보존기간이 도래한 배아 중 제17조의 규정에 의한 연구의 목적으로 이용하지 아니하고자 하는 배아를 폐기하여야 한다.
③ 배아생성의료기관은 배아의 폐기에 관한 사항을 기록·보관하여야 한다.

사건개요 갑은 배아이다. 갑은 부산에 있는 병원 내에서 을로부터 채취된 정자와 병으로부터 채취된 난자의 체외 인공수정으로 생성되었다. 정은 산부인과 의사이다. 갑, 을, 병, 정은 '생명윤리 및 안전에 관한 법률' 규정이 연구목적의 이용 가능성을 열어두고 있는 등 자신들의 기본권을 침해한다고 주장하며 헌법소원심판을 청구하였다.

판결요지 초기배아는 수정이 된 배아이나 모체에 착상되거나 원시선이 나타나지 않은 이상 기본권 주체성을 인정하기 어렵다. 배아생성자는 배아에 대해 자신의 유전자정보가 담긴 신체의 일부를 제공하고, 또 배아가 모체에 성공적으로 착상하여 인간으로 출생할 경우 생물학적 부모로서의 지위를 갖게 되므로, 배아의 관리 또는 처분에 대한 결정권을 가진다. 이는 헌법 제10조로부터 도출되는 일반적 인격권의 한 유형으로서의 헌법상 권리이다. 배아생성자의 배아에 대한 자기결정권은 자기결정이라는 인격권적 측면에도 불구하고 배아의 법적 보호라는 헌법적 가치에 명백히 배치될 경우에는 그 제한의 필요성이 상대적으로 큰 기본권이다. 따라서 이 사건 심판대상조항이 피해의 최소성에 반하거나 법익의 균형성을 잃었다고 보기 어렵다.

해설 헌법재판소는 형성 중의 생명인 태아에 대하여 헌법상 생명권의 주체가 되며, 국가는 헌법 제10조에 따라 태아의 생명을 보호할 의무가 있음을 밝힌 바 있다. 그러나 초기배아는 기본권 주체성이 없다. 또한 배아연구와 관련된 직업에 종사하는 청구인의 헌법소원심판 청구에 대해 기본권 침해 가능성 또는 자기관련성을 인정할 수 없다. 그리고 잔여배아를 5년간 보존하고 이후 폐기하도록 한 생명윤리법 제16조 제1항, 제2항이 배아생성자의 배아에 대한 결정권을 침해하지 않는다.

기출지문 O X

초기배아도 헌법상 생명권의 주체가 된다. (   ) ▶14. 국회 9급

해설 초기배아는 기본권 주체성이 인정되지 않는다(헌재 2010.5.27. 2005헌마346). 정답 (×)

21 2007년 전시증원연습 사건
헌재 2009.5.28. 2007헌마369 전원재판부

조문보기

헌법 제4조
대한민국은 통일을 지향하며, 자유민주적 기본질서에 입각한 평화적 통일 정책을 수립하고 이를 추진한다.

헌법 제5조
① 대한민국은 국제평화의 유지에 노력하고 침략적 전쟁을 부인한다.

헌법 제6조
① 헌법에 의하여 체결·공포된 조약과 일반적으로 승인된 국제법규는 국내법과 같은 효력을 가진다.

헌법 제10조
모든 국민은 인간으로서의 존엄과 가치를 가지며, 행복을 추구할 권리를 가진다. 국가는 개인이 가지는 불가침의 기본적 인권을 확인하고 이를 보장할 의무를 진다.

헌법 제37조
① 국민의 자유와 권리는 헌법에 열거되지 아니한 이유로 경시되지 아니한다.

사건개요 한미연합사령부는 전시증원연습과 이와 연계된 연합/합동 야외기동 훈련을 대한민국 전역에서 실시할 것을 발표하였다. 이 사건 연습은 한미상호방위조약(대한민국과 아메리카합중국 간의 상호방위 조약)에 의거하여 매년 행해져 왔던 것이며, 유엔사령부를 통해 북한 측에게도 그때마다 사전에 통보되었다. 갑은 이 사건 연습이 북한에 대한 선제적 공격연습으로서 한반도의 전쟁발발 위험을 고조시켜 동북아 및 세계 평화를 위협하므로 갑의 평화적 생존권을 침해한다며 헌법소원심판을 청구하였다.

판결요지 (1) 한미연합 군사훈련은 국방에 관련되는 고도의 정치적 결단에 해당하여 사법심사를 자제하여야 하는 통치행위에 해당된다고 보기 어렵다.
(2) 청구인들이 평화적 생존권이란 이름으로 주장하고 있는 평화란 헌법의 이념 내지 목적으로서 추상적인 개념에 지나지 아니하고, 평화적 생존권은 이를 헌법에 열거되지 아니한 기본권으로서 특별히 새롭게 인정할 필요성이 있다거나 그 권리내용이 비교적 명확하여 구체적 권리로서의 실질에 부합한다고 보기 어려워 헌법상 보장된 기본권이라고 할 수 없다. 종전에 헌법재판소가 이 결정과 견해를 달리하여 '평화적 생존권을 헌법 제10조와 제37조 제1항에 의하여 인정된 기본권으로서 침략전쟁에 강제되지 않고 평화적 생존을 할 수 있도록 국가에 요청할 수 있는 권리'라고 판시한 2003.2.23. 2005헌마268 결정은 이 결정과 저촉되는 범위 내에서 이를 변경한다.

해설 평화적 생존권은 헌법상 보장된 기본권이 아니다. 평화적 생존권을 헌법상 보장된 기본권으로 인정하였던 종전 판례를 변경한 사례이다.

기출지문 O X

통치행위란 일반적으로 고도의 정치적 결단에 의한 국가행위로서 사법적 심사의 대상이 되기에 적절하지 못한 행위를 일컫는 개념이다. (   )　　　　　　　　　　　　　　　　▶ 14. 지방직 7급

해설 통치행위란 일반적으로 고도의 정치적 결단에 의한 국가행위로서 그 결단을 존중하여야 할 필요성이 있어 사법적 심사의 대상으로 삼기에 적절하지 못한 행위를 말한다.

정답 (○)

22 이동전화 식별번호 통합추진 사건
헌재 2013.7.25. 2011헌마63·468(병합)

조문보기

헌법 제10조
모든 국민은 인간으로서의 존엄과 가치를 가지며, 행복을 추구할 권리를 가진다. 국가는 개인이 가지는 불가침의 기본적 인권을 확인하고 이를 보장할 의무를 진다.

헌법재판소법 제68조
① 공권력의 행사 또는 불행사로 인하여 헌법상 보장된 기본권을 침해받은 자는 법원의 재판을 제외하고는 헌법재판소에 헌법소원심판을 청구할 수 있다. 다만, 다른 법률에 구제절차가 있는 경우에는 그 절차를 모두 거친 후에 청구할 수 있다.

구 전기통신사업법(2010. 3.22. 법률 제10166호로 개정되고, 2013.3.23. 법률 제11690호로 개정되기 전의 것) **제58조 (전기통신번호이동성)**
① 방송통신위원회는 이용자가 전기통신사업자 등의 변경에도 불구하고 종전의 전기통신번호를 유지할 수 있도록 전기통신번호이동성에 관한 계획(이하 이 조에서 "번호이동성계획"이라 한다)을 수립·시행할 수 있다.

사건개요 갑은 전기통신사업자와 이동전화 식별번호 011을 사용하는 셀룰러 또는 개인휴대통신 서비스이용계약을 체결한 사람이다. 갑은 사업자들에게 현재 사용하는 번호를 그대로 유지한 채 엘티이(LTE) 서비스 등에 대한 이용계약의 체결을 요청하였다. 그런데 사업자들은 갑이 이 사건 식별번호를 010으로 변경하지 않는 한, 3세대 서비스 등을 이용할 수 없다며 갑의 요청을 거부하였다. 이에 갑은 식별번호를 010으로 변경하는 데 동의하는 경우에만 번호이동을 할 수 있도록 한 행위가 청구인들의 개인정보자기결정권, 인격권, 재산권, 행복추구권, 평등권 등을 침해한다고 주장하면서 헌법소원심판을 청구하였다.

판결요지 방송통신위원회의 의결은 이동전화의 번호 통합과 번호이동에 관한 사항을 내부적으로 결정한 행위일 뿐이어서, 공권력 행사에 해당한다고 볼 수 없다. 이동전화번호를 구성하는 숫자가 개인의 인격 내지 인간의 존엄과 관련성을 가진다고 보기 어렵고, 이 사건 이행명령으로 인하여 청구인들의 개인정보가 청구인들의 의사에 반하여 수집되거나 이용되지 않으므로 이 사건 이행명령으로 청구인들의 인격권, 개인정보자기결정권, 재산권이 제한된다고 볼 수 없다.

해설 이행명령이 청구인들의 행복추구권을 침해하지 않는다. 갑은 오랜 기간 동일한 이동전화번호를 사용하여 온 사람으로서 개인별로 특별한 의미와 사연이 있는 이동전화번호를 계속하여 사용하기를 원하고 있다. 이러한 번호를 바꾸게 하는 것은 청구인들의 행복추구권을 침해한다고 볼 수 있는 여지가 있지만, 전기통신번호는 국가와 전기통신사업자가 관리하는 유한한 국가자원으로서 이동전화번호의 관리에 있어 피청구인에게 넓은 범위의 형성의 자유가 부여되어 있다.

기출문제

헌법적 차원의 권리에 대한 설명으로 옳지 않은 것은? (다툼이 있는 경우 판례에 의함) ▶14. 비상계획관

① 주민등록표를 열람하거나 그 등·초본을 교부받는 경우 소정의 수수료를 부과하도록 하고 있는 구 주민등록법상의 규정이 개인정보자기결정권 및 재산권을 침해하는 것은 아니다.
② 국가의 이동전화번호 관련 정책 및 이동전화 사업자와의 서비스 이용계약 관계에 의해 오랜 기간 같은 이동전화번호를 사용해 왔다 하더라도 이동전화번호에 대하여 사적 유용성 및 그에 대한 원칙적 처분권을 내포하는 재산가치 있는 구체적 권리인 재산권을 갖는다고 볼 수 없다.
③ 피의자였던 사건의 불기소처분이유를 알기 위하여 불기소이유서에 대한 열람 또는 복사신청을 하는 경우에 수수료를 부담하게 하는 규정은 재판받을 권리를 제한하는 것이 아니라 자유권적 성질의 알권리를 제한하는 것이다.
④ 공무원연금법상 장해급여를 수급하는 사람이 다른 법령에 의하여 국가 또는 지방자치단체의 부담으로 같은 종류의 급여를 받는 경우에 그 급여에 상당하는 금액을 공제하도록 하는 규정은 공무원연금 수급권자의 사회보장수급권 및 재산권을 제한하게 된다.

해설 ③ 형사사건의 피의자에 대한 기소유예처분의 불기소이유 발급신청에 대하여 수수료를 부과하도록 규정한 것은 알 권리를 침해한다고 할 수 없다(헌재 2013.7.25. 2012헌마167).

정답 ③

23 무공영예수당 사건
헌재 2007. 3. 29. 2004헌마207 전원재판부

조문보기

국가유공자등 예우 및 지원에 관한 법률(2004. 1. 20. 법률 제7104호로 개정된 것) 제16조의2 (무공영예수당)
① 60세 이상 무공수훈자에 대하여는 무공의 영예를 기리기 위하여 무공영예수당을 지급한다.

국가유공자등 예우 및 지원에 관한 법률 제4조 (적용대상 국가유공자)
① 다음 각 호의 1에 해당하는 국가유공자와 그 유족 등 (다른 법률에서 이 법에 규정된 예우 등을 받도록 규정된 자를 포함한다)은 이 법에 의한 예우를 받는다.
7. 무공수훈자: 무공훈장을 받은 자

사건개요 갑은 1945.5.22.생으로서 국가유공자등 예우 및 지원에 관한 법률 제4조 제7호에서 규정한 무공수훈자이다. 2004.3.16. 무공수훈자 중 60세 이상의 자에 대하여만 '무공영예수당'을 지급하도록 규정한 국가유공자법 제16조의2 제1항으로 인하여 청구인의 헌법상 평등권, 행복추구권이 침해되었다고 주장하면서 이 사건 헌법소원심판을 청구하였다.

판결요지 이 사건 법률조항은 국가의 재정부담능력, 전체적인 사회보장 수준 등을 종합적으로 고려하여, 사회활동능력이 상대적으로 저하 내지 상실되었다고 볼 수 있는 고령의 무공수훈자 집단을 우선적으로 처우하는 입장에서, 무공영예수당의 수급 자격을 60세 이상으로 제한한 것이므로 입법재량의 범위를 벗어난 자의적인 차별로서 청구인의 헌법상 평등권을 침해한다고 볼 수 없다. 헌법 제10조의 행복추구권은 국민이 행복을 추구하기 위하여 필요한 급부를 국가에게 적극적으로 요구할 수 있는 것을 내용으로 하는 것이 아니라, 국민이 행복을 추구하기 위한 활동을 국가권력의 간섭 없이 자유롭게 할 수 있다는 포괄적인 의미의 자유권으로서의 성격을 가지는 것이므로, 국가유공자에 대한 일정한 수당의 수급 기준을 정하고 있는 이 사건 법률조항이 청구인의 행복추구권을 침해한다고 볼 수 없다.

해설 국가의 재정부담능력 등을 고려하여 사회활동능력이 상대적으로 저하 내지 상실되었다고 볼 수 있는 고령의 무공수훈자 집단을 우선적으로 처우하는 것이 객관적으로 정의와 형평에 반한다거나 자의적인 차별이라고 보기는 어렵다.

예상지문 O X

우선처우론은 미연방대법원의 판례에 의해 발전된 것으로 사회통합을 위해 여성, 노약자, 소수민족, 사회적 약자에 대해 특별대우나 특별급여를 부여하여 실질적 평등을 실현해야 한다는 이론이다.
( )

해설 미국 판례 중 사회적 약자에게 특별대우나 특별급여를 부여하여 실질적 평등을 이루어야 한다는 이론이 우선처우론이다.

정답 (O)

24 혼인빙자간음죄 사건
헌재 2009.11.26. 2008헌바58, 2009헌바191(병합) 전원재판부

조문보기

형법(1953.9.18. 법률 제293호로 제정되고, 1995.12.29. 법률 제5057호로 개정된 것) 제304조 (혼인빙자 등에 의한 간음)
혼인을 빙자하거나 기타 위계로써 음행의 상습 없는 부녀를 기망하여 간음한 자는 2년 이하의 징역 또는 500만 원 이하의 벌금에 처한다.

헌법 제10조
모든 국민은 인간으로서의 존엄과 가치를 가지며, 행복을 추구할 권리를 가진다. 국가는 개인이 가지는 불가침의 기본적 인권을 확인하고 이를 보장할 의무를 진다.

헌법 제17조
모든 국민은 사생활의 비밀과 자유를 침해받지 아니한다.

사건 개요 갑은 4회에 걸쳐 혼인을 빙자하여 을을 각 간음하였다는 이유로, 혼인빙자간음, 사기 및 절도로 기소되었다. 갑은 1심 및 2심에서 징역 2년 6월을 각 선고받아 상고하였고, 그 소송 계속 중에 형법 제304조가 헌법상 사생활의 비밀과 자유를 침해하고 평등원칙에 위반된다는 등의 이유로 대법원에 위헌심판 제청신청을 하였다. 그러나 대법원은 위헌심판 제청신청을 기각하였다. 이에 갑은 헌법소원심판을 청구하였다.

판결 요지 여성을 애정행위의 상대방으로 선택하는 문제는 그 행위의 성질상 국가의 개입이 자제되어야 할 사적인 내밀한 영역이다. 또한 혼인빙자간음죄가 보호대상을 '음행의 상습 없는 부녀'로 한정함으로써 여성에 대한 남성 우월적 정조관념에 기초한 가부장적·도덕주의적 성 이데올로기를 강요하는 셈이 된다. 결국 이 사건 법률조항은 남녀평등의 사회를 지향하고 실현해야 할 국가의 헌법적 의무(헌법 제36조 제1항)에 반하는 것이자, 국가 스스로가 여성의 성적자기결정권을 부인하는 것이 된다. 결국 이 사건 법률조항은 헌법 제37조 제2항의 과잉금지원칙을 위반하여 남성의 성적자기결정권 및 사생활의 비밀과 자유를 과잉제한하는 것으로 헌법에 위반된다.

해설 특정의 인간행위에 대하여 그것이 불법이며 범죄라 하여 국가가 형벌권을 행사하여 이를 규제할 것인지, 아니면 단순히 도덕률에 맡길 것인지의 문제는 인간과 인간, 인간과 사회와의 상호관계를 함수로 하여 시간과 공간에 따라 그 결과를 달리할 수밖에 없는 것이고, 결국은 그 사회의 시대적인 상황·사회구성원들의 의식 등에 의하여 결정될 수밖에 없다.

기출문제

다음 헌법재판소 판례 중 입법목적의 정당성이 부인된 것을 모두 고른 것은? ▶15. 사법시험

ㄱ. 제대군인이 공무원채용시험 등에 응시한 때 과목별 득점에 과목별 만점의 5% 또는 3%를 가산하는 구 제대군인지원에관한법률 및 동법 시행령 조항

ㄴ. 유신헌법을 부정·반대·왜곡 또는 비방하거나, 유신헌법의 개정 또는 폐지를 주장·발의·제안 또는 청원하는 일체의 행위, 유언비어를 날조·유포하는 행위 등을 전면적으로 금지하고, 이를 위반하면 비상군법회의에서 재판하여 처벌하도록 한 대통령긴급조치 제1호 및 제2호

ㄷ. 경비업을 경영하고 있는 자들이나 다른 업종을 경영하면서 새로이 경비업에 진출하고자 하는 자들로 하여금, 경비업을 전문으로 하는 별개의 법인을 설립하지 않는 한 경비업과 그 밖의 업종을 겸영하지 못하도록 한 구 경비업법 조항

ㄹ. 혼인을 빙자하여 음행의 상습없는 부녀를 기망하여 간음한 자를 처벌하는 구 형법 조항

ㅁ. 주민등록을 요건으로 재외국민의 대통령선거권을 제한한 구 공직선거법 조항

① ㄱ, ㄴ, ㄹ ② ㄱ, ㄴ, ㅁ ③ ㄴ, ㄷ, ㄹ ④ ㄴ, ㄹ, ㅁ ⑤ ㄷ, ㄹ, ㅁ

해설 ㄴ. 헌법을 개정하거나 다른 내용의 헌법을 모색하는 것은 주권자인 국민이 보유하는 가장 기본적인 권리에 해당한다. 정부에 대한 비판 일체를 원천적으로 배제하고 이를 처벌하는 긴급조치 제1호, 제2호는 대한민국 헌법의 근본원리인 국민주권주의와 자유민주적 기본질서에 부합하지 아니하므로 기본권 제한에 있어서 준수하여야 할 목적의 정당성과 방법의 적절성이 인정되지 않는다(헌재 2013.3.21. 2010헌바132등).

ㄹ. 혼인빙자간음죄 처벌규정의 경우 형벌규정을 통하여 추구하고자 하는 목적 자체가 헌법에 의하여 허용되지 않는 것으로서 그 정당성이 인정되지 않는다고 할 것이다(헌재 2009.11.26. 2008헌바58).

ㅁ. 공직선거법 제37조 제1항은 단지 주민등록이 되어 있는지 여부에 따라 선거권 행사 여부가 결정되도록 함으로써, 주민등록법상 주민등록을 할 수 없는 재외국민의 선거권 행사를 전면적으로 부정하고 있는바, 이에 대한 어떠한 정당한 목적도 찾기 어렵다(헌재 2007.6.28. 2004헌마644).

정답 ④

25 불법 유통된 담배에 대한 과세 사건
헌재 2004.6.24. 2002헌가27 전원재판부

조문보기

지방세법 제225조 (납세의무자)
① 제조자는 제조장으로부터 반출한 담배에 대하여 담배소비세를 납부할 의무가 있다.

지방세법(2001.4.7. 법률 제6460호로 개정된 것) 제233조의7 (가산세)
② 다음 각 호의 1에 해당하는 경우에는 그 산출세액 또는 부족세액의 100분의 30에 상당하는 금액을 징수하여야 할 세액에 가산하여 징수한다.
1. 제231조 및 제232조의 규정에 의하여 반출된 담배를 당해 용도에 사용하지 아니하고 매도·판매·소비 기타 처분을 한 경우

지방세법 제232조 (과세면제)
① 제조자 또는 수입판매업자가 담배를 다음 각 호의 용도에 제공하는 경우에는 담배소비세를 면제한다.
1. 수출
2. 국군·전투경찰·교정시설 경비교도 및 주한외국군에의 납품
3. 보세구역에서의 판매
4. 외항선 및 원양어선의 선원에 대한 판매
5. 국제항로에 취항하는 항공기 또는 여객선의 승객에 대한 판매
6. 시험분석 및 연구용
7. 기타 대통령령이 정하는 것

사건개요 한국담배인삼공사는 담배소매업자인 갑과 특수용제조담배 공급계약을 각 체결하고, 담배를 공급하였다. 부산세관은 갑이 특수용제조담배를 시중에 불법 유통시켰다며 이를 검찰에 고발함과 아울러 부산광역시장에게 통보하였다. 부산광역시장은 한국담배인삼공사에 담배소비세와 가산세 부과처분을 하였다. 한국담배인삼공사는 법원에 갑에 관한 부과부분의 취소를 구하는 소송을 제기하였고 그 소송 계속 중 부과처분의 근거가 된 지방세법 제225조 제1항 및 제233조의7 제2항 제1호가 헌법에 위반된다고 주장하면서 위헌법률심판의 제청신청을 하였다.

판결요지 특수용도에 제공된 담배를 당해 용도에 사용하지 아니한 경우 면세된 산출세액에 해당하는 담배소비세를 납부하도록 하는 것은 정당하다. 그러나 담배제조자는 면세담배를 공급받은 자가 이를 용도 외로 사용하는지 여부에 관하여 이를 관리하거나 감독할 수 있는 법적 권리나 의무가 없음에도 불구하고, 공급받은 면세담배를 용도 외로 처분한 데에 대한 책임이 누구에게 있는지에 대한 고려 없이 징세절차의 편의만을 위해 무조건 원래의 납세의무자였던 제조자에게 담배소비세와 가산세를 부과하는 것은 자신의 통제권 내지 결정권이 미치지 않는 데 대하여까지 책임을 지게 하는 것이다. 이는 자기책임의 원리에 반한다.

해설 담배소비세가 면제된 담배를 공급받은 자가 이를 당해 용도에 사용하지 않은 경우 면세담배를 공급한 제조자에게 담배소비세와 이에 대한 가산세의 납부의무를 부담시키는 지방세법 조항은 위헌이다. 자기책임의 원리는 인간의 자유와 유책성, 그리고 인간의 존엄성을 진지하게 반영한 원리로서 그것이 비단 민사법이나 형사법에 국한된 원리라기보다는 근대법의 기본이념으로서 법치주의에 당연히 내재하는 원리로 볼 것이고 헌법 제13조 제3항은 그 한 표현에 해당하는 것으로서 자기책임의 원리에 반하는 제재는 그 자체로서 헌법위반을 구성한다고 할 것이다.

기출지문 O X

자기책임의 원리는 민사법이나 형사법에 국한된 원리라기보다는 근대법의 기본이념으로서 법치주의에 당연히 내재하는 원리이다. (   )　　　　　　　　　　▶14. 경정승진

해설 자기책임의 원리는 인간의 자유와 유책성, 그리고 인간의 존엄성을 진지하게 반영한 원리로서 민사법이나 형사법에 국한된 원리라기보다는 근대법의 기본이념으로서 법치주의에 당연히 내재하는 원리이다. 　　　　　　　　　　　　정답 (O)

26 인터넷게임 이용금지 강제적 셧다운제 사건
헌재 2014.4.24. 2011헌마659·683

조문보기

구 청소년 보호법(2011.5. 19. 법률 제10659호로 개정되고, 2011.9.15. 법률 제11048호로 전부개정되기 전의 것) 제23조의3 (심야시간대의 인터넷게임 제공시간 제한 등)

① 게임산업진흥에 관한 법률에 따른 게임물 중 정보통신망 이용촉진 및 정보보호 등에 관한 법률 제2조 제1항 제1호에 따른 정보통신망을 통하여 실시간으로 제공되는 게임물(이하 "인터넷게임"이라 한다)의 제공자(전기통신사업법 제22조에 따라 부가통신사업자로 신고한 자를 말하며, 같은 조 제1항 후단 및 제4항에 따라 신고한 것으로 보는 경우를 포함한다. 이하 같다)는 16세 미만의 청소년에게 오전 0시부터 오전 6시까지 인터넷게임을 제공하여서는 아니 된다.

구 청소년 보호법 제51조 (벌칙)

다음 각 호의 1에 해당하는 자는 2년 이하의 징역 또는 1천만 원 이하의 벌금에 처한다.
6의2. 제23조의3을 위반하여 심야시간대에 16세 미만의 청소년에게 인터넷게임을 제공한 자

사건개요 갑은 16세 미만의 청소년, 을은 16세 미만 청소년을 자녀로 둔 어머니, 병은 인터넷게임 제공자이다. 청소년보호법은 16세 미만 청소년에게 오전 0시부터 오전 6시까지 인터넷게임의 제공을 금지하고 이를 위반하는 경우 형사처벌하도록 규정하였다. 갑, 을, 병은 청소년보호법규정이 인터넷게임 제공자의 직업의 자유, 청소년의 일반적 행동자유권, 부모의 자녀교육권 등을 침해한다는 이유로 헌법소원심판을 청구하였다.

판결요지 청소년보호법상 '인터넷게임'의 의미는 명확하므로 죄형법정주의의 명확성원칙에 위반되지 않는다. 또한 이 사건 금지조항이 과도한 규제라고 보기 어렵고 피해를 최소화하는 장치도 마련되어 있으며, 법익균형성도 유지하고 있다. 그러므로 인터넷게임 제공자의 직업수행의 자유, 여가와 오락활동에 관한 청소년의 일반적 행동자유권 및 부모의 자녀교육권을 침해하지 않는다. 다른 게임과 달리 인터넷게임에 대해서만 강제적 셧다운제를 적용하는 것에는 합리적 이유가 있다.

해설 행복추구권은 그 구체적 표현으로서 일반적 행동자유권과 개성의 자유로운 발현권을 포함하는바, 일반적 행동자유권의 보호영역에는 개인의 생활방식과 취미에 관한 사항도 포함된다. 부모의 자녀교육권은 비록 헌법에 명문으로 규정되어 있지는 아니하지만 혼인과 가족생활을 보장하는 헌법 제36조 제1항, 행복추구권을 보장하는 헌법 제10조 및 헌법에 열거되지 아니한 기본권의 보장에 관한 헌법 제37조 제1항에서 나오는 기본권으로, 부모가 자녀의 교육 및 양육에 관하여 전반적인 계획을 세우고 자신의 인생관·사회관·교육관에 따라 자유롭게 자녀를 교육하고 양육할 권리를 말한다.

기출지문 O X

헌법은 개인이 국가의 간섭을 받지 아니하고 직업을 자유롭게 선택하는 직업선택의 자유뿐만 아니라 선택한 직업을 자신이 원하는 대로 자유롭게 수행할 수 있는 직업수행의 자유를 보장한다. (   )

▶ 15. 법원서기보

해설 헌법 제15조는 개인이 국가의 간섭을 받지 아니하고 원하는 직업을 자유롭게 선택하는 '직업선택의 자유' 뿐만 아니라 선택한 직업을 자신이 원하는 대로 자유롭게 수행할 수 있는 '직업수행의 자유'를 보장한다(헌재 2013.6.27. 2011헌마315).

정답 (O)

27 좌석안전띠 미착용 사건
헌재 2003.10.30. 2002헌마518 전원재판부

조문보기

도로교통법(1999.1.29. 법률 제5712호로 개정된 것) 제48조의2 (운전자의 특별한 준수사항)
① 행정자치부령이 정하는 자동차의 운전자는 그 자동차를 운전할 때에는 좌석안전띠를 매어야 하며, 그 옆좌석의 승차자에게도 좌석안전띠(유아인 경우에는 유아보호용장구를 장착한 후의 좌석안전띠를 말한다. 이하 같다)를 매도록 하여야 한다. 다만, 질병 등으로 인하여 좌석안전띠를 매는 것이 곤란하거나 행정자치부령이 정하는 사유가 있는 때에는 그러하지 아니하다.

도로교통법 제118조 (통고처분)
경찰서장은 범칙자로 인정되는 사람에 대하여는 그 이유를 명시한 범칙금납부통고서로 범칙금을 납부할 것을 통고할 수 있다. 다만, 다음 각 호의 1에 해당하는 사람에 대하여는 그러하지 아니하다.
1. 성명 또는 주소가 확실하지 아니한 사람
2. 달아날 염려가 있는 사람
3. 범칙금납부통고서를 받기를 거부한 사람

사건개요 갑은 좌석안전띠를 착용하지 않고 승용차를 운전하던 중 경찰관에게 적발되어 범칙금 30,000원의 납부통고를 받고 이를 납부하였다. 갑은 좌석안전띠를 매도록 의무화하는 도로교통법 제48조의2 제1항 및 이를 어겼을 경우에 범칙금을 납부하도록 통고하는 도로교통법 제118조의 해당부분이 사생활의 비밀과 자유, 양심의 자유, 헌법 제10조의 기본적 인권을 침해한다고 주장하면서 헌법소원심판을 청구하였다.

판결요지 (1) 자동차 운전자에게 좌석안전띠를 매도록 하고 이를 위반했을 때 범칙금을 납부하도록 통고하는 것은 입법목적이 정당하고, 이를 통해 달성하려는 공익은 사익보다 크며, 갑의 일반적 행동자유권을 비례의 원칙에 위반되게 과도하게 침해하는 것이 아니다. 따라서 일반적 행동자유권을 침해하지 않는다.
(2) 자동차를 도로에서 운전하는 중에 좌석안전띠를 착용할 것인가 여부의 생활관계는 사생활영역의 문제가 아니다.
(3) 제재를 받지 않기 위하여 어쩔 수 없이 좌석안전띠를 매었다 하여 청구인이 내면적으로 구축한 인간양심이 왜곡·굴절되고 청구인의 인격적인 존재가치가 허물어진다고 할 수는 없어 양심의 자유의 보호영역에 속하지 아니한다.

해설 도로교통법상의 범칙금은 행정형벌도 행정질서벌도 아니면서 도로교통법상의 의무위반에 대하여 형벌적 제재를 유보하면서 행정상의 조치를 선행시키는 것을 내용으로 하는 특례를 의미한다. 헌법 제19조에서 말하는 양심에는 세계관·인생관·주의·신조 등은 물론 이에 이르지 아니하여도 널리 개인의 인격형성에 관계되는 내심에 있어서의 가치적·윤리적 판단도 포함되며, 양심의 자유는 널리 사물의 시시비비나 선악과 같은 윤리적 판단에 국가가 개입해서는 안 되는 내심적 자유는 물론 이와 같은 윤리적 판단을 국가권력에 의하여 외부에 표명하도록 강제받지 아니할 자유까지 포함한다.

기출문제

다음 중 헌법재판소가 비례의 원칙의 심사요건으로 직접 채용하고 있지 않은 것은? ▶14. 서울시 7급

① 사안의 직접 관련성   ② 피해의 최소성
③ 법익 형량성   ④ 방법의 적정성
⑤ 목적의 정당성

해설 사안의 직접 관련성은 비례의 원칙의 직접 심사요건이 아니다.

정답 ①

28 법위반사실 공표 명령 사건
헌재 2002.1.31. 2001헌바43 전원재판부

조문보기

독점규제및공정거래에관한법률(1999.2.5. 법률 제5813호로 개정된 것) 제27조 (시정조치)
공정거래위원회는 제26조(사업자단체의 금지행위)의 규정에 위반하는 행위가 있을 때에는 당해 사업자단체(필요한 경우 관련 구성사업자를 포함한다)에 대하여 당해행위의 중지, 정정광고, 법위반사실의 공표 기타 시정을 위한 필요한 조치를 명할 수 있다.

헌법 제10조
모든 국민은 인간으로서의 존엄과 가치를 가지며, 행복을 추구할 권리를 가진다. 국가는 개인이 가지는 불가침의 기본적 인권을 확인하고 이를 보장할 의무를 진다.

헌법 제19조
모든 국민은 양심의 자유를 가진다.

헌법 제27조
④ 형사피고인은 유죄의 판결이 확정될 때까지는 무죄로 추정된다.

사건개요 갑은 병원장 등을 구성원으로 하여 설립된 결합체로서 독점규제법상 사업자단체이다. 보건복지부가 의약분업 시행을 앞두고 의약품실거래가 상환제를 실시하자, 갑은 의사대회를 개최하였다. 이에 공정거래위원회는 갑의 행위가 구성사업자들로 하여금 휴업 또는 휴진을 하게 함으로써 구성사업자의 사업내용 또는 활동을 부당하게 제한하는 행위로 보아 위 행위를 금지함과 동시에 4대 중앙일간지에 동 법위반사실을 공표하도록 함과 아울러 청구인을 고발하는 내용의 시정명령 등 처분을 하였다. 갑은 행정소송으로 위 처분의 취소나 무효를 구하는 소송을 제기하고 위헌여부심판의 제청신청을 하였으나 기각되자 헌법소원심판을 청구하였다.

판결요지 (1) 양심의 자유 침해 여부
헌법이 보호하는 양심은 인간의 윤리적 내심영역이다. 이 사건의 경우와 같이 법률판단의 문제는 개인의 인격형성과는 무관하며, 대화와 토론을 통하여 가장 합리적인 것으로 그 내용이 동화되거나 수렴될 수 있는 포용성을 가지는 분야에 속한다고 할 것이므로 헌법 제19조에 의하여 보장되는 양심의 영역에 포함되지 아니한다.
(2) 법위반사실 공표 명령
소비자보호를 위한 이러한 보호적, 경고적, 예방적 형태의 공표조치를 넘어서 형사재판이 개시되기도 전에 공정거래위원회의 행정처분에 의하여 무조건적으로 법위반을 단정, 그 피의사실을 널리 공표토록 한다면 이는 지나치게 광범위한 조치로서 앞서 본 입법목적에 반드시 부합하는 적합한 수단이라고 하기 어렵다. 또한 법위반사실의 공표명령은 공소제기조차 되지 아니하고 단지 고발만 이루어진 수사의 초기단계에서 아직 법원의 유무죄에 대한 판단이 가려지지 아니하였는데도 관련 행위자를 유죄로 추정하는 불이익한 처분이 된다.

해설 사업자단체의 독점규제 및 공정거래법 위반행위가 있을 때 공정거래위원회가 당해 사업자단체에 대하여 "법위반사실의 공표"를 명할 수 있도록 한 부분은 양심의 자유를 침해하지 않는다. 그러나 법위반 사실공표 명령은 과잉금지의 원칙에 위반하여 당해 행위자의 일반적 행동의 자유 및 명예권을 침해하고 무죄추정의 원칙에 반한다. 무죄추정의 원칙은 형사절차와 관련하여 아직 공소가 제기되지 아니한 피의자는 물론 비록 공소가 제기된 피고인이라 할지라도 유죄의 판결이 확정될 때까지는 원칙적으로 죄가 없는 자로 다루어져야 하고, 그 불이익은 필요최소한에 그쳐야 한다는 원칙을 말한다.

기출지문 O X

양심의 자유는 윤리적 판단을 국가권력에 의하여 외부에 표명하도록 강제받지 아니할 자유를 포함하지 않는다. (   )　　　　　　　　　　　　　　　　　　　　　　▶ 14. 경정승진

해설 양심의 자유에는 널리 사물의 시시비비나 선악과 같은 윤리적 판단에 국가가 개입해서는 안 되는 내심적 자유는 물론, 이와 같은 윤리적 판단을 국가권력에 의하여 외부에 표명하도록 강제 받지 않는 자유 즉 윤리적 판단사항에 관한 침묵의 자유까지 포괄한다고 할 것이다(헌재 1991.4.1, 89헌마160).

정답 (×)

29 태아의 성별 고지 금지 사건
헌재 2008.7.31. 2004헌마1010, 2005헌바90(병합) 전원재판부

조문보기

구 의료법(1987.11.28. 법률 제3948호로 개정되고, 2007.4.11. 법률 제8366호로 전부 개정되기 전의 것) 제19조의2 (태아의 성 감별 행위 등의 금지)
② 의료인은 태아 또는 임부에 대한 진찰이나 검사를 통하여 알게 된 태아의 성별을 임부 본인, 그 가족 기타 다른 사람이 알 수 있도록 하여서는 아니 된다.

의료법(2007.4.11. 법률 제8366호로 전부 개정된 것) 제20조 (태아 성 감별 행위 등 금지)
② 의료인은 태아나 임부를 진찰하거나 검사하면서 알게 된 태아의 성(성)을 임부, 임부의 가족, 그 밖의 다른 사람이 알게 하여서는 아니 된다.

사건개요 갑은 을과 결혼하여 혼인신고를 마쳤고, 을이 임신하여 초음파검사를 받음에 있어 의사에게 태아의 성별을 알려줄 것을 요청하였다. 그러나 담당의사는 '의료인은 태아 또는 임부에 대한 진찰이나 검사를 통하여 알게 된 태아의 성별을 임부 본인, 그 가족 기타 다른 사람이 알 수 있도록 하여서는 아니 된다'는 구의료법 제19조의2 제2항으로 인하여 태아의 성별을 알려줄 수 없다는 이유로 이를 거절하였다. 이에 갑은 위 의료법 규정이 자신의 기본권을 침해하였다고 주장하며, 출산을 한 달 정도 앞둔 시기에 이 사건 헌법소원심판을 청구하였다.

판결요지 임신 기간이 통상 40주라고 할 때, 낙태가 거의 불가능하게 되는 시기도 있는데, 이 사건 규정이 낙태가 사실상 불가능하게 되는 임신 후반기에 이르러서도 태아에 대한 성별 정보를 태아의 부모에게 알려주지 못하게 하는 것은 최소침해성 원칙을 위반하는 것이다. 따라서 이 사건 법률규정은 의료인의 직업수행의 자유와 태아 부모의 태아 성별 정보에 대한 접근을 방해받지 않을 권리를 침해하므로 헌법에 위반된다. 단순위헌 결정을 할 경우 태아의 성별 고지 금지에 대한 근거 규정이 사라져 법적 공백상태가 발생하게 될 것이므로 헌법불합치 결정을 한다.

해설 헌법 제10조로부터 도출되는 일반적 인격권에는 각 개인이 그 삶을 사적으로 형성할 수 있는 자율영역에 대한 보장이 포함되어 있음을 감안할 때, 장래 가족의 구성원이 될 태아의 성별 정보에 대한 접근을 국가로부터 방해받지 않을 부모의 권리는 이와 같은 일반적 인격권에 의하여 보호된다.

기출지문 O X

직업이란 생활의 기본적 수요를 충족시키기 위한 계속적인 소득활동을 의미하며 그러한 내용의 활동인 한 그 종류나 성질을 묻지 않는다. (   )   ▶ 14. 국회 8급

해설 직업이란 생활의 기본적 수요를 충족시키기 위한 계속적인 소득활동을 의미하며 그러한 내용의 활동인 한 그 종류나 성질을 불문한다(헌재 1993.5.13. 92헌마80).

정답 (O)

30 청소년 성매수자 신상공개 제도 사건
헌재 2003.6.26. 2002헌가14 전원재판부

조문보기

청소년의 성보호에 관한 법률(2000.2.3. 법률 제6261호로 제정된 것) 제20조 (범죄방지 계도)
② 제1항의 규정에 의한 계도문에는 다음 각 호의 1에 해당하는 죄를 범한 자의 성명, 연령, 직업 등의 신상과 범죄사실의 요지를 그 형이 확정된 후 이를 게재하여 공개할 수 있다. 다만 죄를 범한 자가 청소년인 경우에는 그러하지 아니하다.
1. 제5조의 규정을 위반한 자
③ 청소년보호위원회는 제2항의 규정에 의한 신상 등의 공개를 결정함에 있어서 공개대상자 및 대상 청소년의 연령, 범행동기, 범행수단과 결과, 범행전력, 죄질, 공개대상자의 가족관계 및 대상 청소년에 대한 관계, 범행 후의 정황 등을 고려하여 공개대상자 및 그 가족 등에 대한 부당한 인권침해가 없도록 하여야 한다.
④ 제2항의 규정에 의한 신상공개의 경우 제5조 내지 제10조의 규정에 의한 죄의 대상 청소년과 피해 청소년의 신상은 공개할 수 없다.
⑤ 제1항 및 제2항의 규정에 의한 계도문 게재 등과 관련한 구체적인 시기·기간·절차 등에 관하여 필요한 사항은 대통령령으로 정한다.

사건개요 갑은 청소년에게 6만 원을 제공하고 1회 성교행위를 하여 청소년의 성보호에 관한 법률 제5조를 위반하였다는 혐의로 전주지방법원에서 벌금을 선고받았고, 그대로 확정되었다. 청소년보호위원회는 갑의 신상정보를 관보 및 인터넷에 게시하기로 하는 결정을 하였다. 이에 갑은 법원에 청소년보호위원회를 상대로 위 신상 등 공개처분의 취소를 구하는 소를 제기한 후 위헌여부심판제청을 신청하고 법원이 이를 받아들여 헌법재판소에 위헌여부심판을 제청하였다.

판결요지 (1) 이중처벌금지 원칙 위배 여부
신상공개 제도가 기존의 형벌 외에 또 다른 형벌로서 수치형이나 명예형에 해당한다고 볼 수는 없다. 그렇다면, 신상공개 제도는 헌법 제13조의 이중처벌금지 원칙에 위배되지 않는다.
(2) 과잉금지 원칙 위배 여부
청소년 성매수자의 일반적 인격권과 사생활의 비밀의 자유가 제한되는 정도가 청소년 성보호라는 공익적 요청에 비해 크다고 할 수 없다. 신상공개는 해당 범죄인들의 일반적 인격권, 사생활의 비밀의 자유를 과잉금지의 원칙에 위배하여 침해한 것이라 할 수 없다.
(3) 평등 원칙 위배 여부
청소년 대상 성범죄와 그 밖의 일반 범죄는 서로 비교집단을 이루는 '본질적으로 동일한 것'이 아니고 그러한 구분기준이 특별히 자의적이라고 볼 만한 사정이 없다.
(4) 법관에 의한 재판을 받을 권리의 침해 여부
신상공개 제도는 '처벌'에 해당한다고 할 수 없으므로 이 제도가 법관에 의한 재판을 받을 권리를 침해한 것이라 할 수 없다.
(5) 적법절차 위배 여부
신상공개 제도는 법률이 정한 형식적 절차에 따라 이루어지며 그 절차의 내용도 합리성과 정당성을 갖춘 것이라고 볼 것이므로 절차적 적법절차 원칙에 위반되는 것이라 할 수 없다.

해설 청소년 성매수자에 대한 신상공개를 규정한 청소년의 성보호에 관한 법률은 이중처벌금지 원칙에 위반되지 않고, 과잉금지 원칙에 위반되지 않으며, 평등 원칙에 위반되지 않는다. 또한 법관에 의한 재판을 받을 권리를 침해하지 않고, 적법절차 원칙에 위반되지 않으며 포괄위임입법금지 원칙에 위반되지 않는다.

기출지문 O X

헌법재판소는 청소년 성매수자의 신상공개 제도가 이중처벌금지 원칙, 과잉금지 원칙, 평등 원칙, 적법절차 원칙 등에 위반되지 않는다는 입장이다. (   )　　　　　　　　　　　▶10. 지방직 9급

해설 청소년 성매수자에 대한 신상공개를 규정한 청소년의 성보호에 관한 법률은 이중처벌금지 원칙, 과잉금지의 원칙, 평등의 원칙에 위반되지 아니하며, 법관에 의한 재판을 받을 권리를 침해하는 것이 아니며, 적법절차 원칙에 위반되지 않는다(헌법재판소 2003.6.26. 2002헌가14).

정답 (O)

31 간통죄 위헌확인 사건
헌재 2015.02.26. 2009헌바17

조문보기

형법(1953.9.18. 법률 제293호로 제정된 것) 제241조 (간통)
① 배우자있는 자가 간통한 때에는 2년 이하의 징역에 처한다. 그와 상간한 자도 같다.
② 전항의 죄는 배우자의 고소가 있어야 논한다. 단 배우자가 간통을 종용 또는 유서한 때에는 고소할 수 없다.

헌법 제10조
모든 국민은 인간으로서의 존엄과 가치를 가지며, 행복을 추구할 권리를 가진다. 국가는 개인이 가지는 불가침의 기본적 인권을 확인하고 이를 보장할 의무를 진다.

헌법 제17조
모든 국민은 사생활의 비밀과 자유를 침해받지 아니한다.

헌법 제36조
① 혼인과 가족생활은 개인의 존엄과 양성의 평등을 기초로 성립되고 유지되어야 하며, 국가는 이를 보장한다.

사건개요 갑은 간통 내지 상간하였다는 범죄사실로 기소되었다. 갑은 당해사건 계속 중 형법 제241조가 위헌이라며 위헌법률심판 제청신청을 하였으나 그 신청이 기각되자 헌법소원심판을 청구하였다.

판결요지 간통죄 처벌조항은 선량한 성풍속 및 일부일처제에 기초한 혼인 제도를 보호하고 부부간 정조의무를 지키게 하기 위한 것이지만, 혼인과 가정의 유지는 당사자의 자유로운 의지와 애정에 맡겨야지, 형벌을 통하여 타율적으로 강제될 수 없는 것이다. 따라서 형법 제241조는 그 수단의 적절성과 침해의 최소성을 갖추지 못하였다고 할 것이다. 그리고 위와 같이 혼인 제도 및 부부간 정조의무 보호라는 공익이 더 이상 형법규정을 통하여 달성될 것으로 보기 어려운 반면, 국민의 성적 자기결정권 등의 기본권을 지나치게 제한하고 있으므로 법익 균형성도 상실하였다. 결국 형법 제241조는 과잉금지 원칙에 위배하여 국민의 성적 자기결정권 및 사생활의 비밀과 자유를 침해하는 것으로서 헌법에 위반된다.

해설 헌법재판소는 간통 및 상간행위를 처벌하는 심판대상조항에 대하여 4차례 헌법에 위반되지 않는다는 결정을 선고하였으나(89헌마82 결정, 90헌가70 결정, 2000헌바60 결정, 2007헌가17등 결정), 이 사건에 있어서는 간통 및 상간행위의 처벌 자체가 헌법에 위반된다는 의견 5인, 성적 성실 의무를 부담하지 않는 간통행위자 등까지 처벌하도록 규정한 것이 국가형벌권의 과잉 행사로서 헌법에 위반된다는 의견 1인, 간통죄의 소극적 소추조건인 간통 종용이나 유서의 개념이 불명확하여 명확성 원칙에 위배되고, 죄질이 서로 다른 간통행위에 일률적으로 징역형만 부과하도록 규정한 것이 책임과 형벌 사이의 비례원칙에 위반된다는 의견 1인으로 위헌 정족수를 충족하여 심판대상조항에 대하여 위헌 결정을 선고하였다.

기출지문 O X

죄형법정주의는 형벌조항을 신설할 때에 한해서 적용된다. (   )　　　▶14. 국회 9급

해설) 죄형법정주의는 이미 제정된 정의로운 법률에 의하지 아니하고는 처벌되지 아니한다는 원칙으로서 이는 무엇이 처벌될 행위인가를 국민이 예측가능한 형식으로 정하도록 하여 개인의 법적안정성을 보호하고 성문의 형벌법규에 의한 실정법질서를 확립하여 국가형벌권의 자의적 행사로부터 개인의 자유와 권리를 보장하려는 법치국가 형법의 기본원리이므로 형벌조항을 신설할 때에 한해 적용되는 것이 아니다(헌재 1991.7.8. 91헌가4).

정답 (×)

32 동원교육대 입영 중 사고에 대한 보상 사건
헌재 2005.10.27. 2004헌바37 전원재판부

조문보기

병역법 제75조 제1항(1997. 1.13. 법률 제5271호로 개정된 것) (보상 및 가료)
① 군복무(징집 또는 소집되어 관계공무원의 인솔하에 집단수송 중인 경우를 포함한다)중 전사·순직한 사람의 유족과 전상·공상 또는 공무상 질병으로 인하여 전역되거나 병역이 면제된 사람 및 그 가족은 국가유공자등 예우 및 지원에 관한 법률이 정하는 바에 따라 보상을 받을 수 있다.

헌법 제10조
모든 국민은 인간으로서의 존엄과 가치를 가지며, 행복을 추구할 권리를 가진다. 국가는 개인이 가지는 불가침의 기본적 인권을 확인하고 이를 보장할 의무를 진다.

헌법 제11조
① 모든 국민은 법 앞에 평등하다. 누구든지 성별·종교 또는 사회적 신분에 의하여 정치적·경제적·사회적·문화적 생활의 모든 영역에 있어서 차별을 받지 아니한다.

헌법 제39조
① 모든 국민은 법률이 정하는 바에 의하여 국방의 의무를 진다.
② 누구든지 병역의무의 이행으로 인하여 불이익한 처우를 받지 아니한다.

사건개요 갑의 아들은 예비역 병장으로 서울지방병무청장으로부터 병력동원훈련소집통지를 받고, 자신의 오토바이를 운전하여 위 동원교육대로 가던 중 교통사고를 당하여 같은 날 14:17경 사망하였다. 갑은 자신의 아들이 순직군경에 해당한다고 주장하면서 서울지방보훈청장에게 국가유공자유족등록신청을 하였으나, '군복무 중' 순직한 것에 해당하지 않는다는 이유로 거부당하였다. 이에 갑은 법원에 위 결정처분의 취소를 구하는 행정소송을 제기하면서 위헌법률심판 제청신청을 하였으나, 기각되자 헌법소원심판을 청구하였다.

판결요지 국가가 국가유공자에게 예우할 내용은 입법자의 광범위한 입법형성의 영역에 속하는 것으로 기본적으로는 자의금지원칙에 입각하여 그 평등 원칙의 위배여부를 판단한다. 아직 입영하지 않은 병역의무자가 입은 생명·신체에 대한 사고나 재해의 경우 그로 인한 희생은 국가유공자법이 정하는 보상의 대상으로서 특별한 희생이라고 평가하기 어렵다. 헌법 제39조 제2항은 병역의무를 이행한 사람에게 보상조치를 취하거나 특혜를 부여할 의무를 국가에게 지우는 것이 아니라 병역의무의 이행을 이유로 불이익한 처우를 하는 것을 금지하고 있을 뿐이다.

해설 군복무 중인 자와 입영 중인 자에 대한 차별취급은 합리성이 있다. 군부대에 입영하기 위하여 단체이동 중인 자와 개별이동 중인 자를 차별취급하는 것은 합리성이 있다. 개별이동 중인 자를 국가유공자의 대상에서 제외한 위 병역법 조항이 헌법 제10조의 명예권을 침해하거나 제39조 제2항의 병역의무의 이행으로 인한 불이익한 처우금지에 위배되지 않는다. 평등의 원칙은 입법자에게 본질적으로 같은 것을 자의적으로 다르게, 본질적으로 다른 것을 자의적으로 같게 취급하는 것을 금지한다. 그러므로 비교의 대상을 이루는 두 개의 사실관계 사이에 서로 상이한 취급을 정당화할 수 있을 정도의 차이가 없음에도 불구하고 두 사실관계를 서로 다르게 취급한다면 평등 원칙에 위배된다.

기출지문 OX

자의금지 원칙은 입법자에게 본질적으로 같은 것을 자의적으로 다르게, 본질적으로 다른 것을 자의적으로 같게 취급하는 것을 금지한다는 의미에서 비례 원칙보다 엄격한 심사기준이다. (   )

▶14. 국회 8급

해설 비례성 심사는 평등권을 심사함에 있어 헌법상 특별히 평등을 요구하는 경우에는 완화된 심사기준이 아닌 보다 엄격한 심사척도를 적용하는 것을 말한다. 자의금지 원칙이 비례 원칙보다 완화된 심사기준이다.

정답 (×)

33 제대군인 가산점 제도 사건
헌재 1999.12.23. 98헌마363 전원재판부

조문보기

제대군인 지원에 관한 법률(1997.12.31. 법률 제5482호로 제정된 것) 제8조 (채용시험의 가점)
① 제7조 제2항의 규정에 의한 취업보호실시기관이 그 직원을 채용하기 위한 시험을 실시할 경우에 제대군인이 그 채용시험에 응시한 때에는 필기시험의 각 과목별 득점에 각 과목별 만점의 5퍼센트의 범위 안에서 대통령령이 정하는 바에 따라 가산한다. 이 경우 취업보호실시기관이 필기시험을 실시하지 아니한 때에는 그에 갈음하여 실시하는 실기시험·서류전형 또는 면접시험의 득점에 이를 가산한다.

제대군인 지원에 관한 법률 시행령(1998.8.21. 대통령령 제15870호로 제정된 것) 제9조 (채용시험의 가점비율 등)
① 법 제8조 제1항의 규정에 의하여 제대군인이 채용시험에 응시하는 경우의 시험만점에 대한 가점비율은 다음 각 호의 1과 같다.
1. 2년 이상의 복무기간을 마치고 전역한 제대군인: 5퍼센트
2. 2년 미만의 복무기간을 마치고 전역한 제대군인: 3퍼센트
② 법 제8조 제3항의 규정에 의한 채용시험의 가점대상직급은 다음 각 호와 같다.
1. 국가공무원법 제2조 및 지방공무원법 제2조에 규정된 공무원 중 6급 이하 공무원 및 기능직공무원의 모든 직급

사건개요 갑은 여대를 졸업하고 국가공무원 공개경쟁채용시험에 응시하기 위하여 준비 중에 있다. 갑은 제대군인이 6급 이하의 공무원 또는 공·사기업체의 채용시험에 응시한 때에 필기시험의 각 과목별 득점에 각 과목별 만점의 5퍼센트 또는 3퍼센트를 가산하도록 규정하고 있는 제대군인 지원에 관한 법률 제8조 제1항, 제3항 및 동법시행령 제9조가 자신들의 헌법상 보장된 평등권, 공무담임권, 직업선택의 자유를 침해하고 있다고 주장하면서 헌법소원심판을 청구하였다.

판결요지 헌법 제39조 제2항은 병역의무를 이행한 사람에게 보상조치를 취하거나 특혜를 부여할 의무를 국가에게 지우는 것이 아니라, 법문 그대로 병역의무의 이행을 이유로 불이익한 처우를 하는 것을 금지하고 있을 뿐이다. 그런데 가산점 제도는 실질적으로 성별에 의한 차별이고, 병역면제자와 보충역복무를 하게 되는 자를 차별하는 제도이다. 헌법에서 특별히 평등을 요구하고 있는 경우와 차별적 취급으로 인하여 관련 기본권에 대한 중대한 제한을 초래하게 된다면 입법형성권은 축소되어 보다 엄격한 심사척도가 적용되어야 할 것이다. 가산점 제도는 헌법 제32조 제4항이 특별히 남녀평등을 요구하고 있는 "근로" 내지 "고용"의 영역에서 남성과 여성을 달리 취급하는 제도이고, 또한 헌법 제25조에 의하여 보장된 공무담임권이라는 기본권의 행사에 중대한 제약을 초래하는 것이기 때문에 엄격한 심사척도가 적용된다.

해설 제대군인이 공무원채용시험 등에 응시한 때에 과목별 득점에 과목별 만점의 5% 또는 3%를 가산하는 제대군인 가산점 제도는 헌법에 근거를 둔 것이 아니다. 가산점 제도로 여성, 신체장애자 등의 평등권, 공무담임권이 침해된다.
헌법 제25조는 "모든 국민은 법률이 정하는 바에 의하여 공무담임권을 가진다"고 규정하여 공무담임권을 보장하고 있는바, 공무담임권은 각종 선거에 입후보하여 당선될 수 있는 피선거권과 공직에 임명될 수 있는 공직취임권을 포괄하고 있다.

기출지문 O X

중등학교 임용시험에서 동일지역 사범대학을 졸업한 교원경력이 없는 자에게 가산점을 부여하는 것은 공무담임권이나 평등권을 침해한다고 보기 어렵다. (   )　　▶13. 법원 9급

해설 중등교사 임용시험에서 동일 지역 사범대학을 졸업한 교원경력이 없는 자에게 가산점을 부여하고 있는 법률조항은 비례의 원칙에 반하여 제청신청인의 공무담임권이나 평등권을 침해한다고 보기 어려우므로 헌법에 위반되지 아니한다(헌재 2007.12.27. 2005헌가11).　　정답 (○)

34 연합뉴스 국가기간뉴스통신사 지정 사건
헌재 2005.6.30. 2003헌마841 전원재판부

조문보기

뉴스통신진흥에 관한 법률(2003.5.29. 법률 제6905호로 제정된 것) 제10조 (지위 및 업무)
① 연합뉴스사는 국가기간뉴스통신사로서 정보주권을 수호하고 정보격차 해소 및 국민의 알권리 충족을 위한 기능을 수행한다.

뉴스통신진흥에 관한 법률 제20조 (위탁업무에 대한 비용부담 등)
정부는 제10조 제2항 제3호·제5호 및 제6호의 업무, 동항 제7호의 규정에 의하여 연합뉴스사에 위탁한 업무와 미디어환경 변화로 인한 국민의 정보격차 해소에 필요한 사업에 대하여 예산의 범위 안에서 비용의 전부 또는 일부를 부담하거나 재정자금을 융자할 수 있다.

뉴스통신진흥에 관한 법률 부칙 제4조 (연합뉴스사에 대한 경과조치)
이 법 시행 당시의 주식회사 연합뉴스는 이 법에 의한 연합뉴스사로 본다.

사건개요 갑 회사는 뉴스통신사로 등록한 법인이다. 뉴스통신진흥에 관한 법률이 연합뉴스사를 국가기간뉴스통신사로 지정하여 이에 대해서는 재정보조 등 여러 가지 구체적이고 실질적인 지원방안을 규정하고 있는 반면, 갑 회사에 대해서는 일반적인 뉴스통신사에 대한 정부의 지원 외에 별도의 다른 지원방안을 규정하고 있지 않았다. 이에 갑 회사는 위와 같이 서로 경쟁관계에 있는 뉴스통신사 일방에 대한 부당한 지원으로 인하여 자신들의 평등권, 언론·출판의 자유, 직업선택의 자유, 재산권 등이 부당하게 침해되었다고 주장하면서 헌법소원심판을 청구하였다.

판결요지 특정규범이 개인대상 또는 개별사건 법률에 해당한다고 하여 그것만으로 바로 헌법에 위반되는 것은 아니다. 따라서 연합뉴스사를 위한 심판대상조항의 차별적 규율이 합리적인 이유로 정당화되는 경우에는 이러한 처분적 법률도 허용된다. 연합뉴스사에 대한 혜택의 부여로 인하여 다른 뉴스통신사의 경우 연합뉴스사와의 뉴스통신시장에서의 경쟁이 제한되나 과잉금지원칙에 위배된다고 할 수 없다. 정보주권의 수호와 국민 간의 정보격차를 해소하고 국가이익보호와 국가의 홍보역량을 강화하기 위해서는 정부의 뉴스통신시장에 대한 최소한의 개입과 뉴스통신사에 대한 적절한 지원이 반드시 요청된다고 할 것이고, 이러한 차원에서 심판대상조항이 국가기간뉴스통신사를 지정하여 이에 대하여 여러 가지 공적 임무를 부여하며, 그 임무의 수행과 관련된 범위에서 비용을 부담하는 등의 우대조치를 취하는 것은 그 합리성을 인정할 수 있다.

해설 (1) 갑 회사의 자기관련성 인정 여부
규율의 직접 상대방이 아닌 제3자에게도 자기관련성을 인정할 수 있다. 따라서 갑 회사의 자기관련성을 인정할 수 있다.
(2) 평등권 침해 여부
심판대상조항은 경업자인 청구인들의 평등권을 침해하지 않는다. 헌법 제11조 제1항이 규정하는 평등원칙은 결코 일체의 차별적 대우를 부정하는 절대적 평등을 의미하는 것이 아니고, 법을 적용함에 있어서 뿐만 아니라 입법을 함에 있어서도 불합리한 차별을 하여서는 아니 된다는 상대적·실질적 평등을 뜻하는 것이므로 합리적 근거 없이 차별하는 경우에만 평등원칙에 반하는 것이다.

기출지문 O X

우리 헌법은 처분적 법률로서의 개인대상법률 또는 개별사건법률의 정의를 따로 두고 있지 않으며 처분적 법률의 제정을 금하는 명문의 규정도 두고 있지 않지만 특정한 규범이 개인대상 또는 개별사건 법률에 해당한다면 이는 바로 법률의 속성 중 일반성과 추상성을 위반하여 위헌이 된다. (   )

▶12. 지방직 7급

해설 우리 헌법은 처분적 법률로서 개인대상법률 또는 개별사건법률의 정의를 따로 두고 있지 않음은 물론, 이러한 처분적 법률의 제정을 금하는 명문의 규정도 두고 있지 않은바, 특정규범이 개인대상 또는 개별사건법률에 해당한다고 하여 그것만으로 바로 헌법에 위반되는 것은 아니라고 할 것이다. 결국 심판대상조항이 일반 국민을 그 규율의 대상으로 하지 아니하고 특정 개인만을 그 대상으로 한다고 하더라도 이러한 차별적 규율이 합리적인 이유로 정당화되는 경우에는 허용된다고 할 것이다(헌재 2005.6.30. 2003헌마841).

정답 (×)

35 사형 제도 사건
헌재 2010.2.25. 2008헌가23

조문보기

형법(1953.9.18. 법률 제293호로 제정된 것) 제41조 (형의 종류)
형의 종류는 다음과 같다.
1. 사형
2. 징역
3. 이하 생략

형법 제250조 (살인, 존속살해)
① 사람을 살해한 자는 사형, 무기 또는 5년 이상의 징역에 처한다.

구 성폭력범죄의 처벌 및 피해자보호 등에 관한 법률 (1997.8.22. 법률 제5343호로 개정되고, 2008.6.13. 법률 제9110호로 개정되기 전의 것) 제10조 (강간등 살인·치사)
① 제5조 내지 제8조, 제12조(제5조 내지 제8조의 미수범에 한한다)의 죄 또는 형법 제297조(강간) 내지 제300조(미수범)의 죄를 범한 자가 사람을 살해한 때에는 사형 또는 무기징역에 처한다.

사건개요 갑은 2회에 걸쳐 4명을 살해하고 그중 3명의 여성을 추행한 범죄사실로 구속기소되어, 1심 법원에서 형법 제250조 제1항, '성폭력범죄의 처벌 및 피해자보호 등에 관한 법률' 제10조 제1항 등이 적용되어 사형을 선고받은 후 항소하였다. 갑은 항소심 재판 계속 중 사형제도를 규정한 형법 제41조 제1호 등에 대하여 위헌법률심판 제청신청을 하였고 법원은 위헌법률심판 제청결정을 하였다.

판결요지
(1) 헌법 제37조 제2항에 의하여 생명권을 제한할 수 있는지 여부
헌법 제37조 제2항에 의하여 생명권을 제한할 수 있다. 나아가 생명권의 제한이 곧 생명권의 본질적 내용에 대한 침해는 아니다. 사형제도가 헌법 제37조 제2항에 위반하여 생명권을 침해하는 것은 아니다.

(2) 사형 제도가 인간의 존엄과 가치를 규정한 헌법 제10조에 위반되는지 여부
사형 제도는 인간의 존엄과 가치를 규정한 헌법 제10조에 위반되지 않는다.

해설 헌법은 절대적 기본권을 명문으로 인정하고 있지 아니하며, 헌법 제37조 제2항에서는 국민의 모든 자유와 권리는 국가안전보장·질서유지 또는 공공복리를 위하여 필요한 경우에 한하여 법률로써 제한할 수 있도록 규정하고 있어, 비록 생명이 이념적으로 절대적 가치를 지닌 것이라 하더라도 생명에 대한 법적 평가가 예외적으로 허용될 수 있다고 할 것이므로, 생명권 역시 헌법 제37조 제2항에 의한 일반적 법률유보의 대상이 될 수밖에 없다. 나아가 생명권의 경우, 다른 일반적인 기본권 제한의 구조와는 달리, 생명의 일부 박탈이라는 것을 상정할 수 없기 때문에 생명권에 대한 제한은 필연적으로 생명권의 완전한 박탈을 의미하게 되는 바, 위와 같이 생명권의 제한이 정당화될 수 있는 예외적인 경우에는 생명권의 박탈이 초래된다 하더라도 곧바로 기본권의 본질적인 내용을 침해하는 것이라 볼 수는 없다.

기출지문 O X

생명권은 헌법에 명문으로 규정하고 있지 않지만 다른 어느 기본권보다 우월한 가치를 가지는 절대적 권리로서 헌법 제37조 제2항에 의한 일반적 법률유보의 대상이 될 수 없다. ( )

▶ 14. 지방직 7급

해설 헌법은 절대적 기본권을 명문으로 인정하고 있지 아니하며, 헌법 제37조 제2항에서는 국민의 모든 자유와 권리는 국가안전보장·질서유지 또는 공공복리를 위하여 필요한 경우에 한하여 법률로써 제한할 수 있도록 규정하고 있어, 비록 생명이 이념적으로 절대적 가치를 지닌 것이라 하더라도 생명에 대한 법적 평가가 예외적으로 허용될 수 있다고 할 것이므로, 생명권 역시 헌법 제37조 제2항에 의한 일반적 법률유보의 대상이 될 수밖에 없다(헌재 2010.2.25. 2008헌가23).

정답 (×)

36 입법부작위 위헌확인 사건
헌재 2009.11.26. 2008헌마385 전원재판부

조문보기

헌법 제10조
모든 국민은 인간으로서의 존엄과 가치를 가지며, 행복을 추구할 권리를 가진다. 국가는 개인이 가지는 불가침의 기본적 인권을 확인하고 이를 보장할 의무를 진다.

헌법재판소법 제68조
① 공권력의 행사 또는 불행사로 인하여 헌법상 보장된 기본권을 침해받은 자는 법원의 재판을 제외하고는 헌법재판소에 헌법소원심판을 청구할 수 있다. 다만, 다른 법률에 구제절차가 있는 경우에는 그 절차를 모두 거친 후에 청구할 수 있다.

사건개요 갑은 폐암 발병 여부를 확인하기 위하여 병원에서 기관지내시경을 이용한 폐종양 조직검사를 받던 중 과다출혈 등으로 인하여 심정지가 발생하였다. 그 후 갑은 지속적 식물인간상태에 있으면서 병원의 중환자실에서 인공호흡기를 부착한 채, 연명치료를 받았다. 갑의 자녀인 을은 병원 주치의에게 연명치료의 중단을 요청하였으나, 거부당하였다. 그 후 을은 국회가 입법의무를 이행하지 않아 갑과 을의 인간의 존엄과 가치, 행복추구권, 재산권 등을 침해하였다고 주장하면서 헌법소원심판을 청구하였다.

판결요지 이 사건 법률의 입법부작위 위헌확인에 관한 헌법소원심판 청구는 기본권 침해의 자기관련성의 관점에서 부적법하다. 또한 헌법소원심판 청구의 대상적격('공권력의 불행사')의 관점에서 부적법하다. 죽음에 임박한 환자에게 '연명치료 중단에 관한 자기결정권'은 헌법상 보장된 기본권이다. 그러나 헌법해석상 '연명치료 중단 등에 관한 법률'에 관한 입법의무는 인정되지 않는다.

해설 진정입법부작위가 헌법재판소법 제68조 제1항의 '공권력의 불행사'로서 헌법소원의 대상이 되려면, 헌법에서 기본권보장을 위하여 법령에 명시적인 입법위임을 하였는데도 입법자가 상당한 기간 내에 이를 이행하지 않거나 또는 헌법해석상 특정인에게 구체적인 기본권이 생겨 이를 보장하기 위한 국가의 행위의무 내지 보호의무가 발생하였음이 명백함에도 불구하고 입법자가 아무런 입법조치를 취하지 않고 있는 경우라야 한다.

기출지문 O X

환자가 장차 죽음에 임박한 상태에 이를 경우에 대비하여 미리 의료인 등에게 연명치료 거부 또는 중단에 관한 의사를 밝히는 등의 방법으로 죽음에 임박한 상태에서 인간으로서의 존엄과 가치를 지키기 위하여 연명치료의 거부 또는 중단을 결정할 수 있다 할 것이고, 이 결정은 헌법상 기본권인 자기결정권의 한 내용으로서 보장된다. ( )　　　　　　　　　　　　　　　　▶12. 국가직 7급

해설 환자가 장차 죽음에 임박한 상태에 이를 경우에 대비하여 미리 의료인 등에게 연명치료 거부 또는 중단에 관한 의사를 밝히는 등의 방법으로 죽음에 임박한 상태에서 인간으로서의 존엄과 가치를 지키기 위하여 연명치료의 거부 또는 중단을 결정할 수 있다 할 것이고, 위 결정은 헌법상 기본권인 자기결정권의 한 내용으로서 보장된다 할 것이다(헌재 2009.11.26. 2008헌마385).

정답 (○)

37 긴급조치 제1호, 제2호, 제9호 사건
헌재 2013.3.21. 2010헌바70·132·170(병합)

조문보기

대통령긴급조치 제1호 (1974.1.8. 대통령긴급조치 제1호로 제정되고, 1974.8.23. 대통령긴급조치 제5호 '대통령긴급조치 제1호와 동 제4호의 해제에 관한 긴급조치'로 해제된 것)

1. 대한민국 헌법을 부정, 반대, 왜곡 또는 비방하는 일체의 행위를 금한다.
2. 대한민국 헌법의 개정 또는 폐지를 주장, 발의, 제안, 또는 청원하는 일체의 행위를 금한다.
3. 유언비어를 날조, 유포하는 일체의 행위를 금한다.
4. 전 1, 2, 3호에서 금한 행위를 권유, 선동, 선전하거나, 방송, 보도, 출판 기타 방법으로 이를 타인에게 알리는 일체의 언동을 금한다.
5. 이 조치에 위반한 자와 이 조치를 비방한 자는 법관의 영장 없이 체포, 구속, 압수, 수색하며 15년 이하의 징역에 처한다. 이 경우에는 15년 이하의 자격정지를 병과할 수 있다.
6. 이 조치에 위반한 자와 이 조치를 비방한 자는 비상군법회의에서 심판, 처단한다.
부칙
7. 이 조치는 1974년 1월 8일 17시부터 시행한다.

사건개요

유신헌법 제53조는 국가긴급권의 하나로 대통령에게 긴급조치권을 부여하고 긴급조치를 사법심사의 대상에서 배제하였다. 당시 대통령은 헌법개정 주장을 금지하고 처벌하는 등의 내용의 긴급조치 제1호, 제2호, 제9호를 제정하였다. 갑은 1970년대 비상보통군법회의에서 대통령긴급조치 제1호 위반으로 징역 등의 형을 선고받았다. 갑은 서울고등법원에 재심청구를 하고, 긴급조치 제1호, 긴급조치 제2호가 헌법에 위반된다는 이유로 위헌법률심판 제청신청을 하였으나 각하되자, 2010.2.3. 헌법소원심판을 청구하였다.

판결요지

최소한 법률과 동일한 효력을 가지는 이 사건 긴급조치들의 위헌 여부 심사권한도 헌법재판소에 전속한다. 헌법재판소가 행하는 구체적 규범통제의 심사기준은 원칙적으로 헌법재판을 할 당시에 규범적 효력을 가지는 현행헌법이다. 국가긴급권의 행사라 하더라도 헌법재판소의 심판대상이 되고, 현행헌법에 따라 이 사건 긴급조치들의 위헌성을 다툴 수 있다. 긴급조치 제1호, 제2호는 대한민국 헌법의 근본원리인 국민주권주의와 자유민주적 기본질서에 부합하지 아니하고 정치적 표현의 자유를 과도하게 침해하며 또한 죄형법정주의의 명확성 원칙에 위배되며, 국민의 헌법개정권력의 행사와 관련한 참정권, 국민투표권, 영장주의 및 신체의 자유, 법관에 의한 재판을 받을 권리 등을 침해한다.

해설

정부에 대한 비판 일체를 원천적으로 배제하고 이를 처벌하는 긴급조치 제1호, 제2호는 대한민국 헌법의 근본원리인 국민주권주의와 자유민주적 기본질서에 부합하지 아니하므로 기본권 제한에 있어서 준수하여야 할 목적의 정당성과 방법의 적절성이 인정되지 않는다. 또한 긴급조치는 국민의 유신헌법 반대운동을 통제하고 정치적 표현의 자유를 과도하게 침해하는 내용으로 국가긴급권이 갖는 내재적 한계를 일탈한 것으로서, 이 점에서도 목적의 정당성이나 방법의 적절성을 갖추지 못하였다.

긴급조치는 국가긴급권의 발동이 필요한 상황과는 전혀 무관하게 헌법과 관련하여 자신의 견해를 단순하게 표명하는 모든 행위까지 처벌하고, 처벌의 대상이 되는 행위를 전혀 구체적으로 특정할 수 없으므로, 표현의 자유 제한의 한계를 일탈하여 국가형벌권을 자의적으로 행사하였고, 죄형법정주의의 명확성 원칙에 위배된다.

기출지문 O X

대통령의 국가긴급권은 헌법보호의 비상수단이라고 할 수 있다. (   )   ▶14. 국회 9급

해설 국가긴급권은 국가의 존립이나 헌법질서를 위태롭게 하는 비상사태가 발생한 경우에 국가를 보전하고 헌법질서를 유지하기 위한 헌법보장의 한 수단이다. 그러나 국가긴급권의 인정은 국가권력에 대한 헌법상의 제약을 해제하여 주는 것이 되므로 국가긴급권의 인정은 일면 국가의 위기를 극복하여야 한다는 필요성 때문이기는 하지만 그것은 동시에 권력의 집중과 입헌주의의 일시적 정지로 말미암아 입헌주의 그 자체를 파괴할 위험을 초래하게 된다. 따라서 헌법에서 국가긴급권의 발동기준과 내용 그리고 그 한계에 관해서 상세히 규정함으로써 그 남용 또는 악용의 소지를 줄이고 심지어는 국가긴급권의 과잉행사 때는 저항권을 인정하는 등 필요한 제동장치도 함께 마련해 두는 것이 현대의 민주적인 헌법국가의 일반적인 태도이다. 우리 헌법도 국가긴급권을 대통령의 권한으로 규정하면서도 국가긴급권의 내용과 효력 통제와 한계를 분명히 함으로써 그 남용과 악용을 막아 국가긴급권이 헌법보호의 비상수단으로서 제기능을 나타내도록 하고 있다(헌재 1994.6.30. 92헌가18).

정답 (O)

38 피의자 조사과정 촬영허용행위 사건
헌재 2014.3.27. 2012헌마652

조문보기

구 인권보호를 위한 경찰관 직무규칙(2005.10.4. 경찰청훈령 제461호로 제정되고, 2012. 23. 경찰청훈령 제674호로 개지되기 전의 것) 제83조 (수사사건 언론공개의 기준)

① 경찰관은 원칙적으로 수사사건에 대하여 공판청구 전 언론공개를 하여서는 아니 된다.
② 제1항의 규정에도 불구하고 공공의 이익 및 국민의 알권리를 보호하기 위해 다음 각 호의 1에 해당하는 경우 홍보책임자는 언론공개를 할 수 있다.
1. 중요범인 검거 및 참고인·증거발견을 위해 특히 필요하다고 인정되는 경우
2. 국민의혹 또는 불안을 해소하고 유사범죄 예방을 위해 특히 필요하다고 인정되는 경우
3. 기타 공익을 위해 특히 필요하다고 인정되는 경우
③ 제1항에 의해 언론공개를 하는 경우에도 객관적이고 정확한 증거자료를 바탕으로 필요한 사항만 공개하여야 한다.
④ 개인의 신상정보 등이 기록된 모든 서류 및 부책 등은 외부로 유출되지 않도록 보안관리하여야 한다.

구 인권보호를 위한 경찰관 직무규칙 제85조 (초상권 침해 금지)
경찰관은 경찰서 안에서 피의자·피해자 등 사건관계인의 신원을 확인할 수 있거나 신분이 노출될 우려가 있는 장면이 촬영되지 않도록 하여야 한다.

사건개요 경찰관은 사기 혐의로 구속된 갑을 경찰서 조사실에서 조사한 후, 경찰서 기자실에서 갑에 관한 보도자료를 기자들에게 배포하였다. 그 후 경찰관은 기자들에게 갑이 양손에 수갑을 찬 채 조사받는 모습을 촬영하도록 허용하였다. 각 언론사는 갑의 범죄사실을 보도하면서 갑이 수갑을 차고 얼굴을 드러낸 상태에서 경찰로부터 조사받는 장면을 흐릿하게 방송하였다. 갑은 경찰관의 위와 같은 행위가 청구인의 인격권 등을 침해하였다고 주장하면서, 그 위헌확인을 구하는 헌법소원심판을 청구하였다.

판결요지 (1) 보도자료 배포행위에 대한 헌법소원심판 청구가 적법한지 여부
보도자료 배포행위는 피의사실공표죄에 해당하여 권리구제절차가 마련되어 있으므로 보충성의 요건을 갖추지 못하였다.
(2) 촬영허용행위가 갑의 인격권을 침해하는지 여부
촬영허용행위는 이미 종료되어 이에 대한 권리구제는 불가능하므로 주관적 권리보호이익은 소멸하였다. 그러나 앞으로도 구체적으로 반복될 위험이 있고, 헌법질서의 수호·유지를 위하여 헌법적 해명이 긴요한 사항이므로 심판청구이익이 인정된다. 촬영허용행위는 헌법 제10조로부터 도출되는 초상권을 포함한 일반적 인격권을 제한한다. 그러므로 갑에 대한 촬영허용행위는 목적의 정당성이 없고 침해의 최소성 원칙을 충족하지 못하였으며 법익의 균형성도 극단적으로 상실하였다. 결국 촬영허용행위는 과잉금지원칙에 위반되어 청구인의 인격권을 침해하였다.

해설 헌법소원심판은 적법요건심사와 본안심사의 두가지 단계를 거친다. 적법요건을 구비하지 못한 사건은 각하된다. 이 사건은 적법요건 중 대상적격, 보충성, 권리보호이익이 문제되었고, 본안심사에서는 인격권 침해가 문제되었다. 경찰관이 갑의 의사에 관계없이 언론사의 취재 요청에 응하여 청구인의 모습을 촬영할 수 있도록 허용한 행위는 권력적 사실행위로서 헌법소원심판 청구의 대상이 되는 공권력의 행사에 해당한다. 헌법재판소는 인격권 중 초상권을 인정하였다. 사람은 자신의 의사에 반하여 얼굴을 비롯하여 일반적으로 특정인임을 식별할 수 있는 신체적 특징에 관하여 함부로 촬영당하지 아니할 권리를 가지고 있고, 촬영허용행위는 헌법 제10조로부터 도출되는 초상권을 포함한 일반적 인격권을 제한한다.

기출지문 O X

기본권 제한의 한계원리인 과잉금지의 원칙은 법치국가원리에 그 바탕을 두고 있다. (   )

▶15. 법원서기보

해설 과잉금지의 원칙에 저촉된다면 그 법률은 헌법에 위반된다. 과잉금지의 원칙은 헌법 제37조 2항의 '필요한 경우에 한하여'에서 명문의 근거를 두고 있지만, 이 규정이 없어도 법치국가원리에서 당연히 추출되는 원칙이다(헌재 1990.9.3. 89헌가95). 과잉금지의 원칙은 목적의 정당성, 방법의 적정(합)성, 피해의 최소성, 법익의 균형성으로 구분되며, 기본권제한 법률이 이 소원칙 가운데 어느 하나라도 저촉되면 위헌이다.

정답 (O)

39 검사조사실에서의 계구사용 사건
헌재 2005.5.26. 2004헌마49 전원재판부

조문보기

계호근무준칙(2000.3.29. 법무부훈령 제422호로 개정된 것) 제298조 (검사조사실 근무자 유의사항)
검사조사실 계호근무자는 다음 사항에 유의하여야 한다.
1. 계구를 사용한 채 조사실 안에서 근접계호를 하여야 한다.
2. 검사로부터 조사상 필요에 따라 계호근무자의 퇴실 또는 계구의 해제를 요청 받았을 때에는 이를 거절하여야 한다. 다만, 상관으로부터 지시를 받았을 때에는 예외로 한다.

사건 개요

갑은 독일 거주 사회학자로서 국가보안법 위반 등의 혐의로 체포영장이 발부된 상태에서 입국한 다음 수사를 받다가 구속되어 구치소에 수용되었다. 갑은 수회에 걸쳐 검찰청 검사조사실에서 피의자신문을 받았는데 그 대부분의 시간동안 포승과 수갑으로 신체가 결박된 채 신문을 받았다. 갑은 위와 같은 계구사용으로 인해 신체의 자유, 인간으로서의 존엄과 가치 등 기본권이 침해되었다고 하며 위 계구사용행위 및 계호근무준칙 제298조의 각 위헌확인을 구하는 헌법소원심판 청구를 하였다.

판결 요지

법무부 훈령인 계호근무준칙 제298조 제1호·제2호에는 공권력행사성과 직접성이 인정된다. 검사조사실에서의 계구사용을 원칙으로 정한 위 계호근무준칙조항과, 도주, 폭행, 소요, 자해 등의 위험이 구체적으로 드러나거나 예견되지 않음에도 여러 날 장시간 피의자신문을 하면서 계구로 피의자를 속박한 행위는 신체의 자유를 침해한 것이다.

해설

행정조직 내부에서만 효력을 갖는 행정규칙이라 하더라도 재량권행사의 준칙인 행정규칙이 그 정한 바에 따라 되풀이 시행되어 행정관행이 이룩되어 평등의 원칙 등에 따라 행정기관이 그 규칙에 따라야 할 자기구속을 당하게 되는 경우에는 대외적 구속력을 가지게 되어 헌법소원의 대상이 되는 경우가 있다. 미결수용자의 경우에는 무죄추정 원칙에도 불구하고 수사나 재판의 필요성 때문에 불가피하게 구금한 것이므로 그 자유 제한은 불가피한 정도에 그칠 필요성이 더욱 요구된다.

예상지문 O X

헌법상 무죄추정의 원칙에 따라 유죄판결이 확정되기 전에 피의자 또는 피고인을 죄 있는 자에 준하여 취급함으로써 법률적·사실적 측면에서 유형·무형의 불이익을 주어서는 아니 되고, 특히 미결구금은 신체의 자유를 침해받는 피의자 또는 피고인의 입장에서 보면 실질적으로 자유형의 집행과 다를 바 없다. (   )

해설 헌법상 무죄추정의 원칙에 따라 유죄판결이 확정되기 전에 피의자 또는 피고인을 죄 있는 자에 준하여 취급함으로써 법률적·사실적 측면에서 유형·무형의 불이익을 주어서는 아니 되고, 특히 미결구금은 신체의 자유를 침해받는 피의자 또는 피고인의 입장에서 보면 실질적으로 자유형의 집행과 다를 바 없으므로, 인권보호 및 공평의 원칙상 형기에 전부 산입되어야 한다. 따라서 형법 제57조 제1항 중 "또는 일부 부분"은 헌법상 무죄추정의 원칙 및 적법절차의 원칙 등을 위배하여 합리성과 정당성 없이 신체의 자유를 침해한다(헌재 2009.6.25. 2007헌바25).

정답 (○)

40 구 특정범죄 가중처벌 등에 관한 법률 제2조 제1항 사건

헌재 2012.12.27. 2011헌바117

조문보기

구 제주특별자치도 설치 및 국제자유도시 조성을 위한 특별법(2007.7.27. 법률 제8566호로 개정되기 전의 것) 제299조 (환경영향평가 협의 등에 관한 특례)
② 도지사는 제1항의 규정에 의한 협의를 위하여 제출한 평가서를 검토함에 있어서 제1항 단서의 규정에 의한 환경부장관의 의견을 듣는 사업 외의 사업에 대해서는 제3항의 규정에 의한 환경영향평가 전문기관의 의견을 들어야 하며, 그 심의를 위하여 제주특별자치도통합영향평가심의위원회(이하 "통합평가심의위원회"라 한다)를 둔다.
④ 제2항의 규정에 의한 통합평가심의위원회의 구성과 운영에 관하여 필요한 사항은 도조례로 정한다.

구 제주특별자치도 설치 및 국제자유도시 조성을 위한 특별법 제352조 (벌칙적용에서의 공무원 의제)
지원위원회 위원, 도인사위원회 위원 및 감사위원회 위원 중 공무원이 아닌 위원은 「형법」그 밖의 법률에 의한 벌칙의 적용에 있어서는 이를 공무원으로 본다.

사건개요 갑은 대학교 교수로서 뇌물죄로 기소되어 1심에서 징역형을 선고받았으나 항소하여 2심에서는 일부 범죄사실에 대하여 무죄를 선고받았다. 갑은 '공무원'에 일반공무원이 아닌 지방자치단체 산하 위원회의 심의위원이 포함된다고 해석하는 한도에서 헌법에 위반된다는 취지 등의 위헌법률심판 제청신청을 하였으나 기각되자 헌법소원심판을 청구하였다.

판결요지 법률의 의미는 결국 개별·구체화된 법률해석에 의해 확인되는 것이다. 그러므로 법률과 법률의 해석을 구분할 수는 없다. 재판의 전제가 된 법률에 대한 규범통제는 해석에 의해 구체화된 법률의 의미와 내용에 대한 헌법적 통제로서 헌법재판소의 고유권한이다. 헌법합치적 법률해석의 원칙상 법률조항 중 위헌성이 있는 부분에 한정하여 위헌 결정을 하는 것은 입법권에 대한 자제와 존중으로서 당연하고 불가피한 결론이다. 따라서 한정위헌 결정을 구하는 한정위헌청구는 원칙적으로 적법하다. 국가공무원법·지방공무원법에 따른 공무원이 아님에도 법령에 기하여 공무에 종사한다는 이유로 공무원 의제규정이 없는 사인(私人)을 이 사건 법률조항의 '공무원'에 포함된다고 해석하는 것은 처벌의 필요성만을 지나치게 강조하여 범죄와 형벌에 대한 규정이 없음에도 구성요건을 확대한 것으로서 죄형법정주의와 조화될 수 없다.

해설 형벌조항을 해석함에 있어서는 앞서 본 바와 같은 헌법상 규정된 죄형법정주의 원칙때문에 입법목적이나 입법자의 의도를 감안하는 확대해석이나 유추해석은 일체 금지되고 형벌조항의 문언의 의미를 엄격하게 해석해야 하는 것이다. 죄형법정주의의 원칙은 법률이 처벌하고자 하는 행위가 무엇이며 그에 대한 형벌이 어떠한 것인지를 누구나 예견할 수 있고, 그에 따라 자신의 행위를 결정할 수 있게끔 구성요건을 명확하게 규정할 것을 요구한다.

기출문제

합헌적 법률해석의 근거로 내세우기에 옳지 않은 것은? ▶14. 서울시 7급

① 헌법의 생활규범성 및 상반규범성에서 기인하는 규범 조화의 요청
② 헌법의 최고규범성에서 나오는 법질서의 통일성
③ 민주적 정당성을 갖는 입법권의 존중(권력분립의 정신)
④ 법적 안정성의 요청에 의한 규범 유지의 필요성 및 법률의 추정적 효력
⑤ 국제사회에서의 신의 존중과 국가간의 긴장 회피 및 신뢰 보호

해설 합헌적 법률해석의 이론적 근거로는 헌법의 최고규범성과 법질서 통일성 원칙, 입법부의 권위존중, 법질서의 안정성과 법률의 규범적 효력 유지, 사법 소극주의, 국가간의 신뢰보호 및 조약의 규범력 유지 등을 들 수 있다.

정답 ①

41 부당내부거래에 대한 과징금 부과 사건
헌재 2003.7.24. 2001헌가25 전원재판부

조문보기

독점규제 및 공정거래에 관한 법률(1999.12.28. 법률 제6043호로 개정되기 전의 것) 제24조의2 (과징금)
공정거래위원회는 제23조(불공정거래행위의 금지) 제1항 각 호의 1의 규정에 위반하는 불공정거래행위가 있는 경우에는 당해 사업자에 대하여 대통령령이 정하는 매출액에 100분의 2를 곱한 금액을 초과하지 아니하는 범위 안에서 과징금을 부과할 수 있다. 다만, 매출액이 없는 경우 등에는 5억 원을 초과하지 아니하는 범위 안에서 과징금을 부과할 수 있다.

독점규제 및 공정거래에 관한 법률 제23조 (불공정거래행위의 금지)
① 사업자는 다음 각 호의 1에 해당하는 행위로서 공정한 거래를 저해할 우려가 있는 행위(이하 "불공정거래행위"라 한다)를 하거나, 계열회사 또는 다른 사업자로 하여금 이를 행하도록 하여서는 아니 된다.
7. 부당하게 특수관계인 또는 다른 회사에 대하여 가지급금·대여금·인력·부동산·유가증권·무체재산권 등을 제공하거나 현저히 유리한 조건으로 거래하여 특수관계인 또는 다른 회사를 지원하는 행위

사건개요 갑 주식회사 등 12개의 회사는 대규모기업집단으로 지정된 ○○의 계열회사들이다. 공정거래위원회는 을 텔레콤이 병 증권에 개설한 거래계좌에 증권예탁금 명목으로 총 4,076억 원을 예치만 하고 주식거래를 하지 아니한 것 등이 병 증권을 부당하게 지원한 것에 해당한다고 보아, 시정명령, 법위반사실 공표명령을 함과 아울러 과징금을 부과하였다. 이에 을 텔레콤은 공정거래위원회를 상대로 전항의 시정명령, 공표명령 및 이 사건 과징금 부과처분이 위법하다고 주장하면서 서울고등법원에 그 취소를 구하는 소송을 제기하였으며, 위 법원은 이 사건 과징금 부과의 근거규정인 구 공정거래법 제24조의2는 위헌이라고 인정할 만한 상당한 이유가 있다고 하여 직권으로 위헌여부의 심판을 제청하였다.

판결요지 공정거래위원회로 하여금 부당내부거래를 한 사업자에 대하여 그 매출액의 2% 범위 내에서 과징금을 부과할 수 있도록 한 것은 이중처벌금지 원칙, 적법절차 원칙, 비례성 원칙 등에 위반되지 않는다.

해설 행정권에는 행정목적 실현을 위하여 행정법규 위반자에 대한 제재의 권한도 포함되어 있으므로, '제재를 통한 억지'는 행정규제의 본원적 기능이라 볼 수 있는 것이고, 따라서 어떤 행정제재의 기능이 오로지 제재(및 이에 결부된 억지)에 있다고 하여 이를 헌법 제13조 제1항에서 말하는 국가형벌권의 행사로서의 '처벌'에 해당한다고 할 수 없다. 구 독점규제 및 공정거래에 관한 법률 제24조의2에 의한 부당내부거래에 대한 과징금은 그 취지와 기능, 부과의 주체와 절차 등을 종합할 때 부당내부거래 억지라는 행정목적을 실현하기 위하여 그 위반행위에 대하여 제재를 가하는 행정상의 제재금으로서의 기본적 성격에 부당이득환수적 요소도 부가되어 있는 것이라 할 것이다. 이를 두고 헌법 제13조 제1항에서 금지하는 국가형벌권 행사로서의 '처벌'에 해당한다고는 할 수 없으므로, 공정거래법에서 형사처벌과 아울러 과징금의 병과를 예정하고 있더라도 이중처벌금지 원칙에 위반된다고 볼 수 없다. 또한 과징금 부과처분에 대하여 공정력과 집행력을 인정한다고 하여 이를 확정판결 전의 형벌집행과 같은 것으로 보아 무죄추정의 원칙에 위반된다고도 할 수 없다.

기출지문 O X

이중처벌금지 원칙에서 처벌은 국가가 행하는 일체의 제재나 불이익 처분을 모두 포함하는 것이지만, 무죄추정의 원칙은 범죄에 대한 국가의 형벌권 실행으로서의 과벌에만 적용되는 것이다. (   )

▶14. 국가직 7급

해설 헌법 제13조 제1항이 정한 "이중처벌금지의 원칙"은 동일한 범죄행위에 대하여 국가가 형벌권을 거듭 행사할 수 없도록 함으로써 국민의 기본권 특히 신체의 자유를 보장하기 위한 것이므로, 그 '처벌'은 원칙적으로 범죄에 대한 국가의 형벌권 실행으로서의 과벌을 의미하는 것이고, 국가가 행하는 일체의 제재나 불이익처분을 모두 그에 포함된다고 할 수는 없다(헌재 2008.7.31. 2007헌바85). 공소의 제기가 있는 피고인이라도 유죄의 확정판결이 있기까지는 원칙적으로 죄가 없는 자에 준하여 취급하여야 하고, 불이익을 입혀서는 안 된다고 할 것으로 가사 그 불이익을 입힌다 하여도 필요한 최소한도에 그치도록 비례의 원칙이 존중되어야 하는 것이 헌법 제27조 제4항의 무죄추정의 원칙이며, 여기의 불이익에는 형사절차상의 처분뿐만 아니라 그 밖의 기본권제한과 같은 처분도 포함된다고 할 것이다(헌재 1994.7.29. 93헌가3).

정답 (×)

42 배우자의 선거범죄로 인한 당선무효 사건
헌재 2005.12.22. 2005헌마19 전원재판부

조문보기

공직선거 및 선거부정방지법(2004.3.12. 법률 제7189호로 개정된 것) 제265조 (선거사무장등의 선거범죄로 인한 당선무효)

선거사무장·선거사무소의 회계책임자(선거사무소의 회계책임자로 선임·신고되지 아니한 자로서 후보자와 통모하여 당해 후보자의 선거비용으로 지출한 금액이 선거비용제한액의 3분의 1 이상에 해당되는 자를 포함한다) 또는 후보자(후보자가 되고자 하는 자를 포함한다)의 직계존·비속 및 배우자가 당해 선거에 있어서 제230조(매수 및 이해유도죄) 내지 제234조(당선무효유도죄), 제257조(기부행위의 금지제한등 위반죄) 제1항 중 기부행위를 한 죄 또는 정치자금에 관한 법률 제30조(정치자금 부정수수죄) 제1항의 정치자금 부정수수죄를 범함으로 인하여 징역형 또는 300만원 이상의 벌금형의 선고를 받은 때(선거사무장, 선거사무소의 회계책임자에 대하여는 선임·신고되기 전의 행위로 인한 경우를 포함한다)에는 그 후보자(대통령후보자, 비례대표국회의원후보자 및 비례대표시·도의원후보자를 제외한다)의 당선은 무효로 한다.

사건개요 갑은 제17대 국회의원 선거에 출마하여 당선되었다. 그 후 갑의 배우자 을은 공직선거 및 선거부정방지법 위반으로 공소제기되어 현재 그 재판이 진행 중이다. 공직선거법에 의하면 후보자의 배우자가 당해 선거에 있어서 기부행위를 한 죄 또는 정치자금 부정수수죄를 범함으로 인하여 징역형 또는 300만 원 이상의 벌금형의 선고를 받은 때에는 그 후보자의 당선은 무효로 된다. 이에 갑은 법 제265조 본문 중 "배우자" 부분이 헌법 제11조 제1항의 평등권, 제12조 제1항의 적법절차 원칙, 제13조 제3항의 연좌제금지, 제25조의 공무담임권 규정에 위반된다고 주장하면서 이 사건 헌법소원심판을 청구하였다.

판결요지 배우자의 중대 선거범죄를 이유로 후보자의 당선을 무효로 하는 공직선거 및 선거부정방지법 제265조 본문 중 '배우자'에 관한 부분은 헌법 제13조 제3항에서 금지하는 연좌제에 해당하지 않는다. 또한 이 사건 법률조항은 후보자의 공무담임권을 침해하지 않는다.

해설 이 사건 법률조항은 배우자가 죄를 저질렀다는 이유만으로 후보자에게 불이익을 주는 것이 아니라, 후보자와 불가분의 선거운명공동체를 형성하여 활동하게 마련인 배우자의 실질적 지위와 역할을 근거로 후보자에게 연대책임을 부여한 것이므로 헌법 제13조 제3항에서 금지하고 있는 연좌제에 해당하지 아니한다. 또한 면책사유를 인정하지 않고 후보자에게 일종의 법정무과실책임을 지우는 제도를 형성한 것이 반드시 필요 이상의 지나친 규제를 가하는 것이라 단정하기 어렵다.

예상지문 O X

배우자의 중대 선거범죄를 이유로 후보자의 당선을 무효로 하는 공직선거법 해당조항은 연좌제에 해당하지 않는다. (　　)

해설 "모든 국민은 자기의 행위가 아닌 친족의 행위로 인하여 불이익한 처우를 받지 아니한다."고 규정하고 있는 헌법 제13조 제3항은 '친족의 행위와 본인 간에 실질적으로 의미 있는 아무런 관련성을 인정할 수 없음에도 불구하고 오로지 친족이라는 사유 그 자체만으로' 불이익한 처우를 가하는 경우에만 적용된다. 배우자는 후보자와 일상을 공유하는 자로서 선거에서는 후보자의 분신과도 같은 역할을 하게 되는바, 이 사건 법률조항은 배우자가 죄를 저질렀다는 이유만으로 후보자에게 불이익을 주는 것이 아니라, 후보자와 불가분의 선거운명공동체를 형성하여 활동하게 마련인 배우자의 실질적 지위와 역할을 근거로 후보자에게 연대책임을 부여한 것이므로 헌법 제13조 제3항에서 금지하고 있는 연좌제에 해당하지 아니한다(헌재 2005.12.22. 2005헌마19).

정답 (○)

43 형사기소된 국가공무원의 임의적 직위해제 사건
헌재 2006.5.25. 2004헌바12 전원재판부

조문보기

구 국가공무원법(1997.12.13. 법률 제5452호로 개정되고, 2004.3.11. 법률 제7187호로 개정되기 전의 것) 제73조의2 (직위의 해제)
① 임용권자는 다음 각 호의 1에 해당하는 자에 대하여는 직위를 부여하지 아니할 수 있다.
4. 형사사건으로 기소된 자(약식명령이 청구된 자는 제외한다)

구 국가공무원법 제75조 (처분사유설명서의 교부)
공무원에 대하여 징계처분을 행할 때나 강임·휴직·직위해제 또는 면직처분을 행할 때에는 그 처분권자 또는 처분제청권자는 처분의 사유를 기재한 설명서를 교부하여야 한다. 다만, 본인의 원에 의한 강임·휴직 또는 면직처분은 그러하지 아니하다.

사건개요 경찰관인 갑은 상해죄 혐의로 법원에 기소되었다. 경찰청장은 비록 판결이 확정되지 아니하였으나 징역형을 선고받은 경찰관이 일선에서 계속 근무하는 것은 경찰공무원의 복무특성상 합당하지 않다는 판단하에 구 국가공무원법에 기하여 청구인을 직위해제하였다. 갑은 상고심 계속 중 위 구 국가공무원법에 대하여 위헌여부심판의 제청신청을 하였으나, 대법원이 위 제청신청을 기각하자, 헌법소원심판을 청구하였다.

판결요지 (1) 공무담임권 침해 여부
형사사건으로 기소된 국가공무원을 직위해제할 수 있도록 규정한 구 국가공무원법 조항은 입법목적이 정당하고(공직 및 공무집행의 공정성, 국민의 신뢰 보호), 필요최소한도 범위에서 직위해제 여부를 결정하도록 한 것이다. 따라서 갑의 공무담임권을 침해하지 않는다.
(2) 적법절차 원칙 위배 여부
이 사건 법률조항은 직위해제처분 시 구체적이고 명확한 처분사유고지서를 반드시 교부하게 하고 있고, 해당 공무원에게 충분한 의견진술 및 자료제출의 기회를 보장하고 있으므로 적법절차 원칙에 위배되지 않는다.

해설 이 사건 법률조항의 입법목적은 공무집행의 공정성과 그에 대한 국민의 신뢰를 해할 위험을 예방하기 위한 것으로 정당하고, 직위해제는 이러한 입법목적을 달성하기에 적합한 수단이다. 이 사건 법률조항은 임용권자로 하여금 구체적인 경우에 따라 개별성과 특수성을 판단하여 직위해제 여부를 결정하도록 한 것이지 직무와 전혀 관련이 없는 범죄나 지극히 경미한 범죄로 기소된 경우까지 임용권자의 자의적인 판단에 따라 직위해제를 할 수 있도록 허용하는 것은 아니고, 기소된 범죄의 법정형이나 범죄의 성질에 따라 그 요건을 보다 한정적, 제한적으로 규정하는 방법을 찾기 어렵다는 점에서 필요최소한도를 넘어 공무담임권을 제한하였다고 보기 어렵다.

예상지문 O X

형사사건으로 기소된 국가공무원을 직위해제할 수 있도록 규정한 국가공무원법 조항은 공무담임권을 침해하지 않는다. (   )

해설 이 사건 법률조항은 임용권자로 하여금 구체적인 경우에 따라 개별성과 특수성을 판단하여 직위해제 여부를 결정하도록 한 것이지 직무와 전혀 관련이 없는 범죄나 지극히 경미한 범죄로 기소된 경우까지 임용권자의 자의적인 판단에 따라 직위해제를 할 수 있도록 허용하는 것은 아니고, 이 사건 법률조항에 의한 공무담임권의 제한은 잠정적이고 그 경우에도 공무원의 신분은 유지되고 있다는 점에서 공무원에게 가해지는 신분상 불이익과 보호하려는 공익을 비교할 때 공무집행의 공정성과 그에 대한 국민의 신뢰를 유지하고자 하는 공익이 더욱 크다. 따라서 형사사건으로 기소된 국가공무원을 직위해제할 수 있도록 규정한 국가공무원법 조항은 공무담임권을 침해하지 않는다(헌재 2006.5.25. 2004헌바12).

정답 (O)

44 게임물 수거·폐기 사건
헌재 2002.10.31. 2000헌가12 전원재판부

조문보기

음반·비디오물 및 게임물에관한 법률(2001.5.24. 법률 제6473호로 개정되기 전의 것) 제24조 (폐쇄 및 수거조치 등)
③ 문화관광부장관, 시·도지사, 시장·군수·구청장은 다음 각 호의 1에 해당하는 음반·비디오물 또는 게임물을 발견한 때에는 관계공무원으로 하여금 이를 수거하여 폐기하게 할 수 있다.
4. 제18조 제5항의 규정에 의한 등급분류를 받지 아니하거나 등급분류를 받은 비디오물 또는 게임물과 다른 내용의 비디오물 또는 게임물

사건개요 갑은 컴퓨터 게임장을 운영하면서, '트로피'라는 게임물을 설치하여 영업하고 있는 자이다. 문화관광부장관은 각 시·도에 게임제공업주 책임하에 '릴식 트로피' 게임물을 자진하여 폐기하도록 조치하고, 위 기한 이후부터는 위 게임기의 기판을 수거·폐기하도록 조치하라는 내용의 공문을 보냈다. 이에 울산광역시 중구청장은 그 소속 공무원으로 하여금 갑 경영의 위 게임장을 단속하게 하여 수거하였다. 이에 갑은 문화관광부장관과 울산광역시 중구청장에 대하여 소송을 제기하는 한편, 위 법률조항 중 게임물에 관한 규정 부분에 대하여 위헌법률심판 제청신청을 하였다.

판결요지 관계행정청이 등급분류를 받지 아니하거나 등급분류를 받은 게임물과 다른 내용의 게임물을 발견한 경우 관계공무원으로 하여금 이를 수거·폐기하게 할 수 있도록 한 구 음반·비디오물 및 게임물에 관한 법률 중 게임물에 관한 규정 부분은 재산권을 침해하지 않는다. 또한 이 사건 법률조항은 재판청구권을 침해하지 않고, 영장주의와 적법절차의 원칙에 위배되지 않는다.

해설 이 사건 법률조항은 행정상 즉시강제에 관한 근거규정으로서 권리구제절차 내지 소송절차를 규정하는 절차법적 성격을 전혀 갖고 있지 아니하기 때문에, 이 사건 법률조항에 의하여는 재판청구권이 침해될 여지가 없다. 이 사건 법률조항은 급박한 상황에 대처하기 위한 것으로서 그 불가피성과 정당성이 충분히 인정되는 경우이므로, 이 사건 법률조항이 영장 없는 수거를 인정한다고 하더라도 이를 두고 헌법상 영장주의에 위배되는 것으로는 볼 수 없다. 관계공무원이 당해 게임물 등을 수거한 때에는 그 소유자 또는 점유자에게 수거증을 교부하도록 하고 있고, 수거 등 처분을 하는 관계공무원이나 협회 또는 단체의 임·직원은 그 권한을 표시하는 증표를 지니고 관계인에게 이를 제시하도록 하는 등의 절차적 요건을 규정하고 있으므로, 이 사건 법률조항이 적법절차의 원칙에 위배되는 것으로 보기도 어렵다.

기출지문 O X

우리 헌법은 영장주의가 사법절차뿐만 아니라 행정절차에도 적용된다고 규정하고 있다. (   )

▶ 14. 지방직 7급

해설 우리 헌법은 영장주의가 행정절차에도 적용된다고 규정하고 있지 않다. 헌법재판소는 행정상 즉시강제는 원칙적으로 영장주의가 적용되지 않는다(헌재 2002.10.31. 2000헌가12)고 판시하였다.

정답 (x)

45 변호인의 조력을 받을 권리 침해 위헌확인 사건
헌재 2004.9.23. 2000헌마138 전원재판부

조문보기

헌법 제12조
① 모든 국민은 신체의 자유를 가진다. 누구든지 법률에 의하지 아니하고는 체포·구속·압수·수색 또는 심문을 받지 아니하며, 법률과 적법한 절차에 의하지 아니하고는 처벌·보안처분 또는 강제노역을 받지 아니한다.
④ 누구든지 체포 또는 구속을 당한 때에는 즉시 변호인의 조력을 받을 권리를 가진다. 다만, 형사피고인이 스스로 변호인을 구할 수 없을 때에는 법률이 정하는 바에 의하여 국가가 변호인을 붙인다.

형사소송법 제30조 (변호인선임권자)
① 피고인 또는 피의자는 변호인을 선임할 수 있다.
② 피고인 또는 피의자의 법정대리인, 배우자, 직계친족, 형제자매와 호주는 독립하여 변호인을 선임할 수 있다.

형사소송법 제89조 (구속된 피고인과의 접견, 수진)
구속된 피고인은 법률의 범위 내에서 타인과 접견하고 서류 또는 물건을 수수하며 의사의 진료를 받을 수 있다.

사건개요 갑은 전국에서 다수의 시민단체들이 모여 결성한 "2000년 총선시민연대"의 공동대표이다. 2000. 4. 실시된 제16대 국회의원 총선거를 앞둔 2000.1.24. 위 총선시민연대는 정당들에 대하여 공천을 반대하는 후보자 명단을 공개한 바 있다. 검사는 갑의 이러한 행위가 공직선거 및 선거부정방지법 위반 또는 명예훼손의 혐의가 있다는 이유로 갑을 소환하여 피의자신문을 하였다. 그런데 위 피의자신문에 앞서, 갑은 변호인을 통하여 검사에게 자신에 대한 피의자신문에 변호인이 참여하여 조력할 수 있도록 해 줄 것을 구두와 서면으로 요청하였으나, 검사는 이를 거부한 채 갑에 대한 피의자신문을 하고 피의자신문조서를 작성하였다. 이에 갑은 이 사건 헌법소원심판을 청구하였다.

판결요지 불구속 피의자가 피의자신문을 받을 때 변호인의 참여를 요구할 권리가 있다. 검사가 청구인들로부터 청구인들에 대한 피의자신문 시 변호인들이 참여하여 조력할 수 있도록 해 달라는 요청을 받았음에도 불구하고 이를 거부한 행위는 청구인들의 변호인의 조력을 받을 권리를 침해한 것으로서 위헌이다.

해설 불구속 피의자나 피고인의 경우 형사소송법상 특별한 명문의 규정이 없더라도 스스로 선임한 변호인의 조력을 받기 위하여 변호인을 옆에 두고 조언과 상담을 구하는 것은 수사절차의 개시에서부터 재판절차의 종료에 이르기까지 언제나 가능하다. 따라서 불구속 피의자가 피의자신문 시 변호인을 대동하여 신문과정에서 조언과 상담을 구하는 것은 신문과정에서 필요할 때마다 퇴거하여 변호인으로부터 조언과 상담을 구하는 번거로움을 피하기 위한 것으로서 불구속 피의자가 피의자신문장소를 이탈하여 변호인의 조언과 상담을 구하는 것과 본질적으로 아무런 차이가 없다. 따라서 불구속 피의자가 피의자신문 시 변호인의 조언과 상담을 원한다면, 위법한 조력의 우려가 있어 이를 제한하는 다른 규정이 있고 그가 이에 해당한다고 하지 않는 한 수사기관은 피의자의 위 요구를 거절할 수 없다.

기출지문 O X

변호인의 조력을 받을 권리의 내용 중 하나인 미결수용자의 변호인접견권은 어떠한 경우에도 제한될 수 없다. ( )　　▶ 14. 경정승진

해설 변호인의 조력을 받을 권리가 침해되었다고 하기 위해서는 접견이 불허된 특정한 시점을 전후한 수사 또는 재판의 진행 경과에 비추어 보아, 그 시점에 접견이 불허됨으로써 피의자 또는 피고인의 방어권 행사에 어느 정도는 불이익이 초래되었다고 인정할 수 있어야만 하며, 그 시점을 전후한 변호인 접견의 상황이나 수사 또는 재판의 진행 과정에 비추어 미결수용자가 방어권을 행사하기 위해 변호인의 조력을 받을 기회가 충분히 보장되었다고 인정될 수 있는 경우에는, 비록 미결수용자 또는 그 상대방인 변호인이 원하는 특정 시점에는 접견이 이루어지지 못하였다 하더라도 변호인의 조력을 받을 권리가 침해되었다고 할 수 없다(헌재 2011.5.26. 2009헌마341).

정답 (×)

46 공직자의 병역공개 사건
헌재 2007.5.31. 2005헌마1139 전원재판부

조문보기

공직자등의 병역사항 신고 및 공개에 관한 법률(2004. 12.31. 법률 제7268호로 개정된 것) 제3조 (신고대상자와 신고할 병역사항)
신고의무자는 본인 및 본인의 18세 이상인 직계비속(이하 "신고대상자"라 한다)에 대한 다음 각 호의 병역사항을 신고하여야 한다.
4. 다음 각 목의 1에 해당하는 신고대상자의 경우에는 병역법 제11조의 규정에 의한 징병검사 시부터 동법 제72조의 규정에 의한 병역의무 종료시까지의 병역사항(최종 병역처분을 할 때의 질병명 또는 처분사유를 포함한다)
나. 병역이 면제되거나 병적에서 제적된 자

공직자등의 병역사항 신고 및 공개에 관한 법률 제8조 (신고사항의 공개 및 이의신청 등)
① 병무청장은 신고기관의 장으로부터 제4조 제3항의 규정에 의하여 병역사항(동조 동항의 규정에 의하여 지방병무청장에게 통보된 병역사항을 포함한다)을 통보받은 때에는 1월 이내에 관보와 인터넷에 게재하여 공개하여야 한다. 다만, 공직선거및선거부정방지법 제2조의 규정에 의한 선거에 당선되어 신고의무자가 된 경우에는 대통령령이 정하는 바에 따라 병역사항의 공개일자를 달리할 수 있다.

사건개요 갑은 1990년 징병검사에서 한쪽 눈 실명으로 병역면제 처분을 받았다. 갑은 2005년 3월부터 국회 정책연구위원으로 근무하고 있는 공무원으로서, '공직자등의 병역사항 신고 및 공개에 관한 법률'에 따라 같은 해 8월 병역사항을 신고하였는데, 법 제3조에 따라 병역처분을 할 때의 질병명을 신고하여야 하였고, 이 신고사항은 법 제8조에 의하여 관보와 인터넷에 게재하는 방식으로 공개되었다. 이에 갑은 질병명까지 신고·공개토록 하고 있는 위 법률조항이 자신의 사생활의 비밀과 자유, 직업선택의 자유 등의 기본권을 침해한다고 주장하면서 그 위헌확인을 구하는 헌법소원심판을 청구하였다.

판결요지 질병은 병역처분에 있어 고려되는 본질적 요소이므로 병역공개 제도의 실현을 위해 질병명에 대한 신고와 그 적정한 공개 자체는 필요하다 할 수 있다. 그런데 이 사건 법률조항은 사생활 보호의 헌법적 요청을 거의 고려하지 않은 채 인격 또는 사생활의 핵심에 관련되는 질병명과 그렇지 않은 것을 가리지 않고 무차별적으로 공개토록 하고 있으며, 일정한 질병에 대한 비공개요구권도 인정하고 있지 않다. 그리하여 그 공개 시 인격이나 사생활의 심각한 침해를 초래할 수 있는 질병이나 심신장애내용까지도 예외 없이 공개함으로써 신고의무자인 공무원의 사생활의 비밀을 심각하게 침해하고 있다.

해설 사람의 육체적·정신적 상태나 건강에 대한 정보, 성생활에 대한 정보와 같은 것은 인간의 존엄성이나 인격의 내적 핵심을 이루는 요소이다. 따라서 외부세계의 어떤 이해관계에 따라 그에 대한 정보를 수집하고 공표하는 것이 쉽게 허용되어서는 개인의 내밀한 인격과 자기정체성이 유지될 수 없다. 이러한 성격의 개인정보를 공개함으로써 사생활의 비밀과 자유를 제한하는 국가적 조치는 엄격한 기준과 방법에 따라 섬세하게 행하여지지 않으면 아니 된다.

기출지문 O X

대법원은 헌법 제17조는 개인의 사생활 활동이 타인으로부터 침해되거나 사생활이 함부로 공개되지 아니할 소극적인 권리를 보장하는 것에 국한되고 자신에 대한 정보를 자율적으로 통제할 수 있는 적극적인 권리까지 보장하는 것은 아니라고 판시한 바 있다. (   )   ▶14. 경정승진

해설 헌법 제10조는 "모든 국민은 인간으로서의 존엄과 가치를 가지며, 행복을 추구할 권리를 가진다. 국가는 개인이 가지는 불가침의 기본적 인권을 확인하고 이를 보장할 의무를 진다."고 규정하고, 헌법 제17조는 "모든 국민은 사생활의 비밀과 자유를 침해받지 아니한다."라고 규정하고 있는바, 이들 헌법 규정은 개인의 사생활 활동이 타인으로부터 침해되거나 사생활이 함부로 공개되지 아니할 소극적인 권리는 물론, 오늘날 고도로 정보화된 현대사회에서 자신에 대한 정보를 자율적으로 통제할 수 있는 적극적인 권리까지도 보장하려는 데에 그 취지가 있는 것으로 해석된다(대판 1998.7.24. 96다42789).

정답 (×)

47 위치추적 전자장치 부착 사건
헌재 2012.12.27. 2011헌바89

조문보기

구 특정 범죄자에 대한 위치추적 전자장치 부착 등에 관한 법률(2010.4.15. 법률 제10257호로 개정되고, 2012.12.18. 법률 제11558호로 개정되기 전의 것) 제5조 (전자장치 부착명령의 청구)
① 검사는 다음 각 호의 어느 하나에 해당하고, 성폭력범죄를 다시 범할 위험성이 있다고 인정되는 사람에 대하여 전자장치를 부착하도록 하는 명령(이하 "부착명령"이라 한다)을 법원에 청구할 수 있다.
3. 성폭력범죄를 2회 이상 범하여(유죄의 확정판결을 받은 경우를 포함한다) 그 습벽이 인정된 때

구 특정 범죄자에 대한 위치추적 전자장치 부착 등에 관한 법률 제9조 (부착명령의 판결 등)
① 법원은 부착명령 청구가 이유 있다고 인정하는 때에는 다음 각 호에 따른 기간의 범위 내에서 부착기간을 정하여 판결로 부착명령을 선고하여야 한다. 다만, 13세 미만의 사람에 대하여 특정범죄를 저지른 경우에는 부착기간 하한을 다음 각 호에 따른 부착기간 하한의 2배로 한다.
2. 법정형 중 징역형의 하한이 3년 이상의 유기징역인 특정범죄(제1호에 해당하는 특정범죄는 제외한다): 3년 이상 20년 이하

사건 개요 갑은 여성 7명을 강간하였다는 범죄사실로 아동·청소년의 성보호에 관한 법률 위반(강간등)죄로 징역 12년 및 구 '특정 범죄자에 대한 위치추적 전자장치 부착 등에 관한 법률'에 의하여 10년간 위치추적 전자장치 부착명령, 부착기간 중 야간 외출제한, 주거지 인근의 초등학교, 유치원 등에의 출입금지, 성폭력 치료 프로그램 이수의 준수사항을 부과하는 판결을 선고받았다. 갑은 이에 항소한 후, 항소심 소송 계속 중 전자장치 부착명령의 근거법률인 구 '특정 범죄자에 대한 위치추적 전자장치 부착 등에 관한 법률' 제5조 등이 위헌이라고 주장하면서 위헌법률심판 제청신청을 하였으나 기각되자 이 사건 헌법소원심판을 청구하였다.

판결 요지 성폭력범죄를 2회 이상 범하여 그 습벽이 인정된 때에 해당하고 성폭력범죄를 다시 범할 위험성이 인정되는 자에 대해 검사의 청구와 법원의 판결로 3년 이상 20년 이하의 기간 동안 전자장치 부착을 명할 수 있도록 한 구 '특정 범죄자에 대한 위치추적 전자장치 부착 등에 관한 법률'은 청구인의 사생활의 비밀과 자유 등 기본권을 침해하지 않는다. 또한 법원이 위 부착기간 중 기간을 정하여 야간 외출제한 및 아동시설 출입금지 등의 준수사항을 명할 수 있도록 한 구 '특정 범죄자에 대한 위치추적 전자장치 부착 등에 관한 법률'은 청구인의 일반적 행동의 자유를 침해하지 않는다.

해설 이 사건 전자장치 부착조항이 보호하고자 하는 이익에 비해 재범의 위험성이 있는 성폭력범죄자가 입는 불이익이 결코 크다고 할 수 없어 법익의 균형성 원칙에 반하지 아니하므로, 이 사건 전자장치 부착조항이 과잉금지 원칙에 위배하여 피부착자의 사생활의 비밀과 자유, 개인정보자기결정권, 인격권을 침해한다고 볼 수 없다. 또한 성범죄의 습벽이 강하고 특히 재범의 위험성이 높아 형벌로는 특별예방이나 사회방위 효과를 거두기 힘든 성폭력범죄자의 재범을 예방하여 성폭력범죄로부터 국민을 보호한다고 하는 공익이 훨씬 크다.

예상지문 O X
전자장치 부착으로 인해 자신의 위치가 24시간 국가에 노출되므로 전자장치 부착에 관한 법률은 일반적 행동의 자유를 침해한다. ( )

해설 일반적 행동의 자유가 심리적으로 위축되기는 하나 행동 자체가 금지되지는 아니한다.

정답 (×)

48 수용자의 서신 검열 사건
헌재 2012.2.23. 2009헌마333

조문보기

형의 집행 및 수용자의 처우에 관한 법률(2007.12.21. 법률 제8728호로 개정된 것) 제43조 (서신수수)
③ 소장은 수용자가 주고받는 서신에 법령에 따라 금지된 물품이 들어 있는지 확인할 수 있다.

형의 집행 및 수용자의 처우에 관한 법률 시행령(2008.10.29. 대통령령 제21095호로 개정된 것) 제65조 (서신내용물의 확인)
① 수용자는 보내려는 서신을 봉함하지 않은 상태로 교정시설에 제출하여야 한다.

사건개요   갑은 구속되어 징역 3년을 선고받고 교도소에 수용 중 허리디스크 치료를 위해서 자비부담으로 외부의사의 진료를 받을 수 있게 해 달라고 마산교도소장에게 수차례 요청하였으나 거부당하였다. 이에 갑은 국민권익위원회 등의 국가기관에 청구인으로 하여금 외부의사의 진료를 받지 못하도록 하는 마산교도소장의 처분이 위법·부당함을 다투고자 청원서를 작성·봉함하여 제출하려고 하였으나, 마산교도소장은 법무부장관에 대한 청원서를 제외한 다른 서신은 봉함하여 제출할 수 없다고 하였다. 그러자 갑은 이 사건 법령조항들이 헌법상 기본권을 침해한다고 주장하며 헌법소원심판을 청구하였다.

판결요지   교도소장으로 하여금 수용자가 주고받는 서신에 금지 물품이 들어 있는지를 확인할 수 있도록 규정하고 있는 '형의 집행 및 수용자의 처우에 관한 법률' 제43조 제3항은 청구인의 기본권을 직접 침해하지 않는다. 수용자가 밖으로 내보내는 모든 서신을 봉함하지 않은 상태로 교정시설에 제출하도록 규정하고 있는 '형의 집행 및 수용자의 처우에 관한 법률 시행령' 제65조 제1항은 청구인의 통신 비밀의 자유를 침해한다.

해설   이 사건 시행령조항은 교정시설의 안전과 질서유지, 수용자의 교화 및 사회복귀를 원활하게 하기 위해 수용자가 밖으로 내보내는 서신을 봉함하지 않은 상태로 제출하도록 한 것이나, 이와 같은 목적은 교도관이 수용자의 면전에서 서신에 금지물품이 들어 있는지를 확인하고 수용자로 하여금 서신을 봉함하게 하는 방법, 봉함된 상태로 제출된 서신을 X-ray 검색기 등으로 확인한 후 의심이 있는 경우에만 개봉하여 확인하는 방법, 서신에 대한 검열이 허용되는 경우에만 무봉함 상태로 제출하도록 하는 방법 등으로도 얼마든지 달성할 수 있다고 할 것이다.

기출지문 O X

수용자가 밖으로 내보내는 모든 서신을 봉함하지 않은 상태로 교정시설에 제출하도록 한 규정은, 수용자에 대한 자유형의 본질상 외부와의 자유로운 통신에 대한 제한은 불가피하고 수용자의 발송서신에 대하여 우리 법이 취하고 있는 '상대적 검열주의'를 이행하기 위한 효과적 교도행정의 방식일 뿐이어서 수용자의 통신비밀의 자유를 침해한다고 볼 수 없다. (   )   ▶14. 법원행시

해설 수용자가 밖으로 내보내는 모든 서신을 봉함하지 않은 상태로 교정시설에 제출하도록 규정하고 있는 '형의 집행 및 수용자의 처우에 관한 법률 시행령'조항이 수용자가 보내려는 모든 서신에 대해 무봉함 상태의 제출을 강제함으로써 수용자의 발송 서신 모두를 사실상 검열 가능한 상태에 놓이도록 하는 것은 기본권 제한의 최소침해성 요건을 위반하여 수용자인 청구인의 통신비밀의 자유를 침해하는 것이다(헌재 2012.2.23. 2009헌마333).

정답 (×)

49 미결수용자의 종교집회 참석 제한 사건
헌재 2014.6.26. 2012헌마782

조문보기

형의 집행 및 수용자의 처우에 관한 법률(2011.7.18. 법률 제10865호로 개정된 것) 제45조 (종교행사의 참석 등)
① 수용자는 교정시설의 안에서 실시하는 종교의식 또는 행사에 참석할 수 있으며, 개별적인 종교상담을 받을 수 있다.
③ 소장은 다음 각 호의 어느 하나에 해당하는 사유가 있으면 제1항 및 제2항에서 규정하고 있는 사항을 제한할 수 있다.
1. 수형자의 교화 또는 건전한 사회복귀를 위하여 필요한 때
2. 시설의 안전과 질서유지를 위하여 필요한 때

형의 집행 및 수용자의 처우에 관한 법률 시행규칙(2010.5.31. 법무부령 제700호로 개정된 것) 제32조 (종교행사의 참석대상)
수용자는 자신이 신봉하는 종교행사에 참석할 수 있다. 다만, 소장은 다음 각 호의 어느 하나에 해당할 때에는 수용자의 종교행사 참석을 제한할 수 있다.
1. 종교행사용 시설의 부족 등 여건이 충분하지 아니할 때
2. 수용자가 종교행사 장소를 허가 없이 벗어나거나 다른 사람과 연락을 할 때
3. 수용자가 계속 큰 소리를 내거나 시끄럽게 하여 종교행사를 방해할 때
4. 수용자가 전도를 핑계삼아 다른 수용자의 평온한 신앙생활을 방해할 때
5. 그 밖에 다른 법령에 따라 공동행사의 참석이 제한될 때

사건개요 갑은 죄를 지어 부산구치소에 수용되었다. 갑은 판결이 확정된 후에도 추가사건으로 재판을 받고 있어 계속 부산구치소에 수용 중이었다. 그런데 부산구치소에서는 갑을 포함한 일부 수형자 등에게는 공간의 협소함과 관리 인력의 부족을 이유로 월 1회의 종교집회만을 실시하고 있었다. 갑은 부산구치소에 있는 동안 종교집회에 참석하는 것이 제한되었음을 이유로 종교의 자유 등 기본권이 침해되었다고 주장하면서 이 사건 헌법소원심판을 청구하였다.

판결요지 (1) 갑에 대한 종교집회 참석 제한 처우는 사실상 종교집회 참석 기회가 거의 보장되지 않는 결과를 초래할 수 있다.
(2) 부산구치소는 여러 가지 방법으로 청구인의 기본권을 덜 침해하는 수단이 있음에도 불구하고 이를 전혀 고려하지 아니하였다.
(3) 따라서 종교집회 참석 제한 처우는 부산구치소의 열악한 시설을 감안하더라도 과잉금지원칙을 위반하여 청구인의 종교의 자유를 침해한 것이다.

해설 종교의 자유는 일반적으로 신앙의 자유, 종교적 행위의 자유 및 종교적 집회·결사의 자유 등 3요소로 구성되어 있다. 그중 종교적 집회·결사의 자유는 종교적 목적으로 같은 신자들이 집회하거나 종교단체를 결성할 자유를 말한다. 부산구치소의 종교집회 참석 제한 처우는 갑이 종교집회에 참석하는 것을 제한한 행위이므로 청구인의 종교적 집회·결사의 자유를 제한한다. 부산구치소의 처우는 과잉금지의 원칙 중 목적의 정당성 및 수단의 적절성에는 부합하지만, 침해의 최소성을 위반하였고 법익의 균형성 요건도 충족하지 못하여 갑의 기본권을 침해하였다.

기출지문 O X

특정 종교의 의식, 행사, 유형물이 우리 사회공동체 구성원들 사이에서 관습화된 문화요소로 인식되고 받아들여질 정도에 이르렀다면, 그에 대한 국가의 지원은 정교분리의 원칙에 위배되지 않는다.
(　) ▶ **14. 경정승진**

해설 오늘날 종교적인 의식 또는 행사가 하나의 사회공동체의 문화적인 현상으로 자리 잡고 있으므로, 어떤 의식, 행사, 유형물 등이 비록 종교적인 의식, 행사 또는 상징에서 유래되었다고 하더라도 그것이 이미 우리 사회공동체 구성원들 사이에서 관습화된 문화요소로 인식되고 받아들여질 정도에 이르렀다면, 이는 정교분리 원칙이 적용되는 종교의 영역이 아니라 헌법적 보호가치를 지닌 문화의 의미를 갖게 된다. 그러므로 이와 같이 이미 문화적 가치로 성숙한 종교적인 의식, 유형물에 대한 국가 등의 지원은 일정 범위 내에서 전통문화의 계승·발전이라는 문화국가원리에 부합하며 정교분리 원칙에 위배되지 않는다(대판 2009.5.28. 2008두16933).

정답 (○)

50 음란표현 사건
헌재 2009.5.28. 2006헌바109, 2007헌바49·57·83·129(병합)

조문보기

구 정보통신망 이용촉진 및 정보보호 등에 관한 법률 (2001.1.16. 법률 제6360호로 전부 개정되고, 2007. 1.26. 법률 제8289호로 개정되기 전의 것) 제65조(벌칙)
① 다음 각 호의 어느 하나에 해당하는 자는 1년 이하의 징역 또는 1천만 원 이하의 벌금에 처한다.
2. 정보통신망을 통하여 음란한 부호·문언·음향·화상 또는 영상을 배포·판매·임대하거나 공연히 전시한 자

사건개요 갑은 인터넷포털사이트인 www.yahoo.co.kr와 www.naver.com 및 (주)케이티프리텔 운영의 이동전화망 내 이동통신서비스에 음란한 화상 또는 영상을 배포·공연히 전시하였다는 이유로 '구 정보통신망 이용촉진 및 정보보호 등에 관한 법률 제65조 제1항 제2호 위반으로 기소되었다. 갑은 형사재판 계속 중 위 조항에 대하여 위헌법률심판 제청신청을 하였으나 기각되자 이 사건 헌법소원심판을 청구하였다.

판결요지 엄격한 의미의 음란표현은 헌법 제21조가 규정하는 언론·출판의 자유의 보호영역에 해당하지 아니한다는 취지로 판시한 선례를 변경한 사례이다. 즉 음란표현도 헌법 제21조가 규정하는 언론·출판의 보호영역에 포함된다. 또한 이 사건 법률조항의 '음란' 개념은 명확성의 원칙에 위반되지 않는다. 이 사건 법률조항에 의한 표현의 자유 제한은 과잉금지의 원칙에 반하는 것이 아니다.

해설 이 사건 법률조항에서 정한 '음란' 개념은 이른바 엄격한 의미의 '음란', 즉 "인간존엄 내지 인간성을 왜곡하는 노골적이고 적나라한 성 표현으로서 오로지 성적 흥미에만 호소할 뿐 전체적으로 보아 하등의 문학적, 예술적, 과학적 또는 정치적 가치를 지니지 않은 것"을 뜻한다. 이 사건 법률조항에 의한 표현의 자유 제한은 음란표현이 헌법상 표현의 자유에 의한 보호대상이 되고 따라서 음란물 정보의 배포 등의 행위에 대하여 형사상 중한 처벌을 가하는 것이 이러한 기본권을 다소 제한하게 되는 결과가 된다 하더라도 이는 공공복리를 위하여 필요한 제한으로서 헌법 제37조 제2항의 과잉금지의 원칙에 반하는 것이라고 보기 어렵다.

기출지문 O X

음란한 표현은 헌법상 언론·출판의 자유의 보호영역에 포함되지 아니한다. (   ) ▶15. 법원서기보

해설 음란표현이 언론·출판의 자유의 보호영역에 해당하지 아니한다고 해석할 경우 음란표현에 대하여는 언론·출판의 자유의 제한에 대한 헌법상의 기본원칙, 예컨대 명확성의 원칙, 검열 금지의 원칙 등에 입각한 합헌성 심사를 하지 못하게 될 뿐만 아니라, 기본권 제한에 대한 헌법상의 기본원칙, 예컨대 법률에 의한 제한, 본질적 내용의 침해금지 원칙 등도 적용하기 어렵게 되는 결과, 모든 음란표현에 대하여 사전 검열을 받도록 하고 이를 받지 않은 경우 형사처벌을 하거나, 유통목적이 없는 음란물의 단순소지를 금지하거나, 법률에 의하지 아니하고 음란출판에 대한 불이익을 부과하는 행위 등에 대한 합헌성 심사도 하지 못하게 됨으로써, 결국 음란표현에 대한 최소한의 헌법상 보호마저도 부인하게 될 위험성이 농후하게 된다는 점을 간과할 수 없다. 이 사건 법률조항의 음란표현은 헌법 제21조가 규정하는 언론·출판의 자유의 보호영역 내에 있다고 볼 것인바, 종전에 이와 견해를 달리하여 음란표현은 헌법 제21조가 규정하는 언론·출판의 자유의 보호영역에 해당하지 아니한다는 취지로 판시한 우리 재판소의 의견(헌재 1998.4.30. 95헌가16)을 변경한다(헌재 2009.5.28. 2006헌바109).

정답 (x)

51 인터넷게시판 본인확인조치 위헌확인 사건
헌재 2012.8.23. 2010헌마47·252(병합)

조문보기

정보통신망 이용촉진 및 정보보호 등에 관한 법률(2008. 6.13. 법률 제9119호로 개정된 것) 제44조의5 (게시판 이용자의 본인 확인)
① 다음 각 호의 어느 하나에 해당하는 자가 게시판을 설치·운영하려면 그 게시판 이용자의 본인 확인을 위한 방법 및 절차의 마련 등 대통령령으로 정하는 필요한 조치(이하 "본인확인조치"라 한다)를 하여야 한다.
2. 정보통신서비스 제공자로서 제공하는 정보통신서비스의 유형별 일일 평균 이용자 수가 10만 명 이상이면서 대통령령으로 정하는 기준에 해당되는 자

정보통신망 이용촉진 및 정보보호 등에 관한 법률 시행령(2009.1.28. 대통령령 제21278호로 개정된 것) 제29조 (본인확인조치)
법 제44조의5제1항 각 호 외의 부분에서 "대통령령으로 정하는 필요한 조치"란 다음 각 호의 모두를 말한다.
1. 「전자서명법」제2조제10호에 따른 공인인증기관, 그 밖에 본인확인서비스를 제공하는 제3자 또는 행정기관에 의뢰하거나 모사전송·대면확인 등을 통하여 게시판 이용자가 본인임을 확인할 수 있는 수단을 마련할 것

사건개요 갑은 인터넷 사이트인 '유튜브(kr.youtube.com)', '오마이뉴스(ohmynews.com)', '와이티엔(ytn.co.kr)'의 게시판에 익명으로 댓글 등을 게시하려고 하였으나, 위 게시판의 운영자가 게시자 본인임을 확인하는 절차를 거쳐야만 게시판에 댓글 등을 게시할 수 있도록 조치를 함으로써 댓글 등을 게시할 수 없었다. 갑은 인터넷게시판을 운영하는 정보통신서비스 제공자에게 게시판 이용자가 본인임을 확인할 조치를 취할 의무를 부과하고 있는 '정보통신망 이용촉진 및 정보보호 등에 관한 법률'이 자신의 표현의 자유 등을 침해한다고 주장하면서 이 사건 헌법소원심판을 청구하였다.

판결요지 인터넷게시판을 설치·운영하는 정보통신서비스 제공자에게 본인확인조치 의무를 부과하여 게시판 이용자로 하여금 본인확인절차를 거쳐야만 게시판을 이용할 수 있도록 하는 본인확인제를 규정한 '정보통신망 이용촉진 및 정보보호 등에 관한 법률'은 과잉금지 원칙에 위배하여 인터넷게시판 이용자의 표현의 자유, 개인정보자기결정권 및 인터넷게시판을 운영하는 정보통신서비스 제공자의 언론의 자유를 침해한다.

해설 표현의 자유에 있어 의사표현 또는 전파의 매개체는 어떠한 형태이건 가능하며 그 제한이 없는바, 인터넷게시판은 인터넷에서 의사를 형성·전파하는 매체로서의 역할을 담당하고 있으므로 의사의 표현·전파 형식의 하나로서 인정된다. 본인확인제는 정보통신서비스 제공자에게 게시판 이용자의 본인확인정보를 수집하여 보관할 의무를 지우고 있는데, 본인확인정보는 개인의 동일성을 식별할 수 있게 하는 정보로서 개인정보자기결정권의 보호대상이 되는 개인정보에 해당하고, 개인정보를 대상으로 한 조사·수집·보관·처리·이용 등의 행위는 모두 원칙적으로 개인정보자기결정권에 대한 제한에 해당한다.

기출지문 O X

인터넷게시판을 설치·운영하는 정보통신서비스 제공자에게 본인확인조치의무를 부과하여 게시판 이용자로 하여금 본인확인절차를 거쳐야만 게시판을 이용할 수 있도록 하는 이른바 본인확인제는 인터넷게시판 이용자의 표현의 자유, 개인정보자기결정권 및 인터넷게시판을 운영하는 정보통신서비스 제공자의 언론의 자유를 침해하므로 헌법에 위반된다. (　　　)　　▶12. 국회 9급

해설 인터넷게시판을 설치·운영하는 정보통신서비스 제공자에게 본인확인조치의무를 부과하여 게시판 이용자로 하여금 본인확인절차를 거쳐야만 게시판을 이용할 수 있도록 하는 본인확인제를 규정한 것은 인터넷게시판 이용자의 표현의 자유, 개인정보자기결정권 및 인터넷게시판을 운영하는 정보통신서비스 제공자의 언론의 자유를 침해하는 것이다(헌재 2012.8.23. 2010헌마47).

정답 (○)

52 미결수용자 일간지구독금지 사건
헌재 1998.10.29. 98헌마4 전원재판부

조문보기

행형법(1996.12.12. 법률 제5175호로 최종 개정된 것) 제33조 (도서열람)
수용자가 도서의 열람을 신청하는 때에는 특히 부적당하다고 인정되는 사유가 없는 한 당해소장은 이를 허가하여야 한다.

행형법 제34조 (교육규정)
교육의 과목, 시간과 도서에 관하여 필요한 사항은 법무부장관이 정한다.

사건개요 갑은 국가보안법위반 혐의로 구속되어 영등포구치소에 수용되었고, 그 후 기소되었다. 갑은 영등포구치소장에게 "인권하루소식"과 한겨레신문 및 문화일보의 구독을 신청하였으나 영등포구치소장은 위 "인권하루소식"의 구독을 불허하였고, 위 신문들의 구독을 허용하였으나 수시로 특정기사를 삭제하였다. 갑은 이에 불복하여 알 권리 등을 침해하였다 주장하며 헌법소원심판을 청구하였다. 그 후 갑은 위 법원의 보석결정으로 영등포구치소에서 출소하였다.

판결요지 수용자교육·교화운영지침에 따른 구치소 수용자에 대한 신문기사 삭제행위는 헌법소원에서 보충성의 예외사유에 해당한다. 따라서 청구인이 이미 출소한 경우에도 수용자에 대한 신문기사 삭제행위를 다툴 권리보호이익이 있다.
수용소에서의 신문구독은 알 권리의 보호영역에 포함된다. 그러나 교화상 또는 구금목적에 특히 부적당하다고 인정되는 기사, 조직범죄 등 수용자 관련 범죄기사에 대해 신문을 삭제한 후 수용자에게 구독케 한 행위는 알 권리의 과잉침해에 해당하지 않는다.

해설 국민의 알 권리는 정보에의 접근·수집·처리의 자유를 뜻하며 그 자유권적 성질의 측면에서는 일반적으로 정보에 접근하고 수집·처리함에 있어서 국가권력의 방해를 받지 아니한다고 할 것이므로, 개인은 일반적으로 접근가능한 정보원, 특히 신문, 방송 등 매스미디어로부터 방해받음이 없이 알 권리를 보장받아야 할 것이다. 미결수용자에게 자비(自費)로 신문을 구독할 수 있도록 한 것은 일반적으로 접근할 수 있는 정보에 대한 능동적 접근에 관한 개인의 행동으로서 이는 알 권리의 행사이다.

기출지문 O X

알 권리가 일반 국민 누구나 국가에 대하여 보유 관리하고 있는 정보의 공개를 청구할 수 있는 권리를 의미하는 것은 아니다. (   )　　　　　　　　　　　　　　　　　　　▶ 15. 법원서기보

해설 국민의 알 권리, 특히 국가정보에의 접근의 권리는 우리 헌법상 기본적으로 표현의 자유와 관련하여 인정되는 것으로 그 권리의 내용에는 일반 국민 누구나 국가에 대하여 보유 관리하고 있는 정보의 공개를 청구할 수 있는 이른바 일반적인 정보공개청구권이 포함된다(대판 1999.9.21. 97누5114 판결).

정답 (×)

53 방영금지가처분과 검열금지 사건
헌재 2001.8.30. 2000헌바36 전원재판부

조문보기

민사소송법(1990.1.13. 법률 제4201호로 개정된 것) 제714조 (가처분의 목적)
② 가처분은 쟁의있는 권리관계에 대하여 임시의 지위를 정하기 위하여도 할 수 있다. 다만, 이 처분은 특히 계속되는 권리관계에 현저한 손해를 피하거나 급박한 강폭을 방지하기 위하여 또는 기타 필요한 이유에 의하여야 한다.

헌법 제21조
① 모든 국민은 언론·출판의 자유와 집회·결사의 자유를 가진다.
② 언론·출판에 대한 허가나 검열과 집회·결사에 대한 허가는 인정되지 아니한다.

사건개요 갑은 MBC TV로 방영되는 시사고발 프로그램인 "PD수첩"을 통하여 ○○교회와 그 대표자인 당회장에 대한 이단성 문제, 당회장과 여자신도들 사이의 성추문 및 도박문제 등을 방영할 예정으로 프로그램을 제작 중이었다. 그런데 ○○교회와 당회장은 위 프로그램의 내용이 자신들의 명예를 훼손한다는 이유로 법원에 방영금지가처분신청을 하여 여자신도들 사이의 성추문 관련부분의 방영을 금지한다는 일부 인용의 판결을 선고받았다. 이에 갑은 서울고등법원에 항소하면서, 민사소송법 제714조 제2항의 가처분에 방송프로그램의 방영금지가처분을 포함시키는 것은 언론의 자유를 침해한다는 등의 이유로 헌법소원심판을 청구하였다.

판결요지 민사소송법 제714조 제2항에 의한 방영금지가처분을 허용하는 것은 헌법상 검열금지의 원칙에 위반되지 않는다. 또한 민사소송법 제714조 제2항은 언론의 자유를 침해하지 않는다.

해설 헌법 제21조 제2항에서 규정한 검열 금지의 원칙은 모든 형태의 사전적인 규제를 금지하는 것이 아니고 단지 의사표현의 발표 여부가 오로지 행정권의 허가에 달려 있는 사전심사만을 금지하는 것을 뜻한다. 이 사건 법률조항에 의한 방영금지가처분은 행정권에 의한 사전심사나 금지처분이 아니라 개별 당사자간의 분쟁에 관하여 사법부가 사법절차에 의하여 심리, 결정하는 것이어서 헌법에서 금지하는 사전검열에 해당하지 아니한다. 일정한 표현행위에 대한 가처분에 의한 사전금지청구는 개인이나 단체의 명예나 사생활 등 인격권 보호라는 목적에 있어서 그 정당성이 인정되고 보호수단으로서도 적정하며, 이에 의한 언론의 자유 제한의 정도는 침해 최소성의 원칙에 반하지 않을 뿐만 아니라 보호되는 인격권보다 제한되는 언론의 자유의 중요성이 더 크다고 볼 수 없어 법익 균형성의 원칙 또한 충족하므로, 이 사건 법률조항은 과잉금지의 원칙에 위배되지 아니하고 언론의 자유의 본질적 내용을 침해하지 아니한다.

기출지문 O X

사법부가 사법절차에 의하여 심리 결정하는 방영금지가처분은 헌법에서 금지하는 사전검열에 해당하지 않는다. (   )   ▶14. 국회 9급

해설 헌법 제21조 제2항에서 규정한 검열 금지의 원칙은 모든 형태의 사전적인 규제를 금지하는 것이 아니고 단지 의사표현의 발표 여부가 오로지 행정권의 허가에 달려있는 사전심사만을 금지하는 것을 뜻하므로, 법원에 의한 방영금지가처분은 행정권에 의한 사전심사나 금지처분이 아니라 개별 당사자간의 분쟁에 관하여 사법부가 사법절차에 의하여 심리, 결정하는 것이어서 헌법에서 금지하는 사전검열에 해당하지 아니한다(헌재 2001.8.30. 2000헌바36).

정답 (O)

54 야간 시위 금지 사건
헌재 2014.3.27. 2010헌가2 2012헌가13(병합)

조문보기

집회 및 시위에 관한 법률 (2007.5.11. 법률 제8424호로 개정된 것) 제10조 (옥외집회와 시위의 금지 시간)
누구든지 해가 뜨기 전이나 해가 진 후에는 옥외집회 또는 시위를 하여서는 아니 된다. (단서 생략)

집회 및 시위에 관한 법률 제23조 (벌칙)
제10조 본문 또는 제11조를 위반한 자, 제12조에 따른 금지를 위반한 자는 다음 각 호의 구분 따라 처벌한다.
3. 그 사실을 알면서 참가한 자는 50만 원 이하의 벌금·구류 또는 과료

사건개요 갑은 19:15경부터 같은 날 21:50경까지 시위에 참가하였다는 이유로 '집회 및 시위에 관한 법률' 위반 혐의로 기소되었다. 형사재판 계속 중 법원에 자신들에게 적용된 '집회 및 시위에 관한 법률'에 대한 위헌법률심판 제청신청을 하였다. 법원은 헌법재판소에 위 조항들에 대한 위헌법률심판을 제청하였다.

판결요지 야간의 시위는 주간의 시위보다 질서를 유지시키기가 어렵다. 야간의 시위 금지는 정당한 목적 달성을 위한 적합한 수단이 된다. 그런데 직장인이나 학생에게는 집회의 자유가 실질적으로 박탈되는 결과가 초래될 수 있다. '해가 뜨기 전이나 해가 진 후'라는 시간대에 일률적으로 야간 시위를 금지하는 것은 침해의 최소성 원칙 및 법익균형성 원칙에 반한다. 따라서 심판대상조항들은 과잉금지 원칙에 위배하여 집회의 자유를 침해한다.

야간시위를 금지하는 집시법 제10조 본문에는 위헌적인 부분과 합헌적인 부분이 공존하고 있다. 시위를 절대적으로 금지하여 위헌성이 명백한 부분에 한하여 위헌 결정을 한다(한정위헌 결정). 이 조항을 '해가 진 후부터 같은 날 24시까지의 시위'에 적용하는 한 헌법에 위반된다.

해설 헌법 제21조 제1항은 "모든 국민은 언론·출판의 자유와 집회·결사의 자유를 가진다."고 규정한다. 헌법은 집회의 자유를 표현의 자유로서 언론·출판의 자유와 함께 국민의 기본권으로 보장하고 있다. 집회의 자유에는 집회를 통하여 형성된 의사를 집단적으로 표현하고 이를 통하여 불특정 다수인의 의사에 영향을 줄 자유를 포함한다. 따라서 시위의 자유 또한 집회의 자유를 규정한 헌법 제21조 제1항에 의하여 보호되는 기본권이다.

기출지문 O X

우리 헌법상 보호되는 집회의 자유는 오로지 평화적 또는 비폭력적 집회에 한정되고 폭력을 사용한 집회는 보호되지 않는다. (　　) ▶14. 국회 9급

해설 우리 헌법상 집회의 자유에 의하여 보호되는 것은 오로지 '평화적' 또는 '비폭력적' 집회에 한정되는 것이므로, 집회의 자유를 빙자한 폭력행위나 불법행위 등은 헌법적 보호범위를 벗어난 것인 만큼, '집회 및 시위에 관한 법률', 형법, 국가보안법, '폭력행위 등 처벌에 관한 법률', 도로교통법 등에 의하여 형사처벌되거나 민사상의 손해배상책임 등에 의하여 제재될 수 있을 것임은 말할 나위가 없는 것이다(헌재 2009.9.24. 2008헌가25).

정답 (O)

55 물포사용행위 위헌확인 사건
헌재 2014.6.26. 2011헌마815

조문보기

구 경찰관직무집행법(1999. 5.24. 법률 제5988호로 개정되고, 2014.5.20. 법률 제12600호로 개정되기 전의 것) 제10조 (경찰장비의 사용 등)
① 경찰관은 직무수행 중 경찰장비를 사용할 수 있다. 다만, 인명 또는 신체에 위해를 가할 수 있는 경찰장비에 대하여는 필요한 안전교육과 안전검사를 실시하여야 한다.
② 제1항의 "경찰장비"라 함은 무기, 경찰장구, 최루제 및 그 발사장치, 감식기구, 해안감시기구, 통신기기, 차량·선박·항공기 등 경찰의 직무수행을 위하여 필요한 장치와 기구를 말한다.

경찰관직무집행법(2014. 5.20. 법률 제12600호로 개정된 것) 제10조 (경찰장비의 사용 등)
① 경찰관은 직무수행 중 경찰장비를 사용할 수 있다. 다만, 사람의 생명이나 신체에 위해를 끼칠 수 있는 경찰장비(이하 이 조에서 "위해성 경찰장비"라 한다)를 사용할 때에는 필요한 안전교육과 안전검사를 받은 후 사용하여야 한다.
② 제1항 본문에서 "경찰장비"란 무기, 경찰장구, 최루제와 그 발사장치, 살수차, 감식기구, 해안 감시기구, 통신기기, 차량·선박·항공기 등 경찰이 직무를 수행할 때 필요한 장치와 기구를 말한다.
④ 위해성 경찰장비는 필요한 최소한도에서 사용하여야 한다.

사건 개요

갑은 여의도에서 한미 FTA 저지 범국민대회라는 집회에 참가하였다. 갑은 집회가 종료된 후에 인도를 벗어나 차도 4개 차선을 점거하면서 국회 및 한나라당사까지 진출을 시도하였다. 경찰은 위 집회가 당초 신고한 범위를 뚜렷이 벗어난 집회로서 일반교통을 방해하고 있다고 판단하여 이를 저지하였다. 그 과정에서 갑에게 물포를 발사하였다. 갑은 경찰의 물포발사행위로 인해 상해를 입는 등 기본권을 침해받았다고 주장하면서 헌법소원심판을 청구하였다.

판결 요지

(1) 권리보호의 이익
물포발사행위는 이미 종료되어 청구인들의 기본권 침해상황이 종료되었으므로, 이 사건 심판 청구가 인용된다고 하더라도 청구인들의 권리구제에 도움이 되지 않아, 권리보호의 이익이 없다.

(2) 심판의 이익
물포발사행위는 타인의 법익이나 공공의 안녕질서에 대하여 직접적이고 명백한 위험을 초래하는 집회나 시위에 대하여 구체적인 해산사유를 고지하고 최소한의 범위 내에서 이루어져야 하므로, 집회 및 시위 현장에서 청구인들이 주장하는 것과 같은 유형의 근거리에서의 물포 직사살수라는 기본권 침해가 반복될 가능성이 있다고 보기 어렵고, 설령 물포발사행위가 그러한 법령상의 한계를 위반하였다고 하더라도 이는 법원이 구체적인 사실관계를 확정하여 그에 따라 위법 여부를 판단할 문제이지, 헌법재판소가 헌법적으로 해명할 필요가 있는 사안이라고 보기도 어렵다. 따라서 예외적으로 헌법적 해명을 위한 심판의 이익도 인정되지 아니한다.

해설

헌법소원은 국민의 기본권침해를 구제하는 제도이므로, 헌법소원심판 청구가 적법하려면 심판 청구 당시는 물론 결정 당시에도 권리보호의 이익이 있어야 한다. 헌법소원은 주관적 권리구제뿐만 아니라 헌법질서 보장의 기능도 겸하고 있으므로 청구인들의 권리구제에는 도움이 되지 아니하여 권리보호의 이익이 없다 하더라도 같은 유형의 침해행위가 앞으로도 반복될 위험이 있고, 헌법질서의 수호·유지를 위하여 그에 대한 헌법적 해명이 긴요한 사항에 대하여는 심판청구의 이익을 인정하여야 한다.

기출지문 O X

집회 및 시위에 관한 법률상 반드시 다수인이 아니더라도 2인이 모인 집회도 위 법률의 규제대상이 될 수 있다. (   )

▶15. 법원서기보

해설 집회 및 시위에 관한 법률에 의하여 보장 및 규제의 대상이 되는 집회란 '특정 또는 불특정 다수인이 공동의 의견을 형성하여 이를 대외적으로 표명할 목적 아래 일시적으로 일정한 장소에 모이는 것'을 말하고, 모이는 장소나 사람의 다과에 제한이 있을 수 없으므로, 2인이 모인 집회도 위 법의 규제 대상이 된다고 보아야 한다(대판 2012.5.24. 2010도11381).

정답 (○)

56 농업협동조합법 위헌확인 사건
헌재 2000.6.1. 99헌마553 전원재판부

조문보기

농업협동조합법 부칙 제2조 (다른 법률의 폐지)
다음 각호의 법률은 이를 폐지한다.
2. 축산업협동조합법

농업협동조합법 부칙 제3조 (설립위원회의 설치)
① 종전의 농업협동조합법에 의한 농업협동조합중앙회(이하 "농업협동조합중앙회"라 한다), 종전의 축산업협동조합법에 의한 축산업협동조합중앙회(이하 "축산업협동조합중앙회"라 한다) 및 종전의 인삼협동조합법에 의한 인삼협동조합중앙회(이하 "인삼협동조합중앙회"라 한다)의 해산과 중앙회의 설립에 관한 사무를 처리하기 위하여 농업협동조합중앙회 설립위원회(이하 "설립위원회"라 한다)를 설치한다.
② 설립위원회는 농림부장관이 위촉하는 위원장을 포함한 15인 이내의 위원으로 구성하되, 농업협동조합중앙회·축산업협동조합중앙회 및 인삼협동조합중앙회의 임·직원이 포함되어야 한다.

사건개요 갑은 현행 축산업협동조합법에 의한 축산업협동조합중앙회이다. 국회에서 의결되고 공포된 농업협동조합법에 의하면, 기존의 축협중앙회 및 농업협동조합(이하 '농협'이라고 한다)중앙회와 인삼협동조합(이하 '삼협'이라고 한다)중앙회는 각 해산되어 새로 설립되는 농협중앙회(이하 '신설중앙회'라고 한다)에 합병되는 것으로 본다. 이에 갑은 신법에 의하여 헌법상 특별히 두텁게 보호되는 자조조직으로서의 축협의 결사의 자유 및 재산권, 직업선택의 자유 등을 침해당하게 되었다고 주장하면서 헌법소원심판을 청구하였다.

판결요지
(1) 축협중앙회의 기본권 주체성 여부
축협중앙회라는 결사체 자체도 그 결사의 구성원인 회원조합들과 별도로 결사의 자유의 주체가 될 수 있다. 회원의 임의탈퇴나 임의해산이 불가능하고 반드시 법률로 따로 정하여 해산하도록 하고 있는 등 사법인에서 볼 수 없는 공법인적 특성을 많이 가지고 있는 축협중앙회도 기본권의 주체가 될 수 있는 법인이다.
(2) 농업협동조합법이 축협중앙회 등의 결사의 자유, 직업의 자유, 재산권 등을 과도하게 제한하는지 여부
축협중앙회의 해산 및 새로 설립되는 농협중앙회로의 통합 등을 규정하고 있는 농업협동조합법은 축협중앙회 등이 가지는 기본권의 본질적인 내용을 침해하지 않는다. 따라서 위 농업협동조합법은 축협중앙회 등의 결사의 자유, 직업의 자유, 재산권 등을 과도하게 제한하는 것으로 위헌인 것이 아니다.

해설 법인 등 결사체도 그 조직과 의사형성에 있어서, 그리고 업무수행에 있어서 자기결정권을 가지고 있어 결사의 자유의 주체가 된다고 봄이 상당하므로, 축협중앙회는 그 회원조합들과 별도로 결사의 자유의 주체가 된다. 헌법상 기본권의 주체가 될 수 있는 법인은 원칙적으로 사법인에 한하는 것이고 공법인은 헌법의 수범자이지 기본권의 주체가 될 수 없다.

기출지문 O X

법인 등 결사체 자체는 결사의 자유의 주체가 되지 못한다. (   ) ▶10. 사법시험

해설 법인 등 결사체도 그 조직과 의사형성에 있어서, 그리고 업무수행에 있어서 자기결정권을 가지고 있어 결사의 자유의 주체가 된다고 봄이 상당하므로, 축협중앙회는 그 회원조합들과 별도로 결사의 자유의 주체가 된다.

정답 (×)

57 국립대학의 장 후보자 추천 사건
헌재 2006.4.27. 2005헌마1047·1048(병합) 전원재판부

조문보기

교육공무원법(2005.5.31. 법률 제7537호로 개정된 것) 제24조 (대학의 장의 임용)
④ 위원회는 해당 대학이 정하는 바에 따라 다음 각 호의 어느 하나의 방법에 의하여 대학의 장 후보자를 선정하여야 한다.
1. 위원회에서의 선정
⑥ 제1항의 규정에도 불구하고 대학의 장 임기만료 후 3월 이내에 해당 대학이 대학의 장 후보자를 추천하지 아니하는 경우 해당 대학의 장은 교육인적자원부장관의 제청으로 대통령이 임용한다.
⑦ 위원회의 구성·운영 등에 관하여 필요한 사항은 대통령령으로 정하되, 위원의 일정비율 이상은 여성으로 한다.

교육공무원법 제24조의2 (선거운동의 제한)
④ 누구든지 대학의 장 후보자 선정 선거와 관련하여 다음 각 호의 방법 외의 행위를 할 수 없다.
1. 선전벽보의 부착
2. 선거공보의 배부
3. 소형인쇄물의 배부
4. 합동연설회 또는 공개토론회의 개최
5. 전화·컴퓨터 통신을 이용한 지지호소

사건개요 갑은 A대학교 소속의 교수로서 교수회 의장으로 재직 중이다. A대학교는 대학의 장 추천을 위한 선거가 실시될 예정이다. 갑 소속 대학의 장 후보자 선출방식은 전임교원·직원의 직접 비밀투표로 선정한다. 갑은 심판대상법률이 헌법상 보장된 청구인들의 학문의 자유와 대학의 자치에서 유래되는 자치입법권 등을 침해하였다고 주장하며 그 위헌확인을 구하는 헌법재판소법 제68조 제1항의 헌법소원을 제기하였다.

판결요지 (1) 국립대학 교수나 교수회는 대학의 자율과 관련한 기본권 주체성이 있다.
(2) 교수나 교수회에게는 헌법 제31조 제4항의 대학의 자율의 보장내용에 포함되는 헌법상의 기본권인 국립대학의 장 후보자 선정에 참여할 권리가 있다.
(3) 대학의 장 후보자 선정의 방식으로 '대학의 장 임용추천위원회에서의 선정'을 규정한 교육공무원법 제24조 제4항은 간선제를 강요하여 대학의 자율을 침해하는 것이 아니다.
(4) 대학의 장 임기만료 후 3월 이내에 후보자를 추천하지 아니하는 경우 대학의 추천 없이 대통령이 교육인적자원부장관의 제청을 받아 대학의 장을 임용하도록 한 교육공무원법 제24조 제6항은 대학의 자율을 침해하는 것이 아니다.
(5) 대학의장임용추천위원회의 구성·운영 등에 관하여 필요한 사항을 대통령령에 정하도록 위임한 교육공무원법 제24조 제7항은 포괄위임입법금지의 원칙이나 교육제도 법정주의에 반하는 것이 아니다.

해설 헌법재판소는 대학의 자율성은 헌법 제22조 제1항이 보장하고 있는 학문의 자유의 확실한 보장수단으로 꼭 필요한 것으로서 대학에게 부여된 헌법상의 기본권으로 보고 있다. 그러나 대학의 자치의 주체를 기본적으로 대학으로 본다고 하더라도 교수나 교수회의 주체성이 부정된다고 볼 수는 없고, 가령 학문의 자유를 침해하는 대학의 장에 대한 관계에서는 교수나 교수회가 주체가 될 수 있고, 또한 국가에 의한 침해에 있어서는 대학 자체 외에도 대학 전구성원이 자율성을 갖는 경우도 있을 것이므로 문제되는 경우에 따라서 대학, 교수, 교수회 모두가 단독, 혹은 중첩적으로 주체가 될 수 있다고 보아야 할 것이다.

기출지문 O X

대학 자율의 주체는 기본적으로 대학이므로 교수, 교수회 모두가 중첩적으로 주체가 될 수는 없다. ( )
▶14. 서울시 7급

해설 대학의 자치의 주체를 기본적으로 대학으로 본다고 하더라도 교수나 교수회의 주체성이 부정된다고 볼 수는 없고, 가령 학문의 자유를 침해하는 대학의 장에 대한 관계에서는 교수나 교수회가 주체가 될 수 있고, 또한 국가에 의한 침해에 있어서는 대학 자체 외에도 대학 전구성원이 자율성을 갖는 경우도 있을 것이므로 문제되는 경우에 따라서 대학, 교수, 교수회 모두가 단독, 혹은 중첩적으로 주체가 될 수 있다(헌재 2006.4.27. 2005헌마1047).

정답 (×)

58 민법 제766조 제1항 위헌소원 사건
헌재 2005.5.26. 2004헌바90 전원재판부

조문보기

민법(2002.1.14. 법률 제6591호로 개정된 것) 제766조 (손해배상청구권의 소멸시효)

① 불법행위로 인한 손해배상의 청구권은 피해자나 그 법정대리인이 그 손해 및 가해자를 안 날로부터 3년간 이를 행사하지 아니하면 시효로 인하여 소멸한다.

사건개요 갑은 광주지방법원에 자신을 조사한 경찰관을 상대로 편파수사, 불법감금 등의 불법행위를 원인으로 한 손해배상청구소송을 제기하였다. 이에 대하여 위 법원은 청구인이 그 손해 및 가해자를 안 날로부터 3년이 경과된 후에야 이 사건 손해배상청구소송을 제기하여 이미 손해배상청구권이 민법 제766조 제1항에 의하여 시효로 인하여 소멸하였다는 이유로 갑의 청구를 모두 기각하였다. 이에 갑은 헌법소원심판을 청구하였다.

판결요지 피해자나 그 법정대리인이 "피해 및 가해자"를 안 때에는 불법행위로 인한 손해배상청구권의 소멸시효기간을 단기 3년으로 정한 민법 제766조 제1항은 헌법상 보장된 피해자의 재산권을 침해하지 않는다.

해설 불법행위로 인한 손해배상청구권에 대하여 단기소멸시효기간을 정한 민법 제766조 제1항은 피해자나 그 법정대리인이 "피해 및 가해자"를 안 때에는 그 권리행사가 그만큼 용이하여 불법행위로 인한 손해배상청구권과 관련된 민사상의 법률관계를 조속히 확정함으로써 법적 안정성을 도모하기 위한 것으로서 합리적인 이유가 있고, 3년간의 단기시효기간도 입법자가 입법형성권을 현저히 자의적으로 행사하여 지나치게 짧게 정한 것으로 볼 수 없으므로, 위 법률조항이 불법행위로 인한 손해배상청구권이라는 피해자의 재산권을 합리적인 이유 없이 지나치게 제한함으로써 헌법 제37조 제2항의 기본권제한에 관한 입법적 한계를 일탈하였다고 볼 수 없다.

예상지문 O X

불법행위로 인한 손해배상청구권에 대하여 단기소멸시효기간을 정한 민법규정은 피해자의 재산권을 침해하지 않는다. (   )

해설 불법행위로 인한 손해배상청구권에 대하여 단기소멸시효기간을 정한 민법 제766조 제1항은 피해자나 그 법정대리인이 "피해 및 가해자"를 안 때에는 그 권리행사가 그만큼 용이하여 불법행위로 인한 손해배상청구권과 관련된 민사상의 법률관계를 조속히 확정함으로써 법적 안정성을 도모하기 위한 것으로서 합리적인 이유가 있으므로, 위 법률조항이 불법행위로 인한 손해배상청구권이라는 피해자의 재산권을 합리적인 이유 없이 지나치게 제한함으로써 헌법 제37조 제2항의 기본권제한에 관한 입법적 한계를 일탈하였다고 볼 수 없다(헌재 2005.5. 26. 2004헌바90).

정답 (O)

59 실화책임에 관한 법률 사건
헌재 2007.8.30. 2004헌가25 전원재판부

조문보기

실화책임에 관한 법률(1961. 4.28. 법률 제607호로 제정된 것)
민법 제750조의 규정은 실화의 경우에는 중대한 과실이 있을 때에 한하여 이를 적용한다.

민법 제750조 (불법행위의 내용)
고의 또는 과실로 인한 위법행위로 타인에게 손해를 가한 자는 그 손해를 배상할 책임이 있다.

사건개요

갑은 부산의 ○○집단공장에서 사업체를 운영하고 있었다. 집단공장내 A화학 소유 건물의 2층 바닥에 깔린 전선 중 반 단선된 부분의 과열로 전선피복이 탄화되면서 합선되어 화재가 발생하였다. 그 불이 인근에 있던 갑의 건물로 번져서 건물과 사무실 집기, 자재, 공장시설 등이 소훼되었다. 검찰에서는 위 화재로 입건된 A화학의 대표이사에 대하여 주의의무 위반 정도가 그리 중하지 않다는 이유로 기소유예처분을 하였다. 갑은 소송 진행 중 '실화책임에 관한 법률'에 대하여 위헌법률심판의 제청을 신청하였다.

판결요지

일반 불법행위에 대한 과실책임주의의 예외로서 경과실로 인한 실화의 경우 실화피해자의 손해배상청구권을 전면 부정하고 있는 '실화책임에 관한 법률'은 위헌이다. 종전의 합헌 결정을 변경하면서 헌법불합치 결정을 선고한 사례이다.

해설

실화책임법은 경과실로 인한 화재의 경우에 실화자의 손해배상책임을 감면하여 조절하는 방법을 택하지 아니하고, 실화자의 배상책임을 전부 부정하고 실화피해자의 손해배상청구권도 부정하는 방법을 채택하였다. 그러나 화재피해의 특수성을 고려하여 과실 정도가 가벼운 실화자를 가혹한 배상책임으로부터 구제할 필요가 있다고 하더라도, 그러한 입법목적을 달성하기 위하여 실화책임법이 채택한 방법은 입법목적의 달성에 필요한 정도를 벗어나 지나치게 실화자의 보호에만 치중하고 실화피해자의 보호를 외면한 것이어서 합리적이라고 보기 어렵고, 실화피해자의 손해배상청구권을 입법목적상 필요한 최소한도를 벗어나 과도하게 많이 제한하는 것이다. 따라서 헌법불합치 결정은 타당하다.

기출지문 O X

일반 불법행위에 대한 과실책임주의의 예외로서 경과실로 인한 실화의 경우 실화피해자의 손해배상청구권을 전면 부정하는 것은 그의 재산권을 침해하는 것이다. (   )   ▶ 08. 국가직 7급

해설 실화책임법은 경과실로 인한 화재의 경우에 실화자의 손해배상책임을 감면하여 조절하는 방법을 택하지 아니하고, 실화자의 배상책임을 전부 부정하고 실화피해자의 손해배상청구권도 부정하는 방법을 채택하였다. 그러나 화재피해의 특수성을 고려하여 과실 정도가 가벼운 실화자를 가혹한 배상책임으로부터 구제할 필요가 있다고 하더라도, 그러한 입법목적을 달성하기 위하여 실화책임법이 채택한 방법은 입법목적의 달성에 필요한 정도를 벗어나 지나치게 실화자의 보호에만 치중하고 실화피해자의 보호를 외면한 것이어서 합리적이라고 보기 어렵고, 실화피해자의 손해배상청구권을 입법목적상 필요한 최소한도를 벗어나 과도하게 많이 제한하는 것이다(헌재 2007.8.30. 2004헌가25).

정답 (O)

60 하천 제외지 국유화 사건
헌재 1998.3.26. 93헌바12 전원재판부

조문보기

헌법 제23조
③ 공공필요에 의한 재산권의 수용·사용 또는 제한 및 그에 대한 보상은 법률로써 하되, 정당한 보상을 지급하여야 한다.

하천법(1971.1.19. 법률 제2292호로 전문개정된 것) 제3조 (하천의 귀속)
하천은 이를 국유로 한다.

하천법 제2조 (용어의 정의)
① 이 법에서 사용하는 용어의 정의는 다음과 같다.
2. "하천구역"이라 함은 다음 각 목에 게기하는 구역을 말한다.
다. 제방(하천관리청이나 그 허가 또는 위임을 받은 자가 설치한 것에 한한다)이 있는 곳에 있어서는 그 제외지(제방으로부터 하심측의 토지를 말한다) 또는 관리청이 지정하는 이와 유사한 토지의 구역

하천법 제74조 (공용부담 등으로 인한 손실보상)
① 제2조 제1항 제2호 다목의 규정에 의한 하천구역의 지정 및 제43조의 규정에 의한 처분이나 제한으로 인하여 손실을 받은 자가 있을 때 또는 관리청이 시행하는 하천공사로 인하여 손실을 받은 자가 있을 때에는 건설부장관이 행한 처분이나 공사로 인한 것은 국고에서, 도지사가 행한 처분이나 공사로 인한 것은 당해 도에서 조속히 그 손실을 보상하여야 한다.

사건개요 갑에게는 조선총독부 내무국 경성토목출장소가 한강의 치수를 목적으로 설치한 양천제(陽川堤)라는 제방과 한강의 하심(河心) 사이에 위치하고 있는 토지가 있었다. 그런데 서울특별시는 이 사건 토지들이 하천법에서 정하는 이른바 제외지(堤外地)로서 국유화된 것이라고 하면서 갑에게 수차례 손실보상금을 수령할 것을 통고하였다. 이에 갑은 법원에 서울특별시 및 대한민국을 상대로 이 사건 토지들에 대한 소유권확인소송을 제기한 후, 이 사건 헌법소원심판을 청구하였다.

판결요지
(1) 제외지(堤外地)를 국유화한 것은 국민의 재산권을 침해하고 제외지의 소유자를 불평등하게 취급하는 것이 아니다.
(2) 법률에 의하여 직접 수용이 이루어지는 소위 "입법적" 수용은 헌법에 위반되는 것이 아니다.
(3) 제3공화국 헌법하에서 제외지를 하천구역에 편입시키고, 이를 국유화하면서도 그에 대한 보상규정을 갖추지 못하였다가, 제5공화국 헌법하의 개정하천법에 의하여 보상규정이 추후 마련된 경우 헌법 제23조 제3항이 요구하는 "법률에 의한 보상"의 요건을 충족한다.
(4) 제외지에 대한 보상법률인 1984년의 개정하천법이나 그 시행령에 규정된 보상의 내용이 헌법에서 요구하는 정당한 보상의 원리에 위배되지 않는다.

해설 "입법적" 수용은 법률에 근거하여 일련의 절차를 거쳐 별도의 행정처분에 의하여 이루어지는 소위 "행정적" 수용과 달리 법률에 의하여 직접 수용이 이루어지는 것이므로 "법률"에 의하여 수용하라는 헌법적 요청을 충족한다. 국민의 재산권에 대한 제약의 정도가 큰 국유화의 방법을 채택하였다 하더라도 하천의 보다 효율적 관리 및 이용이라는 중대한 공익목적에 비추어 볼 때 적정한 보상이 수반되는 한 이를 두고 현저히 자의적이라거나 비례성을 벗어난 것으로서 위헌이라고 할 수 없다.

예상지문 O X

국민의 재산권에 대한 제약의 정도가 큰 국유화의 방법을 채택하였다 하더라도 중대한 공익목적에 비추어 적정한 보상이 수반되는 한 합헌이다. (   )

해설 근대적 수리법체계에서 국가의 하천관리의 중요성이 날로 커지고 있으며, 하천이라는 자연현상을 대상으로 하는 하천법은 합목적성과 기술성의 요청에 민감할 수밖에 없다는 점과 제외지가 가진 특성을 고려할 때, 국민의 재산권에 대한 제약의 정도가 큰 국유화의 방법을 채택하였다 하더라도 하천의 보다 효율적 관리 및 이용이라는 중대한 공익목적에 비추어 볼 때 적정한 보상이 수반되는 한 이를 두고 현저히 자의적이라거나 비례성을 벗어난 것으로서 위헌이라고 할 수 없다(헌재 1998.3.26. 93헌바12).

정답 (○)

61 신용카드 의무수납 및 가격차별금지 제도 사건
헌재 2014.3.27. 2011헌마744

조문보기

여신전문금융업법(2010. 3.12. 법률 제10062호로 개정된 것) 제19조 (가맹점의 준수사항)
① 신용카드가맹점은 신용카드로 거래한다는 이유로 신용카드 결제를 거절하거나 신용카드회원을 불리하게 대우하지 못한다.

사건개요 갑은 인천에서 슈퍼마켓을 운영하는 사람이다. 갑은 물품을 판매하면서 신용카드 결제를 거절하거나 현금으로 결제하는 손님에게 가격을 할인해 주려고 했다. 그러나 그러한 행위는 여신전문금융업법상 금지되는 행위였다. 그래서 갑은 그러한 여신전문금융업법상 금지조항이 갑의 직업수행의 자유 내지 영업의 자유를 침해한다고 주장하면서 이 사건 헌법소원심판을 청구하였다.

판결요지 이 사건 여신금융업법 조항은 입법목적의 정당성이 인정되고, 수단의 적합성도 인정되며, 침해의 최소성 원칙에도 반하지 않고, 법익의 균형성도 갖추고 있어 과잉금지 원칙에 반하지 않는다. 따라서 심판대상 조항은 갑의 직업수행의 자유를 침해하지 아니한다.

해설 헌법 제15조는 직업선택의 자유를 규정하고 있다. 이는 직업의 자유를 의미한다. 직업의 자유에는 협의의 직업선택의 자유와 직업수행의 자유가 있다. 자신이 원하는 직업을 자유롭게 선택하는 것이 좁은 의미의 직업선택의 자유이다. 그리고 스스로 선택한 직업을 자기가 원하는 방식으로 자유롭게 수행할 수 있는 것이 직업수행의 자유(영업의 자유)이다. 헌법재판소는 여신금융업법이 갑의 직업수행의 자유를 제한하지만 헌법 제37조 제2항에서 정하고 있는 기본권 제한의 한계인 과잉금지 원칙에 위반하지 아니하므로 직업수행의 자유를 침해하지는 않는다고 보았다.

예상지문 O X

물품을 판매하면서 신용카드 결제를 거절하는 행위를 규제하는 여신금융업법 규정은 직업수행의 자유를 침해하지 않는다. (   )

해설 신용카드가맹점에 대하여 신용카드로 거래한다는 이유로 신용카드 결제를 거절하거나 신용카드회원을 불리하게 대우하는 것을 금지하는 여신전문금융업법은 직업수행의 자유를 침해하지 않는다(헌재 2014.3.27. 2011헌마744).

정답 (O)

62 백화점 셔틀버스 운행금지 사건
헌재 2001.6.28. 2001헌마132 전원재판부

조문보기

여객자동차운수사업법 (2000.12.29. 법률 제6321호로 개정된 것) 제73조의 2 (자가용자동차의 노선운행금지)

① 자가용자동차는 고객을 유치할 목적으로 노선을 정하여 운행하여서는 아니 된다. 다만, 다음 각 호의 1에 해당하는 경우에는 그러하지 아니하다.
1. 학교, 학원, 유치원, 보육원, 호텔, 교육·문화·예술·체육시설(유통산업발전법 제2조 제3호의 규정에 의한 대규모 점포에 부설된 시설은 제외한다), 종교시설, 금융기관 또는 병원의 이용자를 위하여 운행하는 경우
2. 대중교통수단이 없는 지역 등 대통령령이 정하는 사유에 해당하는 경우로서 시·도지사의 허가를 받은 경우
② 제1항 제2호의 규정에 의한 허가의 대상·조건 등에 관하여 필요한 사항은 건설교통부령으로 정한다.

여객자동차운수사업법 제81조 (벌칙)

다음 각 호의 1에 해당하는 자는 2년 이하의 징역 또는 2천만 원 이하의 벌금에 처한다.
7의 2. 제73조의 2 제1항의 규정에 위반하여 자가용자동차를 고객유치를 목적으로 노선을 정하여 운행한 자

사건개요 갑은 백화점을 경영하는 주식회사로서 백화점 등을 이용하는 고객들의 편의를 위하여 자가용자동차를 운행하는 자이다. 을은 백화점을 이용하는 자이다. 여객자동차운수사업법이 개정되어 백화점 등의 셔틀버스운행은 금지되고 이를 위반하는 자는 형사처벌하도록 되어 있다. 이에 갑과 을은 직업수행의 자유(영업의 자유), 제10조 행복추구권(소비자의 권리), 제11조 제1항 평등권 등의 기본권을 침해하고, 헌법상 법치국가원리에서 파생하는 신뢰보호원칙에 위반된다고 주장하면서 이 사건 헌법소원심판을 청구하였다.

판결요지 (1) 백화점 등의 셔틀버스를 이용해 온 소비자들의 청구인적격 인정 여부
백화점 등의 셔틀버스를 이용해 온 소비자들의 경우 이 사건 법률조항에 대한 청구인적격이 인정되지 않는다.
(2) 이 사건 법률조항은 헌법상 정당한 범위를 넘어 백화점 등의 경영자인 청구인들의 영업의 자유를 침해하지 않고, 청구인들의 평등권을 침해하지 않는다.
(3) 이 사건 법률조항은 신뢰보호원칙에 위배되지 않는다.

해설 우리 헌법의 경제질서는 사유재산제를 바탕으로 하고 자유경쟁을 존중하는 자유시장 경제질서를 기본으로 하면서도 이에 수반되는 갖가지 모순을 제거하고 사회복지·사회정의를 실현하기 위하여 국가적 규제와 조정을 용인하는 사회적 시장경제질서로서의 성격을 띠고 있다. 법인도 직업수행의 자유(영업의 자유)의 주체가 될 수 있다. 백화점 등은 무엇보다도 상품판매가 그 주된 영업활동이다. 따라서 상품판매와 관련된 직접적인 영업활동이나 그와 밀접하게 관련된 활동이라고 할 수 없는 셔틀버스운행을 규제하는 이 사건 법률조항은 상대적으로 폭 넓은 규제가 가능한 영업의 자유 영역 중에서도 기본권에 미치는 침해의 강도가 더욱 약한 부분을 규율하는 것이다.

예상지문 O X
백화점 등의 셔틀버스 운행금지에 의하여 소비자들이 더 이상 셔틀버스를 이용할 수 없게 되었다고 하여도 이들이 백화점 등의 셔틀버스를 이용할 수 있었던 것은 반사적 이익에 불과한 것이므로, 기본권 침해를 받는 것이 아니어서 청구인적격이 인정될 수 없다. (   )

해설 소비자들이 그동안 백화점 등의 셔틀버스를 이용할 수 있었던 것은 백화점 등의 경영자가 셔틀버스를 운행함으로써 누린 반사적인 이익에 불과한 것이므로, 이 사건 법률조항으로 인하여 더 이상 셔틀버스를 이용할 수 없게 되었다 하더라도, 이는 백화점 등에의 접근에 대한 편이성이 감소되었을 뿐이고, 이로 인하여 소비자의 상품선택권이 제한을 받는 것은 아니어서 이들에게는 청구인적격이 인정될 수 없다(헌재 2001.6.28. 2001헌마132).

정답 (○)

63 경비업의 겸영금지 사건
헌재 2002.4.25. 2001헌마614 전원재판부

조문보기

경비업법(2001.4.7. 법률 제6467호로 전문개정된 것) 제7조 (경비업자의 의무)
⑧ 경비업자는 이 법에 의한 경비업 외의 영업을 하여서는 아니된다.

경비업법 제19조 (경비업 허가의 취소 등)
① 허가관청은 경비업자 제1호 내지 제6호의1에 해당하는 때에는 그 허가를 취소하고, 제7호에 해당하는 때에는 그 허가를 취소하거나 6월 이내의 기간을 정하여 영업의 전부 또는 일부에 대하여 영업정지를 명할 수 있다.
3. 제7조 제8항의 규정에 위반하여 경비업 외의 영업을 한 때

사건개요 갑은 경비업 허가를 받은 후 안전·설비기기판매업, 도난차량회수사업 등 다른 영업을 함께 영위하고 있다. 갑은 각종 새로운 사업모델의 개발 및 진출을 계획하고 있다. 그런데 경비업법이 경비업자에게 경비업 이외의 영업을 금지하고, 이를 위반할 경우 경비업 허가를 취소하도록 하고 있다. 이에 갑은 위 법률조항들로 말미암아 직업의 자유, 재산권 및 평등권 등의 기본권을 침해당하게 되었다고 주장하며 이 사건 헌법소원심판을 청구하였다.

판결요지 경비업을 경영하고 있는 자들이나 다른 업종을 경영하면서 새로이 경비업에 진출하고자 하는 자들로 하여금, 경비업을 전문으로 하는 별개의 법인을 설립하지 않는 한 경비업과 그밖의 업종을 겸영하지 못하도록 금지하고 있는 경비업법 제7조 제8항, 제19조 제1항 제3호, 부칙 제4조는 직업의 자유의 제한에 대한 헌법적 한계인 과잉금지 원칙을 준수하지 못하여 위헌이다.

해설 하나의 규제로 인해 여러 기본권이 동시에 제약을 받는다고 주장하는 경우에는 기본권침해를 주장하는 청구인의 의도 및 기본권을 제한하는 입법자의 객관적 동기 등을 참작하여 먼저 사안과 가장 밀접한 관계에 있고 또 침해의 정도가 큰 주된 기본권을 중심으로 해서 그 제한의 한계를 따져 보아야 한다. 당사자의 능력이나 자격과 상관없는 객관적 사유에 의한 제한은 월등하게 중요한 공익을 위하여 명백하고 확실한 위험을 방지하기 위한 경우에만 정당화될 수 있고, 따라서 헌법재판소가 이 사건을 심사함에 있어서는 헌법 제37조 제2항이 요구하는 바 과잉금지의 원칙, 즉 엄격한 비례의 원칙이 그 심사척도가 된다.

기출지문 O X

직업의 자유의 제한 중 가장 강도가 높은 것은 객관적 사유에 의한 직업선택의 자유의 제한이다. ( )
▶13. 국회 9급

해설 직업선택의 자유를 제한하는 경우에 기본권 주체의 능력이나 자격 등 주관적 사유에 의한 제한보다는 기본권 주체와는 전혀 무관한 객관적 사유를 이유로 하는 제한이 가장 심각한 제약이 되므로, 객관적 사유에 의한 직업선택의 자유의 제한은 가장 엄격한 요건이 갖추어진 경우에만 허용될 수 있고 그 제한법률에 대한 심사기준도 엄격한 비례의 원칙이 적용된다(헌재 2010.5.27. 2008헌바110).

정답 (o)

64 형법 제314조 제1항 사건
헌재 2011.12.29. 2010헌바54, 407(병합)

조문보기

형법(1995.12.29. 법률 제5057호로 개정된 것) 제314조 (업무방해)
① 제313조의 방법 또는 위력으로써 사람의 업무를 방해한 자는 5년 이하의 징역 또는 1천 500만 원 이하의 벌금에 처한다.

형법 제324조 (강요)
폭행 또는 협박으로 사람의 권리행사를 방해하거나 의무 없는 일을 하게 한 자는 5년 이하의 징역에 처한다.

형법 제350조 (공갈)
① 사람을 공갈하여 재물의 교부를 받거나 재산상의 이익을 취득한 자는 10년 이하의 징역 또는 2천만 원 이하의 벌금에 처한다.
② 전항의 방법으로 제삼자로 하여금 재물의 교부를 받게 하거나 재산상의 이익을 취득하게 한 때에도 전항의 형과 같다.

형법 제30조 (공동정범)
2인 이상이 공동하여 죄를 범한 때에는 각자를 그 죄의 정범으로 처벌한다.

사건개요 갑은 조선일보사 앞에서, 불매운동 첫 대상기업으로 A제약 주식회사를 선정하고 A제약이 조중동에 광고를 중단하거나 한겨레신문, 경향신문에 동등하게 광고를 의뢰할 때까지 불매운동에 들어갈 것이라는 내용으로 기자회견을 하였다. 그때부터 약 하루 동안 A제약에 많은 항의전화가 걸려와 업무에 상당한 지장을 초래하게 되자, 매출감소를 우려한 A제약의 실무관계자가 갑을 만난 후, 향후 한겨레신문과 경향신문에도 광고를 실을 것이고 앞으로 특정 언론사에 편중하지 않고 동등하게 광고의뢰를 하겠다는 취지의 팝업창을 A제약 홈페이지에 띄우기로 약속하였다. 한편 갑은 강요 및 공갈혐의로 기소되어, 재판 진행 중 헌법소원심판을 청구하였다.

판결요지 (1) 형법 제314조 제1항 중 '제313조의 방법 중 기타 위계로써 또는 위력으로써 사람의 업무를 방해한 자' 부분, 제324조 중 '협박으로 사람의 권리행사를 방해하거나 의무 없는 일을 하게 한 자' 부분, 제350조, 형법 제30조는 죄형법정주의의 명확성원칙에 위배되지 않는다.
(2) 헌법이 보장하는 소비자보호운동의 일환으로 행해지는 소비자불매운동은 헌법적 허용한계를 가진다.
(3) 소비자들이 집단적으로 벌이는 소비자불매운동에 위 법률조항들을 적용하는 것은 헌법이 소비자보호운동을 보장하는 취지에 반하지 않는다.

해설 처벌법규의 구성요건이 명확하여야 한다고 하더라도 입법자가 모든 구성요건을 단순한 의미의 서술적인 개념에 의하여 규정하여야 한다는 것은 아니다. 처벌법규의 구성요건이 다소 광범위하여 어떤 범위에서는 법관의 보충적인 해석을 필요로 하는 개념을 사용하였다고 하더라도 그 점만으로 헌법이 요구하는 처벌법규의 명확성 원칙에 반드시 배치되는 것이라고 볼 수는 없다. 불매운동의 목표로서의 '소비자의 권익'이란 원칙적으로 사업자가 제공하는 물품이나 용역의 소비생활과 관련된 것으로서 상품의 질이나 가격, 유통구조, 안전성 등 시장적 이익에 국한된다.

기출지문 O X

소비자불매운동은 모든 경우에 있어서 그 정당성이 인정될 수 없고, 헌법이나 법률의 규정에 비추어 정당하다고 평가되는 범위에 해당하는 경우에만 형사책임이나 민사책임이 면제된다. (   )

▶14. 국가직 7급

해설 소비자보호운동의 일환으로서, 구매력을 무기로 소비자가 자신의 선호를 시장에 실질적으로 반영하려는 시도인 소비자불매운동은 모든 경우에 있어서 그 정당성이 인정될 수는 없고, 헌법이나 법률의 규정에 비추어 정당하다고 평가되는 범위에 해당하는 경우에만 형사책임이나 민사책임이 면제된다(헌재 2011.12.29. 2010헌바54등).

정답 (O)

65 재외선거인 선거권 및 국민투표권 제한 사건
헌재 2014.7.24. 2009헌마256등

조문보기

공직선거법 제218조의4 (국외부재자 신고)
① 주민등록이 되어 있거나 국내거소신고를 한 사람으로서 다음 각 호의 어느 하나에 해당하여 외국에서 투표하려는 선거권자(지역구국회의원선거에서는 국내거소신고가 되어 있는 선거권자는 제외한다)는 대통령선거와 임기만료에 따른 국회의원선거를 실시하는 때마다 선거일 전 150일부터 선거일 전 60일까지(이하 이 장에서 "국외부재자 신고기간"이라 한다) 서면 또는 전자우편으로 관할 구·시·군의 장에게 국외부재자 신고를 하여야 한다. 이 경우 외국에 머물거나 거주하는 사람은 공관을 경유하여 신고하여야 한다.
1. 사전투표기간 개시일 전 출국하여 선거일 후에 귀국이 예정된 사람
2. 외국에 머물거나 거주하여 선거일까지 귀국하지 아니할 사람

사건개요 갑은 미국에 거주하고 있는 만 19세가 넘은 재외국민이다. 한국에 주민등록이 되어 있지 않고 국내거소신고도 하지 않은 사람이다. 재외선거인인 갑은 재외국민의 국회의원 선거권 및 국민투표권 등을 행사할 수 없었다. 그리하여 갑은 헌법상 보장된 청구인들의 선거권 및 국민투표권을 침해한다고 주장하며 헌법소원심판을 청구하였다.

판결요지 (1) 주민등록이 되어 있지 않고 국내거소신고도 하지 않은 재외국민에게 임기만료지역구국회의원선거를 인정하지 않는 공직선거법조항이 선거권을 침해하거나 보통선거 원칙에 위반되는지 여부
특정한 지역구의 국회의원선거에 투표하기 위해서는 '해당 지역과의 관련성'이 인정되어야 한다. 선거권조항과 재외선거인 등록신청조항이 재외선거인의 임기만료지역구국회의원선거권을 인정하지 않은 것은 합헌이다. 많은 비용과 시간이 소요된다는 점을 종합적으로 고려하여 재외선거인에게 국회의원의 재·보궐선거권을 부여하지 않은 것은 합헌이다.
(2) 재외선거인 등록신청조항이 재외선거권자로 하여금 선거를 실시할 때마다 재외선거인 등록신청을 하도록 규정한 것은 합헌이다.
(3) 공관에 설치된 재외투표소에 직접 방문하여 투표하는 방법을 채택한 것은 합헌이다.
(4) 국민의 본질적 지위에서 도출되는 국민투표권을 추상적 위험 내지 선거기술상의 사유로 배제하는 것은 헌법이 부여한 참정권을 사실상 박탈한 것과 다름없다. 따라서 국민투표법조항은 재외선거인의 국민투표권을 침해한다.
(5) 국민투표권조항에 대하여 헌법불합치 결정을 선고하되, 다만 입법자의 개선입법이 있을 때까지 계속적용을 명하기로 한다.

해설 선거권이 국가기관의 형성에 간접적으로 참여할 수 있는 간접적인 참정권이라면, 국민투표권은 국민이 국가의 의사형성에 직접 참여하는 헌법에 의해 보장되는 직접적인 참정권이다. 선거는 대의제를 가능하게 하기 위한 전제조건으로서 국민의 대표자를 선출하는 '인물에 관한 결정'이며, 이에 대하여 국민투표는 직접민주주의를 실현하기 위한 수단으로서 특정한 국가정책이나 법안을 대상으로 하는 '사안에 대한 결정'이다.

예상지문 O X

국민투표는 선거와 달리 국민이 직접 국가의 정치에 참여하는 절차이므로, 국민투표권은 대한민국 국민의 자격이 있는 사람에게 반드시 인정되어야 하는 권리이다. (   )

해설 국민투표는 선거와 달리 국민이 직접 국가의 정치에 참여하는 절차이므로, 국민투표권은 대한민국 국민의 자격이 있는 사람에게 반드시 인정되어야 하는 권리이다. 따라서 대한민국 국민인 재외선거인의 의사는 국민투표에 반영되어야 하고, 재외선거인의 국민투표권을 배제할 이유가 없다(헌재 2014.7.24. 2009헌마256).

정답 (O)

66 공직선거법 제93조 제1항 사건
헌재 2014.4.24. 2011헌바17, 2012헌바391(병합)

조문보기

공직선거법 제255조 (부정선거운동죄)
② 다음 각 호의 어느 하나에 해당하는 자는 2년 이하의 징역 또는 400만 원 이하의 벌금에 처한다.
5. 제93조(탈법방법에 의한 문서·도화의 배부·게시 등 금지) 제1항의 규정에 위반하여 문서·도화 등을 배부·첩부·살포·게시·상영하거나 하게 한 자, 같은 조 제2항의 규정에 위반하여 광고 또는 출연을 하거나 하게 한 자 또는 제3항의 규정에 위반하여 신분증명서·문서 기타 인쇄물을 발급·배부 또는 징구하거나 하게 한 자

사건개요 갑은 국회의원선거에 영향을 미칠 목적으로, 7회에 걸쳐서 민주당을 반대하는 내용의 문서를 게시하였다. 검사는 갑을 공직선거법위반으로 기소하였다. 갑은 소송 계속 중 위헌법률심판 제청신청을 하였으나 기각되었다. 이에 갑은 헌법소원심판을 청구하였다.

판결요지
(1) 선거운동의 자유와 선거의 공정성
선거의 공정성 없이는 진정한 의미에서의 선거의 자유도 선거운동 등의 기회균등도 보장되지 아니한다. 선거운동 등 정치적 표현의 자유는 선거의 공정성을 전제로 인정되는 것이다.

(2) 명확성 원칙 위배 여부
이 사건 법률조항에서 '선거에 영향을 미치게 하기 위하여'라는 개념은 여러 사정을 종합하여 합리적으로 판단될 수 있으므로, 명확성 원칙에 위배되지 않는다.

(3) 선거운동의 자유 내지 정치적 표현의 자유 침해 여부
이 사건 법률조항은 목적의 정당성 및 수단의 적합성이 인정된다. 또한 침해의 최소성 원칙에도 위반된다고 볼 수 없으며, 법익균형성 원칙에도 위배되지 않는다. 따라서 이 사건 법률조항은 선거운동의 자유 내지 정치적 표현의 자유를 침해하지 않는다.

해설 법치국가 원리의 한 표현인 '명확성의 원칙'은 기본적으로 모든 기본권제한 입법에 대하여 요구되는 것인바, 규범의 의미내용으로부터 무엇이 금지되는 행위이고 무엇이 허용되는 행위인지를 수범자가 알 수 없다면 법적 안정성과 예측가능성은 확보될 수 없게 되고, 또한 법 집행당국에 의한 자의적 집행을 가능하게 할 것이기 때문이다. 인터넷에서의 선거운동 등과 달리 문서나 인쇄물에 의한 선거운동 등에 대해 일정기간 법률로써 제한하는 것은 입법목적 달성을 위해 반드시 필요하고 그것이 선거운동의 자유나 정치적 표현의 자유를 과도하게 제한한다고 할 수 없다.

예상지문 O X

정치적 표현의 자유는 선거의 공정성을 전제로 인정된다. (　　)

해설 선거의 공정성 없이는 선거의 자유도 보장되지 않는다.

정답 (O)

67 공무원의 정당가입 금지 및 정치행위 규제 사건
헌재 2014.3.27. 2011헌바42

조문보기

구 정당법(2005.8.4. 법률 제7683호로 개정되고, 2011.7.21. 법률 제10866호로 개정되기 전의 것) 제53조 (위법으로 발기인이나 당원이 된 죄)
제22조 (발기인 및 당원의 자격) 제1항 단서의 규정을 위반하여 정당의 발기인이나 당원이 된 자는 1년 이하의 징역이나 100만 원 이하의 벌금에 처한다.

구 국가공무원법(2008.3.28. 법률 제8996호로 개정되고, 2010.3.22. 법률 제10148호로 개정되기 전의 것) 제84조 (벌칙)
제44조·제45조·제65조 또는 제66조를 위반한 자는 다른 법률에 특별히 규정된 경우 외에는 1년 이하의 징역 또는 300만 원 이하의 벌금에 처한다.

사건개요 갑은 국가공무원인 국·공립학교 교원으로 임용되어 중학교에 교원으로 재직 중이던 자이다. 갑은 국가공무원 정당가입 금지조항과 공무원 정치행위 규제조항에 위반하여 민주노동당에 당원으로 가입하고 당에 정치자금을 제공하였다는 등의 공소사실로 기소되었다. 갑은 형사소송 계속 중 위헌법률심판 제청신청을 하였으나 그 신청이 기각되자 헌법소원심판을 청구하였다.

판결요지
(1) 정당가입 금지조항 위헌 여부
이 사건 법률조항은 입법목적의 정당성이 인정되고 입법목적을 달성하기 위한 효과적이고 적합한 수단이며 침해의 최소성 원칙에 반하지 않고 법익의 균형성 또한 인정되므로 과잉금지 원칙에 부합한다. 또한 초·중등학교 교원에 대해서는 정당가입의 자유를 금지하면서 대학의 교원에게 이를 허용한다 하더라도 합리적인 차별이므로 평등 원칙에 위배되지 않는다.
(2) 정치행위 규제조항 위헌 여부
이 사건 법률조항이 죄형법정주의의 기본적 요청인 법률주의에 위배된다고 볼 수 없다. 또한 입법기술상 곤란으로 인한 위임의 필요성이 인정되고 내용의 예측가능성이 있어 포괄위임금지 원칙에 위배되지 아니한다.

해설 직업공무원 제도는 모든 공무원으로 하여금 어떤 특정 정당이나 특정 상급자를 위하여 충성하는 것이 아니라 국민 전체에 대한 봉사자로서 법에 따라 그 소임을 다할 수 있게 함으로써 공무원 개인의 권리나 이익을 보호함에 그치지 아니하고 나아가 국가기능의 측면에서 정치적 안정의 유지에 기여하도록 하는 제도이다.
죄형법정주의의 법률주의는 특정한 범죄행위의 구체적 내용을 하위법령에서 형성하도록 허용하는 경우에도 형벌의 범위는 법률에 구체적으로 설정되어야 하고, 아울러 금지의 실질도 그 대강의 내용은 이미 법률에 의하여 설정되어 있을 것을 요구한다.

기출지문 O X

헌법 제12조 제1항이 정하고 있는 법률주의에서 말하는 법률이라 함은 국회에서 제정하는 형식적 의미의 법률과 이와 동등한 효력을 가지는 긴급명령, 긴급재정경제명령 등을 의미한다. (   )
▶14. 국회 8급

해설 헌법 제12조 제1항이 정하고 있는 법률주의에서 법률이라 함은 국회에서 제정하는 형식적 의미의 법률과 이와 동등한 효력을 가지는 긴급명령, 긴급재정경제명령 등을 의미한다.
정답 (○)

68 지방공무원법 제61조 사건
헌재 2005.9.29. 2003헌마127 전원재판부

조문보기

지방공무원법(2002.12.18. 법률 제6786호로 개정된 것) 제31조 (결격사유)
다음 각 호의 어느 하나에 해당하는 사람은 공무원이 될 수 없다.
6. 법원의 판결 또는 다른 법률에 따라 자격이 상실되거나 정지된 사람

지방공무원법 제61조 (당연퇴직)
공무원이 다음 각 호의 어느 하나에 해당할 때에는 당연히 퇴직한다.
1. 제31조 각 호의 어느 하나에 해당하는 경우

사건개요 갑은 서울시 지방공무원으로 채용되어 서울 ○○구청 총무국 인사계장으로 근무하면서 직원들의 인사관리 및 인사평정 등에 관한 직무를 담당하던 중, 그 직무에 관하여 뇌물을 수수하였다는 혐의로 기소되어 자격정지 1년을 선고받았다. 갑은 지방공무원법 제61조 및 제31조 제6호의 법원의 판결에 의하여 자격이 정지된 자에 해당하여 공무원직으로부터 당연퇴직하게 되었다. 갑은 지방공무원법 규정에 의하여 자신의 공무담임권 등 기본권이 침해되었다고 주장하며 이 사건 헌법소원심판을 청구하였다.

판결요지 법원의 판결에 의하여 자격이 정지된 자를 공무원직으로부터 당연퇴직하도록 하고 있는 지방공무원법 조항은 공무담임권을 침해하지 않는다. 또한 이 사건 법률조항이 법원의 판결에 의하여 자격이 정지된 자를 공무원직으로부터 당연퇴직하도록 하는 것은 자격상실의 경우와 비교하여 과도한 불이익을 과함으로써 평등의 원칙에 위반되는 것은 아니다.

해설 헌법 제25조에서 보장하는 공무담임권은 입법부, 집행부, 사법부는 물론 지방자치단체 등 국가, 공공단체의 구성원으로서 그 직무를 담당할 수 있는 권리를 말한다. 공무원신분의 박탈과 관련된 구체적인 사정들은 법원의 재판절차에서 고려되므로 절차적으로도 당연퇴직의 합리성이 보장된다고 할 수 있다. 따라서 비록 당연퇴직으로 인하여 장기간 쌓은 지위가 박탈된다는 점에서 당해 공무원이 받는 불이익이 크다고 하더라도 이 사건 법률조항이 지나치게 공익만을 우선한 입법이라거나 절차적으로 합리성이 보장되지 않는다고 할 수는 없다. 자격정지는 비록 일정한 기간 동안 잠정적인 것이라 하더라도 공무원을 비롯한 공적인 업무를 담당할 자격자체가 박탈되는 효과가 확정적으로 발생하는 점에서 기한이 존재하지 않는 자격상실과 본질적으로 다르지 않다.

예상지문 O X

법원의 판결에 의하여 자격정지를 받은 공무원을 당연퇴직하도록 한 법 규정은 합헌이나, 자격정지 이상의 선고유예를 받은 공무원의 당연퇴직은 위헌이다. (   )

해설 법원의 판결에 의하여 자격이 정지된 자를 공무원직으로부터 당연퇴직하도록 하고 있는 지방공무원법 조항은 공무담임권을 침해하지 않는다(헌재 2005.9.29. 2003헌마127). 그러나 헌법재판소는 자격정지 이상 형의 선고유예를 받은 경우 공무원직에서 당연히 제적되도록 하는 군인사법 규정은 위헌이라고 판단하였다.

정답 (O)

69 심리불속행 제도와 상고제한 사건
헌재 1997.10.30, 97헌바37, 95헌마142·215, 96헌마95(병합) 전원재판부

> **조문보기**
>
> **구 소송촉진 등에 관한 특례법 제11조 (상고이유의 제한)**
> ① 민사소송법 제393조 및 제394조의 규정에 불구하고 상고는 판결에 영향을 미친 다음 각호의 1에 해당하는 사유가 있음을 이유로 하는 때에 한하여 이를 할 수 있다.
> 1. 헌법에 위반하거나 헌법의 해석이 부당한 때
> 2. 명령·규칙 또는 처분의 법률위반여부에 대한 판단이 부당한 때
> 3. 법률·명령·규칙 또는 처분에 대한 해석이 대법원판례와 상반될 때
> ② 제1항 제3호에 규정된 사유가 있는 경우에 대법원이 종전의 대법원판례를 변경하여 원심판결을 유지함이 상당하다고 인정할 때에는 상고를 기각하여야 한다.

사건개요 갑은 부당이득금에 관하여 소송을 제기하였으나 기각판결을 선고받고 항소를 제기하였으나 항소기각판결을 선고받았다. 갑은 다시 이에 대하여 상고를 제기하였으나 대법원은 상고심절차에 관한 특례법 제4조 소정의 심리불속행 사유에 해당된다는 이유로 상고를 기각하였다. 그 후 갑은 헌법소원심판을 청구하였다.

판결요지 헌법이 대법원을 최고법원으로 규정하였다고 하여 대법원이 곧바로 모든 사건을 상고심으로서 관할하여야 한다는 결론이 당연히 도출되는 것은 아니며, "헌법과 법률이 정하는 법관에 의하여 법률에 의한 재판을 받을 권리"가 사건의 경중을 가리지 않고 모든 사건에 대하여 대법원을 구성하는 법관에 의한 균등한 재판을 받을 권리를 의미한다거나 또는 상고심 재판을 받을 권리를 의미하는 것이라고 할 수는 없다. 또한 심급제도는 사법에 의한 권리보호에 관한 한정된 법 발견 자원의 합리적인 분배의 문제인 동시에 재판의 적정과 신속이라는 서로 상반되는 두 가지의 요청을 어떻게 조화시키느냐의 문제로 돌아가므로 원칙적으로 입법자의 형성의 자유에 속하는 사항이다.

해설 법이 심리불속행의 사유(또는 그 예외사유)를 재판부의 업무부담 등 예측할 수 없는 사정을 그 기준으로 규정하였다면 이는 법치국가에서 용인될 수 없는 법적 불안을 야기시키는 것이고 평등의 원칙에도 위배된다고 할 것이나, 이 사건 법률조항은 법 제4조 제1항 각호에서 심리불속행의 예외사유를 객관적이고 구체적으로 규정하여 구체적 사건의 상고이유와 관계없는 우연한 사정이나 법원의 자의에 의한 결정을 배제하고 있다. 또한 이 사건 법률조항 중 법 제5조 제1항·제2항 중 각 법 제4조에 관한 부분은 단지 법 제4조에 의한 판결의 보다 신속한 확정을 목적으로 한 것에 지나지 아니한 것이므로 법 제4조가 헌법에 위반되지 아니한 터에 이를 헌법에 위반되는 것으로 볼 수 없다.

기출지문 OX

재판을 받을 권리로부터 반드시 모든 사건에 관해 대법원의 재판을 받을 권리가 도출되지는 않는다.
(   )

▶ 14. 국가직 7급

해설 헌법이 대법원을 최고법원으로 규정하였다고 하여 곧바로 대법원이 모든 사건을 상고심으로서 관할하여야 한다는 결론이 당연히 도출되는 것은 아니다. 헌법 제102조 제3항에 따라 법률로 정할 "대법원과 각급 법원의 조직"에는 그 관할에 관한 사항도 포함되며, 따라서 대법원이 어떤 사건을 제1심으로서 또는 상고심으로서 관할할 것인지는 법률로 정할 수 있는 것으로 보아야 하기 때문이다(헌재 1995.1.20. 90헌바1).

정답 (O)

70 부동산 강제집행절차에서의 경매취소 사건
헌재 2007.3.29. 2004헌바93 전원재판부

조문보기

민사집행법(2002.1.26. 법률 제6627호로 제정된 것) 제102조 (남을 가망이 없을 경우의 경매취소)
② 압류채권자가 제1항의 통지를 받은 날부터 1주 이내에 제1항의 부담과 비용을 변제하고 남을 만한 가격을 정하여 그 가격에 맞는 매수신고가 없을 때에는 자기가 그 가격으로 매수하겠다고 신청하면서 충분한 보증을 제공하지 아니하면, 법원은 경매절차를 취소하여야 한다.

사건 개요

갑은 ○○건설주식회사에 대하여 집행력 있는 지급명령 정본에 의한 채권자이다. 갑은 강제경매신청을 하였고, 2004.4.9. 법원은 부동산 강제경매개시결정을 한 후 경매절차를 진행하였다. 그 후 법원은 부동산에 대한 최저매각가격으로는 청구인의 채권에 우선하는 근저당권과 임대차보증금 등 부동산 위의 부담과 절차비용을 변제하면 남을 것이 없겠다고 인정하여 강제경매개시결정을 취소하였다. 이에 갑은 이 사건 법률조항에 대하여 위헌제청신청을 하였으나 기각되자 헌법소원심판을 청구하였다.

판결 요지

(1) 헌법 제27조 제3항의 신속한 재판을 받을 권리를 입법을 통하여 구체화하는 경우 다른 사법절차적 기본권에 비하여 폭넓은 입법재량이 허용된다. 부동산 강제집행절차에서 남을 가망이 없는 경우의 경매취소를 규정하고 있는 민사집행법은 합리적인 입법재량의 범위를 일탈하여 헌법 제27조 제3항에서 보장하는 청구인의 신속한 재판을 받을 권리를 침해하고 있는 것이 아니다.
(2) 이 사건 법률조항은 청구인의 평등권, 재산권을 침해하고 있는 것이 아니다.

해설

이 사건 법률조항은 무익한 경매를 방지하여 경매절차의 실효성을 도모하고 우선채권자의 환가시기 선택권을 보장하기 위하여 불가피한 것으로서 현저히 불합리하거나 자의적인 차별이라고 할 수 없어 청구인의 평등권을 침해하지 않는다. 강제집행권은 국가가 보유하는 통치권의 한 작용으로서 민사사법권에 속하는 것이고 채권자인 청구인은 국가에 대하여 강제집행의 발동을 구하는 공법상의 권능인 강제집행청구권만을 보유하고 있으므로 재산권 제한의 문제는 발생하지 아니한다.

관련 판례

헌법 제27조 제3항에 의하면 모든 국민은 신속한 재판을 받을 권리가 있고, 신속한 재판은 판결절차 외에 집행절차도 포함되고, 민사상의 분쟁해결에 있어서 판결절차가 권리 또는 법률관계의 존부의 확정, 즉 청구권의 존부의 관념적 형성을 목적으로 하는 절차라면 강제집행절차는 권리의 강제적 실현, 즉 청구권의 사실적 형성을 목적으로 하는 절차이므로 강제집행절차에서는 판결절차에 있어서보다 신속성의 요청이 더욱 강하다고 할 수 있다(헌재 2005.3.31. 2003헌바92).

예상지문 O X

신속한 재판을 받을 권리의 실현을 위해서는 구체적인 입법형성이 필요하며, 다른 사법절차적 기본권에 비하여 폭넓은 입법재량이 허용된다. (   )

해설 헌법 제27조 제3항 제1문은 "모든 국민은 신속한 재판을 받을 권리를 가진다"고 규정하고 있다. 그러나 신속한 재판을 받을 권리의 실현을 위해서는 구체적인 입법형성이 필요하며, 다른 사법절차적 기본권에 비하여 폭넓은 입법재량이 허용된다. 특히 신속한 재판을 위해서 적정한 판결선고기일을 정하는 것은 법률상 쟁점의 난이도, 개별사건의 특수상황, 접수된 사건량 등 여러 가지 요소를 복합적으로 고려하여 결정되어야 할 사항인데, 이때 관할 법원에게는 광범위한 재량권이 부여된다. 따라서 법률에 의한 구체적 형성없이는 신속한 재판을 위한 어떤 직접적이고 구체적인 청구권이 발생하지 아니한다(헌재 1999.9.16. 98헌마75 전원재판부).

정답 (○)

71 형사보상청구의 상한제 및 불복금지 사건
헌재 2010.10.28. 2008헌마514, 2010헌마220(병합)

조문보기

형사보상법(1987.11.28. 법률 제3956호로 개정된 것) 제4조 (보상의 내용)
① 구금에 대한 보상에 있어서는 그 일수에 따라 1일 5천원 이상 대통령령이 정하는 금액 이하의 비율에 의한 보상금을 지급한다.

형사보상법(1958.8.13. 법률 제494호로 제정된 것) 제19조 (불복신청)
① 보상의 결정에 대하여는 불복을 신청할 수 없다.

형사보상법시행령(1991. 6.19. 대통령령 제13386호로 개정된 것) 제2조 (보상의 상한)
법 제4조 제1항의 규정에 의한 구금에 대한 보상금의 상한은 1일 보상청구의 원인이 발생한 연도의 최저임금법상 일급최저임금액의 5배로 한다.

사건개요 갑은 야간주거침입절도 혐의로 구속되어 기소되었으나 무죄판결을 선고받았다. 갑은 위 구금에 관한 형사보상을 청구하여 보상의 결정을 받았는데, 위 형사보상청구 후 보상의 내용을 규정한 형사보상법 제4조 제1항 및 형사보상법 시행령 제2조가 위 청구인의 형사보상청구권 등을 침해하고, 보상의 결정에 대하여 불복을 신청할 수 없도록 규정한 형사보상법 제19조 제1항이 갑의 재판청구권 등을 침해하는 것이라고 주장하면서 이 사건 헌법소원심판을 청구하였다.

판결요지 형사보상금을 일정한 범위 내로 한정하고 있는 형사보상법과 형사보상법 시행령은 청구인들의 형사보상청구권을 침해하지 않는다. 다만 형사보상의 청구에 대하여 한 보상의 결정에 대하여는 불복을 신청할 수 없도록 하여 형사보상의 결정을 단심재판으로 규정한 형사보상법은 청구인들의 형사보상청구권 및 재판청구권을 침해한다.

해설 형사보상은 형사사법절차에 내재하는 불가피한 위험으로 인한 피해에 대한 보상으로서 국가의 위법·부당한 행위를 전제로 하는 국가배상과는 그 취지 자체가 상이하므로 형사보상절차로서 인과관계 있는 모든 손해를 보상하지 않는다고 하여 반드시 부당하다고 할 수는 없다.

그러나 보상액의 산정에 기초되는 사실인정이나 보상액에 관한 판단에서 오류나 불합리성이 발견되는 경우에도 그 시정을 구하는 불복신청을 할 수 없도록 하는 것은 형사보상청구권 및 그 실현을 위한 기본권으로서의 재판청구권의 본질적 내용을 침해하는 것이다.

기출지문 OX

형사보상액의 산정에 기초되는 사실인정이나 보상액에 관한 판단에서 오류나 불합리성이 발견되는 경우에도 그 시정을 구하는 불복신청을 할 수 없도록 하는 것은 형사보상청구권 및 재판청구권을 침해한다. (　　) ▶11. 사법시험

해설 보상액의 산정에 기초되는 사실인정이나 보상액에 관한 판단에서 오류나 불합리성이 발견되는 경우에도 그 시정을 구하는 불복신청을 할 수 없도록 하는 것은 형사보상청구권 및 그 실현을 위한 기본권으로서의 재판청구권의 본질적 내용을 침해하는 것이라 할 것이고, 나아가 법적안정성만을 지나치게 강조함으로써 재판의 적정성과 정의를 추구하는 사법 제도의 본질에 부합하지 아니하는 것이다. 또한, 불복을 허용하더라도 즉시항고는 절차가 신속히 진행될 수 있고 사건 수도 과다하지 아니한데다 그 재판내용도 비교적 단순하므로 불복을 허용한다고 하여 상급심에 과도한 부담을 줄 가능성은 별로 없다고 할 것이어서, 이 사건 불복금지조항은 형사보상청구권 및 재판청구권을 침해한다고 할 것이다(헌재 2010.10.28. 2008헌마514).

정답 (○)

72 2002년도 최저생계비 고시 사건
헌재 2004.10.28. 2002헌마328 전원재판부

조문보기

헌법 제10조
모든 국민은 인간으로서의 존엄과 가치를 가지며, 행복을 추구할 권리를 가진다. 국가는 개인이 가지는 불가침의 기본적 인권을 확인하고 이를 보장할 의무를 진다.

헌법 제11조
① 모든 국민은 법 앞에 평등하다. 누구든지 성별·종교 또는 사회적 신분에 의하여 정치적·경제적·사회적·문화적 생활의 모든 영역에 있어서 차별을 받지 아니한다.
② 사회적 특수계급의 제도는 인정되지 아니하며, 어떠한 형태로도 이를 창설할 수 없다.
③ 훈장 등의 영전은 이를 받은 자에게만 효력이 있고, 어떠한 특권도 이에 따르지 아니한다.

헌법 제34조
① 모든 국민은 인간다운 생활을 할 권리를 가진다.

사건개요 갑은 정신지체 1급 장애자이고, 을은 갑의 남편으로서 비장애자이다. 갑과 을은 1가구를 이루어 함께 거주하면서 국민기초생활보장법에 따른 생계급여 수급자로 선정되어 그 무렵부터 생계급여를 지급받고 있다. 보건복지부장관은 2002년도 국민기초생활보장법(이하 '보장법'이라 한다)상의 최저생계비를 결정·공표하였다. 이에 갑과 을은 위 최저생계비 고시가 청구인들의 인간으로서의 존엄과 가치 및 행복추구권, 인간다운 생활을 할 권리 및 평등권을 침해하는 것이라고 주장하면서 헌법소원심판을 청구하였다.

판결요지 보건복지부장관이 2002년도 최저생계비를 고시함에 있어 장애로 인한 추가지출비용을 반영한 별도의 최저생계비를 결정하지 않은 채 가구별 인원 수만을 기준으로 최저생계비를 결정한 2002년도 최저생계비고시는 생활능력 없는 장애인가구 구성원의 인간의 존엄과 가치 및 행복추구권, 인간다운 생활을 할 권리, 평등권을 침해하지 아니하였다.

해설 국가가 행하는 국민기초생활보장법상의 "생활능력 없는 장애인에 대한 최저생활보장을 위한 생계급여 지급"이 헌법이 요구하는 객관적인 최소한도의 내용을 실현하고 있는지의 여부는 국가가 인간다운 생활을 보장함에 필요한 최소한도의 조치를 취하였는가의 여부에 달려있다. 국가가 인간다운 생활을 보장하기 위한 헌법적 의무를 다하였는지의 여부가 사법적 심사의 대상이 된 경우에는, 국가가 최저생활보장에 관한 입법을 전혀 하지 아니하였다든가 그 내용이 현저히 불합리하여 헌법상 용인될 수 있는 재량의 범위를 명백히 일탈한 경우에 한하여 헌법에 위반된다고 할 수 있다. 또한 국가가 인간다운 생활을 보장하기 위한 객관적 내용의 최소한을 보장하고 있는지 여부는 보장법에 의한 생계급여만을 가지고 판단하여서는 아니 되고, 그 외의 법령에 의거하여 국가가 최저생활보장을 위하여 지급하는 각종 급여나 각종 부담의 감면 등을 총괄한 수준으로 판단하여야 한다.

기출지문 O X

인간다운 생활이란 그 나라의 문화의 발달, 역사적 사회적 경제적 여건에 따라 어느 정도 달라질 수 있다. (   )

▶13. 국회 9급

해설 "인간다운 생활"이란 그 자체가 추상적이고 상대적인 개념으로서 그 나라의 문화의 발달, 역사적·사회적·경제적 여건에 따라 어느 정도는 달라질 수 있는 것일 뿐만 아니라, 국가가 이를 보장하기 위한 생계보호 수준을 구체적으로 결정함에 있어서는 국민 전체의 소득수준과 생활수준, 국가의 재정규모와 정책, 국민 각 계층의 상충하는 갖가지 이해관계 등 복잡하고도 다양한 요소들을 함께 고려하여야 한다. 따라서 생계보호의 구체적 수준을 결정하는 것은 입법부 또는 입법에 의하여 다시 위임을 받은 행정부 등 해당기관의 광범위한 재량에 맡겨져 있다고 보아야 한다(헌재 1997.5.29. 94헌마33).

정답 (○)

73 공무원 퇴직연금 지급정지 사건
헌재 2005.10.27. 2004헌가20 전원재판부

조문보기

구 공무원연금법(1995.12. 29. 법률 제5117호로 개정되기 전의 것) 제47조 (퇴직연금의 지급정지)
퇴직연금을 받을 권리가 있는 자가 다음 각 호의 1에 해당하는 기관으로부터 보수 기타 급여를 지급받고 있는 때에는 그 지급기간 중 대통령령이 정하는 바에 따라 퇴직연금의 전부 또는 일부의 지급을 정지할 수 있다.
2. 국가·지방자치단체가 자본금의 2분의 1 이상을 출자한 기관 및 한국은행(이하 "정부투자기관"이라 한다)과 국가·지방자치단체 또는 정부투자기관이 단독 또는 공동으로 출자한 총액이 자본금의 2분의 1 이상인 기관으로서 총리령이 정하는 기관
3. 국가 또는 지방자치단체가 직접 또는 간접으로 출연금·보조금 등 재정지원을 하는 기관으로서 총리령이 정하는 기관

사건개요 갑은 20년 이상 공무원으로 재직하다가 퇴직한 후 한국사학진흥재단에서 근무하면서 급여를 받았다. 공무원연금관리공단은 갑의 퇴직 후 퇴직연금 전액을 지급하여 오다가 갑이 근무하던 한국사학진흥재단이 구 공무원연금법 제47조 제2호·제3호에 의하여 연금지급 정지대상기관으로 지정되었다는 이유로, 퇴직연금 중 2분의 1에 해당하는 금액의 지급을 정지하였다. 이에 갑은 법원에 미지급퇴직연금의 지급을 구하는 소송을 제기하고 구 공무원연금법 규정이 헌법에 위반된다고 주장하면서 위헌법률심판의 제청신청을 하였다.

판결요지
(1) 퇴직연금 지급정지제도 자체는 헌법에 위반되지 않는다.
(2) 구 공무원연금법 제47조 제3호에서 퇴직연금 지급정지대상기관을 총리령으로 정하도록 위임하고 있는 것은 포괄위임금지의 원칙에 위반된다.
(3) 법 제47조 제2호·제3호에서 퇴직연금 지급정지의 요건 및 내용을 대통령령으로 정하도록 위임하고 있는 것은 포괄위임금지의 원칙에 위반된다.

해설 퇴직연금수급권은 사회보장수급권과 재산권이라는 양 권리의 성격이 불가분적으로 혼화되어 있어서 전체적으로 재산권적 보호의 대상이 되면서도 순수한 재산권만은 아니라는 특성을 가지고 있으므로, 입법자가 사회정책적 측면과 국가의 재정 및 기금의 상황 등 여러 가지 사정을 참작하여 퇴직연금수급권을 축소하는 것은 원칙적으로 가능하다. 정부재정지원기관 중에서 그 일부를 대상으로 선별한다면 국회는 정부재정지원의 규모와 형태에 관한 일정한 기준을 먼저 법률로 정한 다음 그 범위 내에서 하위법규가 이를 선별하도록 위임하였어야 한다. 그런데 지급정지와 소득수준의 상관관계에 관하여 아무런 정함이 없이 대통령령에 포괄적으로 입법을 위임한 것으로서 헌법 제75조가 정하는 포괄위임금지의 원칙에 위반된다.

기출지문 O X

연금납부자의 연금수급기대권은 헌법상 보호되는 재산권이다. (   ) ▶15. 법원서기보

해설 헌법재판소는 공법상의 권리가 재산권보장의 보호를 받기 위해서는 '개인의 노력과 금전적 기여를 통하여 취득되고 자신과 그의 가족의 생활비를 충당하기 위한 경제적 가치가 있는 권리'여야 한다고 판시하고(헌재 1995.7.21. 94헌바27등), 공무원연금법 및 군인연금법상의 연금수급권이 헌법상 보장되는 재산권에 포함됨을 밝힌 바 있다.

정답 (O)

74 중학교 급식 경비부담 사건
헌재 2012.4.24. 2010헌바164

조문보기

구 학교급식법(1996.12. 30. 법률 제5236호로 개정되고, 2006.7.19. 법률 제7962호로 개정되기 전의 것) 제8조 (경비부담)
① 학교급식 실시에 필요한 시설·설비에 요하는 경비와 학교급식의 운영에 필요한 경비 중 대통령령으로 정하는 경비는 당해 학교의 설립경영자 부담을 원칙으로 하되, 대통령령이 정하는 바에 따라 후원회 또는 학부모가 그 경비의 일부를 부담할 수 있다.
② 제1항에 규정된 경비 이외의 급식에 관한 경비는 대통령령이 정하는 바에 따라 학부모 부담을 원칙으로 하되, 필요한 경우에는 국가 또는 지방자치단체가 지원할 수 있다.

사건개요 갑은 급식비를 납부한 학생이고, 을은 그 부모이다. 2003.3.3.부터 2006.2.16.까지 갑이 ○○중학교에 재학할 당시 급식비 명목으로 1학년 때 336,000원, 2학년 때 359,200원, 3학년 때 371,800원을 각 납부하였다. 갑과 을은 급식비 납부가 의무교육은 무상으로 한다는 헌법규정에 위배된다며 소송을 제기하였고 소송 계속 중 학교급식법 제8조 제2항과 제3항에 대하여 위헌법률심판 제청신청을 하였으나 기각되자, 이 사건 헌법소원심판을 청구하였다.

판결요지 헌법 제31조 제3항에 규정된 의무교육의 무상 원칙에 있어서 의무교육 무상의 범위는 원칙적으로 헌법상 교육의 기회균등을 실현하기 위해 필수불가결한 비용, 즉 모든 학생이 의무교육을 받음에 있어서 경제적인 차별 없이 수학하는 데 반드시 필요한 비용에 한한다. 학교급식은 학생들에게 한 끼 식사를 제공하는 영양공급 차원을 넘어 교육적인 성격을 가지고 있지만, 이러한 교육적 측면은 기본적이고 필수적인 학교 교육 이외에 부가적으로 이루어지는 식생활 및 인성교육으로서의 보충적 성격을 가지므로 의무교육의 실질적인 균등보장을 위한 본질적이고 핵심적인 부분이라고까지는 할 수 없다. 따라서 이 사건 법률조항들은 입법형성권의 범위를 넘어 헌법상 의무교육의 무상 원칙에 반하는 것으로 보기는 어렵다.

해설 의무교육에 있어서 무상의 범위에는 의무교육이 실질적이고 균등하게 이루어지기 위한 본질적 항목으로, 수업료나 입학금의 면제, 학교와 교사 등 인적·물적 시설 및 그 시설을 유지하기 위한 인건비와 시설유지비 등의 부담 제외가 포함되고, 그 외에도 의무교육을 받는 과정에 수반하는 비용으로서 의무교육의 실질적인 균등보장을 위해 필수불가결한 비용은 무상의 범위에 포함된다. 이러한 비용 이외의 비용을 무상의 범위에 포함시킬 것인지는 국가의 재정상황과 국민의 소득수준, 학부모들의 경제적 수준 및 사회적 합의 등을 고려하여 입법자가 입법정책적으로 해결해야 할 문제이다.

기출지문 O X

국가의 교육시설은 그 물적 인적 한계 등으로 인하여 입학자격조건을 정하는 경우에 능력에 따른 차별이 가능한 영역으로서 입법재량의 범위가 넓은 영역이다. ( )   ▶13. 국회 9급

해설 '각자의 능력에 따라 교육시설에 입학하여 배울 수 있는 권리'의 대상인 국가의 교육시설은 그 물적, 인적 한계 등으로 말미암아 입학자격조건을 정하는 데 있어서 능력에 따른 차별이 가능한 영역으로서, 입법적 재량범위가 넓은 영역이라고 할 것이다(헌재 2011.6.30. 2010헌마503).

정답 (○)

제6장 사회적 기본권

75 고교평준화 조례 사건

헌재 2012.11.29. 2011헌마827

조문보기

초·중등교육법(2012.3. 21. 법률 제11384호로 개정된 것) 제47조 (입학자격 등)
② 그 밖에 고등학교의 입학 방법과 절차 등에 필요한 사항은 대통령령으로 정한다.

초·중등교육법 시행령 (2011.3.18. 대통령령 제22712호로 개정된 것) 제84조 (후기학교의 신입생 선발 및 배정방법)
② 제77조 제2항에 따라 시·도 조례로 정하는 지역의 후기학교 주간부 신입생은 고등학교 학교군별로 추첨에 의하여 교육감이 각 고등학교에 배정하되, 제81조 제5항의 규정에 의하여 2 이상의 학교를 선택하여 지원한 경우에는 그 입학지원자 중에서 추첨에 의하여 당해 학교정원의 전부 또는 일부를 배정할 수 있다.

경기도교육감이 고등학교의 입학전형을 실시하는 지역에 관한 조례(2012. 1.2. 경기도 조례 제4319호로 개정된 것) 제2조 (경기도교육감이 고등학교의 입학전형을 실시하는 지역)
초·중등교육법 시행령 제77조 제2항에 따라 경기도교육감(이하 "교육감"이라 한다)이 고등학교의 입학전형을 실시하는 지역은 다음 각 호와 같다.
9. 광명시

사건개요 갑은 이 사건 심판청구 당시 광명시에 거주하면서 광명시에 있는 중학교에 재학 중인 학생이다. 갑은 2013년 3월 광명시에 있는 고등학교에 진학할 예정이고, 을은 갑의 어머니이다. 경기도에서는 수원시, 성남시, 안양시 등 8개 지역에서 고교평준화정책이 시행되어 오다가, 2011.9.30. 광명시 등을 추가하는 내용의 조례안이 의결되었다. 이에 갑과 을은 위 각 법령조항 및 개정조례안이 학생인 갑의 학교선택권, 교육받을 권리 및 행복추구권과, 을의 자녀학교선택권과 자녀교육권, 행복추구권을 침해하여 위헌이라고 주장하면서, 헌법소원심판을 청구하였다.

판결요지 (1) 고등학교의 입학방법과 절차 등을 대통령령으로 정하도록 위임한 초·중등교육법 제47조 제2항은 교육 제도 법정주의 또는 포괄위임입법금지의 원칙에 위반하여 청구인들의 학교선택권을 침해하지 않는다.
(2) 고등학교를 교육감이 추첨에 의하여 배정하도록 한 초·중등교육법 시행령 제84조 제2항은 과잉금지 원칙에 위반하여 청구인들의 학교선택권을 침해하는 것이 아니다.
(3) 광명시를 교육감이 추첨에 의하여 고등학교를 배정하는 지역에 포함시킨 '경기도교육감이 고등학교의 입학전형을 실시하는 지역에 관한 조례' 제2조 제9호는 신뢰보호의 원칙에 위반하여 청구인들의 학교선택권을 침해하지 않는다.

해설 신뢰보호의 원칙 위반 여부는 한편으로는 침해받은 신뢰이익의 보호가치, 침해의 중한 정도, 신뢰가 손상된 정도, 신뢰 침해의 방법 등과 다른 한편으로는 새로운 입법을 통해 실현하고자 하는 공익적 목적을 종합적으로 비교·형량하여 판단하여야 한다. 부모의 자녀교육권은 학교영역에서는 부모가 자녀의 개성과 능력을 고려하여 자녀의 학교교육에 관한 전반적 계획을 세운다는 것에 기초하고 있으며, 자녀 개성의 자유로운 발현을 위하여 그에 상응한 교육과정을 선택할 권리, 즉 자녀의 교육진로에 관한 결정권 내지는 자녀가 다닐 학교를 선택하는 권리로 구체화된다.

기출지문 O X

지방자치단체의 조례가 국내법령과 동일한 효력을 갖는 조약에 위반되는 경우에는 그 효력이 없다. ( )
▶15. 법원서기보

해설 국회의 동의를 얻어 공포시행된 조약은 헌법 제6조 제1항에 의하여 국내법령과 동일한 효력을 가지므로 지방자치단체가 제정한 조례가 GATT나 AGP에 위반되는 경우에는 그 효력이 없다(대판 2005.9.9. 2004추10).

정답 (O)

76 학교폭력예방법상 재심제한 사건
헌재 2013.10.24. 2012헌마832

조문보기

학교폭력예방 및 대책에 관한 법률(2012.3.21. 법률 제11388호로 개정된 것) 제17조 (가해학생에 대한 조치)
⑦ 학교의 장이 제4항에 따른 조치를 한 때에는 가해학생과 그 보호자에게 이를 통지하여야 하며, 가해학생이 이를 거부하거나 회피하는 때에는 초·중등교육법 제18조에 따라 징계하여야 한다.
⑨ 자치위원회는 가해학생이 특별교육을 이수할 경우 해당 학생의 보호자도 함께 교육을 받게 하여야 한다.
⑪ 제1항 제2호부터 제9호까지의 처분을 받은 학생이 해당 조치를 거부하거나 기피하는 경우 자치위원회는 제7항에도 불구하고 대통령령으로 정하는 바에 따라 추가로 다른 조치를 할 것을 학교의 장에게 요청할 수 있다.

학교폭력예방 및 대책에 관한 법률 제17조의2 (재심청구)
② 자치위원회가 제17조 제1항 제8호와 제9호에 따라 내린 조치에 대하여 이의가 있는 학생 또는 그 보호자는 그 조치를 받은 날부터 15일 이내, 그 조치가 있음을 안 날로부터 10일 이내에 초·중등교육법 제18조의3에 따른 시·도학생징계조정위원회에 재심을 청구할 수 있다.

사건개요 갑은 중학교에 재학 중인 만 13세의 미성년자로, 학교폭력 가해학생으로 지목되어 학교폭력대책자치위원회로부터 '피해학생에 대한 서면사과', '피해학생 및 신고·고발 학생에 대한 접촉·협박 및 보복행위의 금지', '학내외 전문가에 의한 특별교육이수 또는 심리치료(학생 10일, 학부모 5시간 이상)', '출석정지 10일' 등의 조치(다음부터 '이 사건 조치'라 한다)를 받았다. 갑과 그의 어머니인 을은 이 사건 조치와 관련하여 '학교폭력예방 및 대책에 관한 법률' 조항이 자신들의 기본권을 침해한다고 주장하며 헌법소원심판을 청구하였다.

판결요지 (1) 가해학생에 대해 자치위원회가 추가 조치를 요구할 수 있도록 한 학교폭력예방법 규정은 기본권 침해에 대한 직접성이 인정되지 않는다.
(2) 학교폭력과 관련하여 가해학생에 대한 조치 중 전학과 퇴학을 제외한 나머지 조치에 대해 재심을 제한하는 학교폭력예방법 규정은 가해학생 보호자의 자녀교육권을 침해하지 않는다.
(3) 재심규정의 재심 제한이 가해학생과 그 보호자의 평등권을 침해하지 않는다.
(4) 가해학생이 특별교육을 이수할 경우 그 보호자도 함께 특별교육을 이수하도록 하는 학교폭력예방법상 '특별교육이수규정'은 가해학생 보호자의 일반적 행동자유권을 침해하지 않는다.

해설 자녀의 양육과 교육은 가족생활의 핵심적 요소로서 일차적으로 부모의 천부적인 권리인 동시에 부모에게 부과된 의무이기도 하다. 부모의 자녀에 대한 교육권은 모든 인간이 누리는 양도할 수 없는 불가침의 인권으로서 혼인과 가족생활을 보장하는 헌법 제36조 제1항, 행복추구권을 보장하는 헌법 제10조 및 열거되지 아니한 자유와 권리의 보장에 관한 헌법 제37조 제1항에서 나온다.

기출지문 O X

행복추구권은 다른 기본권에 대한 보충적 기본권으로서의 성격을 가진다. (   )   ▶ 15. 법원서기보

해설 행복추구권은 다른 자유권에 의하여 보호되지 않는 자유영역을 그 보호범위로 하는 보충적 자유권이므로 국가가 다른 개별 자유권에 의하여 보호되지 않는 자유영역을 침해하는 경우 비로소 행복추구권은 독자적인 의미를 가진다(헌재 2009.9.24. 2006헌마1264).

정답 (O)

77 산업재해보상보험법 적용대상 제외 사건
헌재 2003.7.24. 2002헌바51 전원재판부

조문보기

산업재해보상보험법(1999. 12.31. 법률 제6100호로 개정된 것) 제5조 (적용범위)
이 법은 근로자를 사용하는 모든 사업에 적용한다. 다만, 사업의 위험률·규모 및 사업장소 등을 참작하여 대통령령이 정하는 사업은 그러하지 아니하다.

산업재해보상보험법시행령 (2000.6.27. 대통령령 제16871호로 개정된 것) 제3조 (법의 적용제외사업)
① 법 제5조 단서에서 "대통령령으로 정하는 사업"이라 함은 다음 각 호의 1에 해당하는 사업을 말한다.
3. 건설공사 중 총공사금액이 2천만 원 미만인 공사와 주택건설촉진법에 의한 주택사업자(이하 "주택사업자"라 한다) 또는 건설산업기본법에 의한 건설업자(이하 "건설업자"라 한다)가 아닌 자가 시공하는 공사로서 연면적이 330제곱미터 이하인 건축물의 건축 또는 대수선에 관한 공사

사건개요 갑의 남편은 ○○회사로부터 목공작업을 도급받아 일하던 중 추락하여 사망하였다. 이에 갑은 근로복지공단에게 산업재해보상보험법에 따른 유족보상일시금과 장의비의 지급을 청구하였다. 이에 대하여 근로복지공단은 보험급여의 지급을 거부하는 부지급처분을 하였다. 갑은 산재보험이 당연적용되는 사업에서 제외한 부분은 위헌이어서 이를 근거로 한 위 부지급처분이 위법하다고 주장하며 헌법소원심판 청구를 하였다.

판결요지
(1) 시행령조항에 대한 헌법재판소법 제68조 제2항에 기한 헌법소원청구는 부적법하다.
(2) 일정 범위의 사업을 산업재해보상보험법의 적용 대상에서 제외하면서 그 적용제외사업을 대통령령으로 정하도록 규정한 산업재해보상보험법 제5조 단서는 위임입법의 명확성을 구비하고 있다.
(3) 이 사건 법률조항은 헌법상의 평등원칙에 위배되지 않는다.

해설 현대 사회복지국가에 있어서는 사회현상이 복잡·다기해지고 전문적, 기술적 행정기능이 요구됨에 따라 그때그때의 사회경제적 상황의 변화에 대하여 신속하고 적절히 대응할 필요성이 커지는 반면, 국회의 기술적·전문적 능력이나 시간적 적응능력에는 한계가 있기 때문에 국민의 권리·의무에 관한 것이라 하여 모든 사항을 국회에서 제정한 법률만으로 규정하는 것은 불가능하므로, 일정 사항에 관하여는 행정부에 입법권을 위임하는 것이 불가피하다. 이 사건 법률조항으로써 산재보험의 적용제외사업을 정한 것은 산재보험법의 적용 확대를 위한 지속적인 노력을 기울이는 과정에서 입법목적과 현실을 비교형량하여 나온 입법정책적 결정으로서 거기에 나름대로 합리적인 이유가 있다고 할 수 있다.

기출문제

현대복지국가 헌법의 내용과 일치되지 않는 것은?   ▶13. 국회 9급

① 생존권적 기본권의 보장
② 사회적 정의의 실현을 위한 국민경제의 규제, 조정
③ 기능적 권력분립론의 극복과 의회주의의 강화
④ 실질적 평등의 보장을 위한 국가작용의 강화, 확대
⑤ 정당제도의 헌법상 수용과 정당기능의 확대

해설 현대복지국가 헌법은 기존의 권력분립이 변질화되어 행정국가화 경향을 지니고, 정당제도가 확대되어 가고 있다.

정답 ③

78 공무원의 노동조합 가입범위 사건
헌재 2008.12.26. 2005헌마971·1193, 2006헌마198(병합) 전원재판부

조문보기

공무원의 노동조합 설립 및 운영 등에 관한 법률 (2005.1.27. 법률 제7380호로 제정된 것) 제6조 (가입범위)
① 노동조합에 가입할 수 있는 공무원의 범위는 다음 각 호와 같다.
1. 6급 이하의 일반직공무원 및 이에 상당하는 연구 또는 특수기술직렬의 일반직공무원
2. 특정직공무원 중 6급 이하의 일반직공무원에 상당하는 외무행정·외교정보관리직공무원
3. 기능직공무원
4. 6급 이하의 일반직공무원에 상당하는 별정직공무원 및 계약직공무원
5. 고용직공무원

공무원의 노동조합 설립 및 운영 등에 관한 법률 제10조 (단체협약의 효력)
① 제9조의 규정에 따라 체결된 단체협약의 내용 중 법령·조례 또는 예산에 의하여 규정되는 내용과 법령 또는 조례에 의한 위임을 받아 규정되는 내용은 단체협약으로서의 효력을 가지지 아니한다.

공무원의 노동조합 설립 및 운영 등에 관한 법률 제11조 (쟁의행위의 금지)
노동조합과 그 조합원은 파업·태업 그 밖에 업무의 정상적인 운영을 저해하는 일체의 행위를 하여서는 아니 된다.

사건개요 갑 전국공무원노동조합은 전국의 일선 공무원들이 자율적으로 조직한 법외노조의 성격을 가지고 있다가 노동부장관에게 설립신고를 마친 법상 공무원노동조합이다. 을은 국가공무원 행정주사보로 임용되어 행정사무관으로 근무하고 있는 5급 국가공무원이다. 공무원의 '노동조합 설립 및 운영 등에 관한법률'이 국회 본회의를 통과한 후 공포되어 시행을 앞두게 되자, 갑과 을은 공노법 전체에 대한 위헌확인이 필요하다고 주장하며, 헌법소원심판을 제기하였다.

판결요지 (1) 헌법 제33조 제2항에 따라 공무원인 근로자에게 단결권·단체교섭권·단체행동권을 인정할 것인가의 여부, 어떤 형태의 행위를 어느 범위에서 인정할 것인가는 국회가 광범위한 입법형성권을 가진다. 5급 이상 공무원의 노동조합가입을 금지하는 것은 평등권을 침해하지 않는다.
(2) 공무원에 대하여 일체의 쟁의행위를 금지한 공노법 제11조가 청구인들의 단체행동권을 침해하지 않는다.

해설 국회는 헌법 제33조 제2항에 따라 공무원인 근로자에게 단결권·단체교섭권·단체행동권을 인정할 것인가의 여부, 어떤 형태의 행위를 어느 범위에서 인정할 것인가 등에 대하여 광범위한 입법형성의 자유를 가진다. 헌법 제11조 제1항이 보장하는 평등의 원칙은 일체의 차별적 대우를 부정하는 절대적 평등을 의미하는 것이 아니며 법의 적용이나 입법에 있어서 불합리한 조건에 의한 차별을 하여서는 안 된다는 상대적·실질적 평등을 뜻한다. 따라서 합리적인 근거 없이 차별하는 경우에 한하여 평등의 원칙에 위반될 뿐이다.

기출문제

노동3권에 관한 설명으로 옳지 않은 것은? (다툼이 있는 경우 판례에 따름)　　　▶12. 국회 8급

① 노동3권은 사회권적 성격을 갖고 있으며, 이는 입법조치를 통하여 근로자의 헌법적 권리를 보장하여야 할 국가의 의무로 나타난다.
② 노동3권은 자유권적 성격을 갖고 있으며, 이는 국가의 근로자의 단결권을 존중하고 부당하게 침해해서는 안 된다는 것을 의미한다.
③ 헌법상 보장된 근로자의 단결권은 단결할 자유만을 의미하므로 근로자가 노동조합을 결성하지 아니할 자유는 헌법상 근거를 찾을 수 없다.
④ 헌법 제33조 제1항에 의하면 단결권의 주체는 단지 개인인 것처럼 표현되어 있지만, 근로자 개인뿐만이 아니라 단체 자체의 단결권도 보장하고 있는 것으로 보아야 한다.
⑤ 공무원인 근로자 중 법률이 정하는 자 이외의 공무원은 노동3권의 주체가 되지 못하므로 노동3권이 인정됨을 전제로 하여 헌법 제37조 제2항의 과잉금지 원칙을 적용할 수는 없다.

해설 ③ 헌법상 보장된 근로자의 단결권은 단결할 자유만을 가리킬 뿐이고, 단결하지 아니할 자유 이른바 소극적 단결권은 이에 포함되지 않는다고 보는 것이 우리 재판소의 선례라고 할 것이다. 그렇다면 근로자가 노동조합을 결성하지 아니할 자유나 노동조합에 가입을 강제당하지 아니할 자유, 그리고 가입한 노동조합을 탈퇴할 자유는 근로자에게 보장된 단결권의 내용에 포섭되는 권리로서가 아니라 헌법 제10조의 행복추구권에서 파생되는 일반적 행동의 자유 또는 제21조 제1항의 결사의 자유에서 그 근거를 찾을 수 있다(헌재 2005.11.24. 2002헌바95·96, 2003헌바9).

정답 ③

79 유니언 샵 규정에 대한 위헌소원 사건
헌재 2005.11.24. 2002헌바95·96, 2003헌바9(병합) 전원재판부

조문보기

노동조합 및 노동관계조정법 제81조 (부당노동행위)
사용자는 다음 각 호의 1에 해당하는 행위(이하 "부당노동행위"라 한다)를 할 수 없다.
2. (생략)…. 다만, 노동조합이 당해 사업장에 종사하는 근로자의 3분의 2 이상을 대표하고 있을 때에는 근로자가 그 노동조합의 조합원이 될 것을 고용조건으로 하는 단체협약의 체결은 예외로 하며, 이 경우 사용자는 근로자가 당해 노동조합에서 제명된 것을 이유로 신분상 불이익한 행위를 할 수 없다.

사건 개요 갑은 ○○택시회사에서 택시운전기사로 입사한 근로자이다. ○○지역택시노조는 ○○시에서 택시운송사업에 근무하는 근로자를 조직대상으로 하여 설립신고를 한 지역별·업종별 단위노동조합이다. 갑등 ○○택시회사 소속 근로자들 대부분은 ○○지역택시노조에 가입하였다. ○○지역택시노조는 그들을 위하여 ○○택시회사로부터 단체교섭권을 위임받은 ○○시택시운송사업조합과 단체협약을 체결하여 왔는데, ○○지역택시노조는 '회사는 종업원이 노동조합 가입을 거부하거나 탈퇴할 때는 즉시 해고하여야 한다'는 이른바 유니언 샵(Union Shop) 협정을 체결하였다. 그 후 갑이 노조를 탈퇴하였다는 사유로 해고를 당하자 갑은 헌법소원심판을 청구하였다.

판결 요지 당해 사업장에 종사하는 근로자의 3분의 2 이상을 대표하는 노동조합의 경우 단체협약을 매개로 한 조직강제[이른바 유니언 샵(Union Shop) 협정의 체결]를 용인하고 있는 노동조합 및 노동관계조정법 제81조 제2호 단서는 근로자의 단결권을 보장한 헌법 제33조 제1항 등에 위반되지 않는다.

해설 노동조합의 적극적 단결권은 근로자 개인의 단결하지 않을 자유보다 중시된다고 할 것이고, 또 노동조합에게 위와 같은 조직강제권을 부여한다고 하여 이를 근로자의 단결하지 아니할 자유의 본질적인 내용을 침해하는 것으로 단정할 수는 없다. 사안의 경우 근로자의 단결하지 아니할 자유와 노동조합의 적극적 단결권(조직강제권)이 충돌하게 되나, 근로자에게 보장되는 적극적 단결권이 단결하지 아니할 자유보다 특별한 의미를 갖고 있고, 노동조합의 조직강제권도 이른바 자유권을 수정하는 의미의 생존권(사회권)적 성격을 함께 가지는 만큼 근로자 개인의 자유권에 비하여 보다 특별한 가치로 보장된다.

기출지문 O X

노동조합의 적극적 단결권은 근로자 개인의 단결하지 않을 자유보다 중시된다고 할 것이어서 노동조합에게 적극적 단결권(조직강제권)을 부여한다고 하여 이를 두고 곧바로 근로자의 단결하지 아니할 자유의 본질적인 내용을 침해하는 것으로 단정할 수는 없다. (　　　) ▶14. 국가직 7급

해설 근로자에게 보장되는 적극적 단결권이 단결하지 아니할 자유보다 특별한 의미를 갖고 있고, 노동조합의 조직강제권도 이른바 자유권을 수정하는 의미의 생존권(사회권)적 성격을 함께 가지는 만큼 근로자 개인의 자유권에 비하여 보다 특별한 가치로 보장되는 점 등을 고려하면, 노동조합의 적극적 단결권은 근로자 개인의 단결하지 않을 자유보다 중시된다고 할 것이고, 또 노동조합에게 조직강제권을 부여한다고 하여 이를 근로자의 단결하지 아니할 자유의 본질적인 내용을 침해하는 것으로 단정할 수는 없다(헌재 2005.11.24. 2002헌바95). **정답 (O)**

80 특수경비원의 단체행동권 제한 사건
헌재 2009.10.29. 2007헌마1359 전원재판부

조문보기

경비업법(2001.4.7. 법률 제6467호로 개정된 것) 제15조 (특수경비원의 의무)
③ 특수경비원은 파업·태업 그 밖에 경비업무의 정상적인 운영을 저해하는 일체의 쟁의행위를 하여서는 아니 된다.

경비업법 제28조 (벌칙)
④ 다음 각 호의 1에 해당하는 자는 1년 이하의 징역 또는 1천만 원 이하의 벌금에 처한다.
2. 제15조 제3항의 규정에 위반하여 쟁의행위를 한 특수경비원

사건개요 갑은 인천국제공항 내의 경비업체인 ○○코리아 소속 특수경비원들로 구성된 노동조합인 '인천공항 보안검색 노동조합'의 조합원이자 위 ○○코리아에 고용되어 인천공항에서 근무하는 특수경비원이다. 그런데 경비업법은 제15조 제3항에서 "특수경비원은 파업·태업 그 밖에 경비업무의 정상적인 운영을 저해하는 일체의 쟁의행위를 하여서는 아니 된다."고 규정하고, 제28조 제4항 제2호에서는 이를 위반한 경우 1년 이하의 징역 또는 1천만 원 이하의 벌금에 처하도록 규정하고 있다. 이에 갑은 위 법률조항들이 청구인의 행복추구권, 평등권, 집회결사의 자유 및 단체행동권을 침해하여 헌법에 위반된다고 주장하면서 이 사건 헌법소원심판을 청구하였다.

판결요지 특수경비원 업무의 강한 공공성과 특수성 등을 감안할 때, 특수경비원의 신분이 공무원이 아닌 일반근로자라는 점에만 치중하여 특수경비원에게 근로3권 즉 단결권, 단체교섭권, 단체행동권 모두를 인정하여야 한다고 보기는 어렵고, 적어도 특수경비원에 대하여 단결권, 단체교섭권에 대한 제한은 전혀 두지 아니하면서 단체행동권 중 '경비업무의 정상적인 운영을 저해하는 일체의 쟁의행위'만을 금지하는 것은 입법목적 달성에 필요불가결한 최소한의 수단이라고 할 것이어서 침해의 최소성 원칙에 위배되지 아니한다. 따라서 공항·항만 등 국가중요시설의 경비업무를 담당하는 특수경비원에게 경비업무의 정상적인 운영을 저해하는 일체의 쟁의행위를 금지하는 경비업법 제15조 제3항은 특수경비원의 단체행동권을 박탈하여 헌법 제33조 제1항에 위배되는 조항은 아니다. 이 사건 법률조항은 과잉금지 원칙을 위반하여 특수경비원의 단체행동권을 침해하지 않는다.

해설 헌법 제33조 제1항에서는 근로자의 단결권·단체교섭권 및 단체행동권을 보장하고 있는바, 현행 헌법에서 공무원 및 법률이 정하는 주요방위산업체에 종사하는 근로자와는 달리 특수경비원에 대해서는 단체행동권 등 근로3권의 제한에 관한 개별적 제한규정을 두고 있지 않다고 하더라도, 헌법 제37조 제2항의 일반유보조항에 따른 기본권제한의 원칙에 의하여 특수경비원의 근로3권 중 하나인 단체행동권을 제한할 수 있다. 근로3권은 사회적 보호기능을 담당하는 자유권 또는 사회권적 성격을 띤 자유권이라고 말할 수 있으며, 이러한 근로3권의 성격은 국가가 단지 근로자의 단결권을 존중하고 부당한 침해를 하지 아니함으로써 보장되는 자유권적 측면인 국가로부터의 자유뿐만 아니라 근로자의 권리행사의 실질적 조건을 형성하고 유지해야 할 국가의 적극적인 활동을 필요로 한다.

기출지문 O X

특수경비원에게 경비업무의 정상적인 운영을 저해하는 쟁의행위를 금지하는 경비업법규정은 단체행동권을 침해하는 것이 아니다. (　　) ▶ 11. 국회 8급

해설 특수경비원 업무의 강한 공공성, 국가안전보장, 질서유지, 공공복리 등의 공익을 고려할 때 이 사건 법률조항은 과잉금지 원칙에 위배되지 아니하므로 헌법에 위반되지 아니한다(헌재 2009.10.29, 2007헌마1359)

정답 (O)

81 공직선거운동에서 확성장치 사용 사건

헌재 2008.7.31. 2006헌마711 전원재판부

조문보기

공직선거법 제79조 (공개장소에서의 연설·대담)
③ 후보자 등과 사회자는 공개장소에서의 연설·대담을 위하여 다음 각 호의 구분에 따라 자동차와 이에 부착된 확성장치 및 휴대용 확성장치를 각각 사용할 수 있다.
1. 대통령선거
후보자와 시·도 및 구·시·군 선거연락소마다 각 1대·각 1조
2. 시·도지사선거
후보자와 구·시·군선거연락소마다 각 1대·각 1조
3. 지역구국회의원선거, 지역구지방의회의원선거 및 자치구·시·군의 장선거
후보자마다 1대·1조
④ 제3항의 확성장치는 연설·대담 또는 사회를 하는 경우에만 사용할 수 있으며, 휴대용 확성장치는 연설·대담용 차량이 정차한 외의 다른 지역에서 사용할 수 없다. 이 경우 차량 부착용 확성장치와 동시에 사용할 수 없다.
⑤ 자동차에 부착된 확성장치를 사용함에 있어 확성나발의 수는 1개를 넘을 수 없다.

사건개요 갑은 지방선거의 선거운동 과정에서 후보자들이 확성장치 등을 사용하여 소음을 유발함으로써 정신적·육체적 고통을 받았다고 하면서, 현행 공직선거법이 선거운동 시 확성장치의 출력수 등 소음에 대한 허용기준 조항을 두지 아니하는 등 불충분하여 청구인의 행복추구권 및 환경권을 침해한다는 이유로 이 사건 헌법소원심판을 청구하였다가, 이 사건 헌법소원의 심판대상을 공직선거법 제79조 및 제216조로 청구취지를 정정하였다.

판결요지 일정한 경우 국가는 사인인 제3자에 의한 국민의 환경권 침해에 대해서도 적극적으로 기본권 보호조치를 취할 의무를 지나, 헌법재판소가 이를 심사할 때에는 국가가 국민의 기본권적 법익 보호를 위하여 적어도 적절하고 효율적인 최소한의 보호조치를 취했는가 하는 이른바 "과소보호금지 원칙"의 위반 여부를 기준으로 삼아야 한다. 이 사건의 경우 청구인의 기본권적 법익이 침해되고 있음이 명백히 드러나지 않고, 공직선거법의 규정을 보더라도 확성장치로 인한 소음을 예방하는 규정이 불충분하다고 단정할 수도 없으며, 기본권보호의무의 인정 여부를 선거운동의 자유와의 비교형량하에서 판단할 때, 확성장치 소음규제기준을 정하지 않았다는 것만으로 청구인의 정온한 환경에서 생활할 권리를 보호하기 위한 입법자의 의무를 과소하게 이행하였다고 평가할 수는 없다.

해설 헌법 제116조 제1항은 선거운동에 관하여 "법률이 정하는 범위 안에서 하되, 균등한 기회가 보장되어야 한다."고 규정하고 있어 입법부에 입법재량을 부여하고 있다. 그런데 선거권이 제대로 행사되기 위해서는 후보자에 대한 정보의 자유교환이 필연적으로 요청되므로, 선거운동의 자유는 선거권 행사의 전제 내지 선거권의 중요한 내용으로서 보장될 필요가 있다. 국가가 기본권에 대한 보호의무를 진다고 하더라도, 그것을 입법자가 어떻게 실현하여야 할 것인가는 원칙적으로 권력분립 원칙과 민주주의 원칙에 따라 국민에 의해 직접 민주적 정당성을 부여받고 정치적 책임을 지는 입법자의 책임범위에 속하는 것이고, 헌법재판소는 이를 제한적으로만 심사할 수 있을 따름이다.

예상지문 O X

기본권보호의무는 타인에 의하여 개인의 신체나 생명 등의 법익이 국가의 보호의무 없이는 무력화될 정도의 상황에서만 적용될 수 있다. (   )

해설 기본권 보호의무란 기본권적 법익을 기본권 주체인 사인에 의한 위법한 침해 또는 침해의 위험으로부터 보호하여야 하는 국가의 의무를 말하며, 주로 사인인 제3자에 의한 개인의 생명이나 신체의 훼손에서 문제되는데, 이는 타인에 의하여 개인의 신체나 생명 등 법익이 국가의 보호의무 없이는 무력화될 정도의 상황에서만 적용될 수 있다(헌재 2009.2.26. 2005헌마764).

정답 (O)

82 군인사법 제48조 제3항 사건
헌재 2008.10.30. 2005헌마1156 전원재판부

조문보기

구 군인사법(2004.1.20. 법률 제7269호로 개정되고, 2007.12.21. 법률 제8732호로 개정되기 전의 것) 제48조 (휴직)
③ 임용권자는 장기복무장교, 준사관 및 장기복무부사관이 다음 각 호의 1에 해당하는 사유로 휴직을 원하는 경우와 단기복무 중인 여자군인이 제4호의 사유로 휴직을 원하는 경우에는 업무수행 및 인력운영상 지장을 초래하지 아니하는 범위 안에서 휴직을 명할 수 있다. 다만, 여자군인이 제4호에 해당하는 사유로 휴직을 신청한 경우에는 대통령령이 정하는 특별한 사정이 없는 한 휴직을 명하여야 한다.
1. 국제기구 또는 외국기관에 임시로 채용된 때
2. 자비로 해외유학을 하게 된 때
3. 참모총장이 지정하는 연구기관이나 교육기관 등에서 자비로 연수하게 된 때
4. 자녀(휴직신청 당시 3세 미만인 자녀에 한한다)를 양육하거나 여자군인이 임신 또는 출산하게 되어 필요한 때
5. 사고 또는 질병 등으로 장기간의 요양을 필요로 하는 부모·배우자·자녀 또는 배우자의 부모의 간호를 위하여 필요한 때

사건개요 갑은 사법시험에 합격하고, 사법연수원을 수료한 후 단기복무장교인 군법무관으로 임용된 자이다. 갑은 딸이 출생하여 육아휴직을 신청하고자 하였으나, 구 군인사법 제48조 제3항 본문 제4호가 장기복무장교, 준사관 및 장기복무부사관, 단기복무 중인 여자군인만 육아휴직을 신청할 수 있도록 규정하고 있을 뿐 갑과 같은 남성 단기복무장교에 관하여는 아무런 규정을 두고 있지 않아서 그 신청을 할 수 없었다. 이에 갑은 헌법소원심판을 청구하였다.

판결요지 (1) 남성 단기복무장교를 육아휴직 허용 대상에서 제외하고 있는 구 군인사법 제48조 제3항 본문 제4호 중 육아휴직 부분은 남성 단기복무장교의 양육권을 침해하지 않는다.
(2) 직업군인에게만 육아휴직을 허용하는 것은 의무복무군인인 남성 단기복무장교의 평등권을 침해하지 않는다. 단기복무군인 중 여성에게만 육아휴직을 허용하는 것은 성별에 의한 차별이 아니다.

해설 양육권은 공권력으로부터 자녀의 양육을 방해받지 않을 권리라는 점에서는 자유권적 기본권으로서의 성격을, 자녀의 양육에 관하여 국가의 지원을 요구할 수 있는 권리라는 점에서는 사회권적 기본권으로서의 성격을 아울러 가진다. 육아휴직신청권은 헌법 제36조 제1항 등으로부터 개인에게 직접 주어지는 헌법적 차원의 권리라고 볼 수는 없고, 입법자가 입법의 목적, 수혜자의 상황, 국가예산, 전체적인 사회보장수준, 국민정서 등 여러 요소를 고려하여 제정하는 입법에 적용요건, 적용대상, 기간 등 구체적인 사항이 규정될 때 비로소 형성되는 법률상의 권리이다.

기출지문 O X

1. 자녀에 대한 부모의 양육권은 헌법 제36조 제1항에 그 헌법적 근거를 두고 있다. (   )
▶ 15. 법원서기보

2. 육아휴직신청권은 혼인과 가족생활의 보호 등으로부터 개인에게 직접 주어지는 헌법적 차원의 권리라고 볼 수 있다. (   )
▶ 14. 지방직 7급

해설 1. 자녀에 대한 부모의 양육권은 비록 헌법에 명문으로 규정되어 있지는 아니하지만, 이는 모든 인간이 누리는 불가침의 인권으로서 혼인과 가족생활을 보장하는 헌법 제36조 제1항, 행복추구권을 보장하는 헌법 제10조 및 '국민의 자유와 권리는 헌법에 열거되지 아니한 이유로 경시되지 아니한다.'고 규정한 헌법 제37조 제1항에서 나오는 중요한 기본권이다(헌재 2008.10.30. 2005헌마1156).
2. 육아휴직신청권은 헌법 제36조 제1항 등으로부터 개인에게 직접 주어지는 헌법적 차원의 권리라고 볼 수는 없고, 입법자가 입법의 목적, 수혜자의 상황, 국가예산, 전체적인 사회보장수준, 국민정서 등 여러 요소를 고려하여 제정하는 입법에 적용요건, 적용대상, 기간 등 구체적인 사항이 규정될 때 비로소 형성되는 법률상의 권리이다(헌재 2008.10.30. 2005헌마1156).

정답 1. (○) 2. (×)

83 호주제 위헌 사건
헌재 2005. 2. 3. 2001헌가9·10·11·12·13·14·15, 2004헌가5(병합) 전원재판부

조문보기

민법(2005.3.31. 법률 제7427호로 개정되기 전의 것) 제778조 (호주의 정의)
일가의 계통을 계승한 자, 분가한 자 또는 기타 사유로 인하여 일가를 창립하거나 부흥한 자는 호주가 된다.

민법 제781조 (자의 입적, 성과 본)
① 자는 부의 성과 본을 따르고 부가에 입적한다. 다만, 부가 외국인인 때에는 모의 성과 본을 따를 수 있고 모가에 입적한다.

민법 제826조 (부부간의 의무)
③ 처는 부의 가에 입적한다. 그러나 처가 친가의 호주 또는 호주승계인인 때에는 부가 처의 가에 입적할 수 있다.

사건개요 갑은 혼인하였다가 이혼하고 일가를 각 창립한 자로서, 전 부(夫)와의 사이에 태어난 갑의 자(子)의 친권행사자이며 양육자이다. 그럼에도 갑의 자(子)의 호적은 부(父)인 전 부(夫)가 호주로 있는 가(家)에 편제되어 있다. 갑은 그의 자(子)를 자신의 가(家)에 입적시키기 위하여 2000.10.경 관할 호적관청에 각기 입적신고를 하였으나 호적관청은 민법 제781조 제1항 본문을 들어 입적신고를 받아들이지 아니하였다. 갑은 재판 중에 민법 제778조, 제781조 제1항 본문이 위헌이라고 주장하면서 위헌법률심판 제청신청을 하였다.

판결요지 우리 헌법은 제정 당시부터 특별히 혼인의 남녀동권을 헌법적 혼인질서의 기초로 선언함으로써 우리 사회 전래의 가부장적인 봉건적 혼인질서를 더 이상 용인하지 않겠다는 헌법적 결단을 표현하였으며, 현행 헌법에 이르러 양성평등과 개인의 존엄은 혼인과 가족 제도에 관한 최고의 가치규범으로 확고히 자리잡았다. 전래의 어떤 가족 제도가 헌법 제36조 제1항이 요구하는 개인의 존엄과 양성평등에 반한다면 헌법 제9조를 근거로 그 헌법적 정당성을 주장할 수는 없다. 호주제는 당사자의 의사나 복리와 무관하게 남계혈통 중심의 가의 유지와 계승이라는 관념에 뿌리박은 특정한 가족관계의 형태를 일방적으로 규정·강요함으로써 개인을 가족 내에서 존엄한 인격체로 존중하는 것이 아니라 가의 유지와 계승을 위한 도구적 존재로 취급하고 있는데, 이는 혼인·가족생활을 어떻게 꾸려나갈 것인지에 관한 개인과 가족의 자율적 결정권을 존중하라는 헌법 제36조 제1항에 부합하지 않는다.

해설 처의 부가(夫家)입적을 규정한 민법 제826조 제3항 후단은 무호주로의 변경을 구하면서 호주제의 위헌성을 다투는 위헌제청신청의 취지와 무관하지 않을 뿐 아니라, 법원이 위헌제청한 민법 제778조, 제781조 제1항 본문 후단과 결합하여 호주제의 골격을 이루고 있으므로 호주제의 위헌 여부라는 중요한 헌법문제의 보다 완전한 해명을 위하여 그 조항의 위헌 여부도 심판의 대상으로 삼아 한꺼번에 심리·판단하는 것이 헌법재판의 객관적 기능에 비추어 상당하다.

헌법은 국가사회의 최고규범이므로 가족 제도가 비록 역사적·사회적 산물이라는 특성을 지니고 있다 하더라도 헌법의 우위로부터 벗어날 수 없으며, 가족법이 헌법이념의 실현에 장애를 초래하고, 헌법규범과 현실과의 괴리를 고착시키는데 일조하고 있다면 그러한 가족법은 수정되어야 한다.

기출지문 O X

헌법전문과 헌법 제9조에서 말하는 '전통', '전통문화'는 역사성과 시대성을 띤 개념으로서 헌법의 가치질서, 인류의 보편가치, 정의와 인도정신 등을 고려하여 오늘날의 의미로 포착되어야 하며, 가족제도에 관한 전통·전통문화는 적어도 가족 제도에 관한 헌법이념인 개인의 존엄과 양성의 평등에 반하는 것이어서는 안 된다. (   )

▶13. 사법시험

해설 우리 헌법은 제정 당시부터 특별히 혼인의 남녀동권을 헌법적 혼인질서의 기초로 선언함으로써 우리 사회 전래의 가부장적인 봉건적 혼인질서를 더 이상 용인하지 않겠다는 헌법적 결단을 표현하였으며, 현행 헌법에 이르러 양성평등과 개인의 존엄은 혼인과 가족 제도에 관한 최고의 가치규범으로 확고히 자리잡았다.

정답 (O)

84 비의료인의 무면허 의료행위 금지 사건

헌재 2010.7.29. 2008헌가19, 2008헌바108, 2009헌마269·736, 2010헌바38, 2010헌마275(병합)

조문보기

의료법(2007.4.11. 법률 제8366호로 전부 개정된 것) **제27조 (무면허 의료행위 등 금지)**
① 의료인이 아니면 누구든지 의료행위를 할 수 없으며 의료인도 면허된 것 이외의 의료행위를 할 수 없다. 다만, 다음 각 호의 어느 하나에 해당하는 자는 보건복지부령으로 정하는 범위에서 의료행위를 할 수 있다.
1. 외국의 의료인 면허를 가진 자로서 일정 기간 국내에 체류하는 자
2. 의과대학, 치과대학, 한의과대학, 종합병원 또는 외국 의료원조기관의 의료봉사 또는 연구 및 시범사업을 위하여 의료행위를 하는 자
3. 의학·치과의학·한방의학 또는 간호학을 전공하는 학교의 학생

의료법 제81조 (의료유사업자)
① 이 법이 시행되기 전의 규정에 따라 자격을 받은 접골사(接骨士), 침사(鍼士), 구사(灸士)(이하 "의료유사업자"라 한다)는 제27조에도 불구하고 각 해당 시술소에서 시술(施術)을 업(業)으로 할 수 있다.

사건개요 갑은 의료인이 아님에도 불구하고, 2005.7. 중순경부터 2007.9.14.경까지 약 1,000여 명의 환자를 대상으로 침, 뜸 시술 등 무면허 의료행위를 하였다는 이유로 기소되었다. 갑은 재판 계속 중 무면허 의료행위를 금지한 의료법조항에 대하여 위헌법률심판 제청을 신청하였고, 제청법원은 의료법 제27조 제1항 본문의 전단 부분(2007.4.11. 법률 제8366호로 전부 개정된 것)은 과잉금지 원칙에 반하여 환자의 생명권, 건강권, 치료받을 권리 및 의료제공자의 행복추구권 등을 침해하고 죄형법정주의에도 위반되어 위헌이라고 인정할 만한 상당한 이유가 있다고 하면서 이에 대하여 위헌제청 결정을 하였다.

판결요지 (1) 비의료인도 침구술 및 대체의학 시술을 할 수 있도록 그 자격 및 요건을 법률로 정하지 아니한 입법부작위에 대한 심판청구는 비의료인의 침구술 및 대체의학 시술과 관련하여 헌법의 명시적인 입법위임이 존재하지 아니하고, 헌법해석상 그러한 입법의무가 새롭게 발생하는 것도 아니므로 작위의무를 인정할 수 없어 부적법하다.
(2) "의료행위" 및 "한방의료행위"의 개념은 죄형법정주의의 명확성원칙에 위배되지 아니한다.
(3) 이 사건 조항들은 비의료인의 직업선택의 자유 등 기본권을 침해하지 아니한다.

해설 법죄의 구성요건이 명확하여야 한다는 것은 그 법률을 적용하는 단계에서 가치판단을 전혀 배제한 무색투명한 서술적 개념으로 규정되어져야 한다는 것을 의미하는 것은 아니고 입법자의 입법의도가 건전한 일반상식을 가진 자에 의하여 일의적(一義的)으로 파악될 수 있는 정도의 것을 의미하는 것이라고 할 것이다.
이 사건 조항들이 의료인이 아닌 자의 의료행위를 전면적으로 금지한 것은 매우 중대한 헌법적 법익인 국민의 생명권과 건강권을 보호하고 국민의 보건에 관한 국가의 보호의무를 이행하기 위하여 적합한 조치로서, 위와 같은 중대한 공익이 국민의 기본권을 보다 적게 침해하는 다른 방법으로는 효율적으로 실현될 수 없다.

기출지문 O X

영리를 목적으로 한의사가 아닌 자가 한방의료행위를 업으로 한 경우 처벌하도록 한 보건범죄단속에관한특별조치법 제5조 중 한방의료행위 부분은 죄형법정주의 명확성 원칙에 위반되지 않는다.
(   )
▶13. 경정승진

해설 의료행위 및 한방의료행위의 개념은 죄형법정주의 명확성 원칙에 위배되지 않는다는 것이 헌법재판소의 판례이다(헌재 2010.7.29. 2008헌가19).

정답 (O)

85 남자만의 병역의무 부과 사건
헌재 2010.11.25. 2006헌마328

조문보기

구 병역법(1983.12.31. 법률 제3696호로 개정되고, 2009.6.9. 법률 제9754호로 개정되기 전의 것) 제3조 (병역의무)
① 대한민국 국민인 남자는 헌법과 이 법이 정하는 바에 따라 병역의무를 성실히 수행하여야 한다. 여자는 지원에 의하여 현역에 한하여 복무할 수 있다.

구 병역법 제8조 (제1국민역에의 편입)
① 대한민국 국민인 남자는 18세부터 제1국민역에 편입된다.

사건개요 갑은 1981.8.13.생의 남성이고, 2005.10.1. 모집병(카투사)에 지원하여 2005.12.3. 병무청으로부터 육군 모집병 입영통지서를 이메일로 수령한 후 2006.3.13. 입대하였다. 갑은 남성에게만 병역의무를 부과하는 구 병역법 제3조 제1항 및 제8조 제1항이 갑의 평등권 등을 침해하여 헌법에 위반된다고 주장하며 2006.3.10. 위 조항들의 위헌확인을 구하는 이 사건 헌법소원심판을 청구하였다.

판결요지 이 사건 법률조항은 헌법이 특별히 양성평등을 요구하는 경우나 관련 기본권에 중대한 제한을 초래하는 경우의 차별취급을 그 내용으로 하고 있다고 보기 어렵다. 따라서 징집대상자의 범위 결정에 관하여는 입법자의 광범위한 입법형성권이 인정된다. 그러므로 이 사건 법률조항이 평등권을 침해하는지 여부는 완화된 심사기준에 따라 판단하여야 한다. 집단으로서의 남자는 집단으로서의 여자에 비하여 보다 전투에 적합한 신체적 능력을 갖추고 있으며, 개개인의 신체적 능력에 기초한 전투적합성을 객관화하여 비교하는 검사체계를 갖추는 것이 현실적으로 어려운 점, 신체적 능력이 뛰어난 여자의 경우에도 월경이나 임신, 출산 등으로 인한 신체적 특성상 병력자원으로 투입하기에 부담이 큰 점 등에 비추어 남자만을 징병검사의 대상이 되는 병역의무자로 정한 것이 현저히 자의적인 차별취급이라 보기 어렵다.

해설 보충역이나 제2국민역 등은 국가비상사태에 즉시 전력으로 투입될 수 있는 예비적 전력으로서 병력동원이나 근로소집의 대상이 되는바, 평시에 현역으로 복무하지 않는다고 하더라도 병력자원으로서 일정한 신체적 능력이 요구된다고 할 것이므로 보충역 등 복무의무를 여자에게 부과하지 않은 것이 자의적이라 보기도 어렵다. 결국 이 사건 법률조항이 성별을 기준으로 병역의무자의 범위를 정한 것은 자의금지 원칙에 위배하여 평등권을 침해하지 않는다.

기출지문 O X

대한민국 국민인 남자에 한하여 병역의무를 부과한 것은 헌법이 특별히 양성평등을 요구하는 경우나 관련 기본권에 중대한 제한을 초래하는 경우로 보기도 어려우므로, 그러한 법률조항에 대한 평등권 침해 여부는 완화된 심사기준에 따라 판단한다. (   )   ▶15. 국회 8급

해설 헌법이 특별히 양성평등을 요구하는 경우나 관련 기본권에 중대한 제한을 초래하는 경우의 차별취급을 그 내용으로 하고 있다고 보기 어려우며, 징집대상자의 범위 결정에 관하여는 입법자의 광범위한 입법형성권이 인정된다는 점에 비추어 대한민국 국민인 남자에 한하여 병역의무를 부과한 이 사건 법률조항이 평등권을 침해하는지 여부는 완화된 심사기준에 따라 판단하여야 한다. 따라서 대한민국 국민인 남자에 한하여 병역의무를 부과한 것은 평등권을 침해하지 않는다(헌재 2011.6.30. 2010헌마460).

정답 (O)

만화로
배우는
헌법
판례 120

제1장 대의제의 원리
제2장 정당 제도
제3장 선거 제도
제4장 지방자치 제도
제5장 국회
제6장 대통령·행정부
제7장 국무총리
제8장 감사원
제9장 법원

제 3 편

03

통치구조

86 국회구성권 사건
헌재 1998.10.29. 96헌마186 전원재판부

조문보기

헌법재판소법 제68조 (청구 사유)
① 공권력의 행사 또는 불행사로 인하여 헌법상 보장된 기본권을 침해받은 자는 법원의 재판을 제외하고는 헌법재판소에 헌법소원심판을 청구할 수 있다. 다만, 다른 법률에 구제절차가 있는 경우에는 그 절차를 모두 거친 후에 청구할 수 있다.

사건 개요

1996년에 실시된 국회의원선거 결과 신한국당은 139석을 획득하는데 그쳐 소위 여소야대의 상황에 이르렀다. 그러자 신한국당의 의석수를 인위적으로 과반수가 넘도록 조작하기 위하여 무소속 국회의원 당선자를 공권력에 의한 협박과 회유로 신한국당에 입당시켰다. 갑은 이러한 행위가 국회구성권을 침해한 것임과 동시에 국민주권주의, 복수정당 제도를 침해한 것으로서 위헌이라고 하면서 헌법소원심판을 청구하였다.

판결 요지

(1) 이 사건 심판청구는 부적법하다. 왜냐하면 헌법소원은 공권력의 행사 또는 불행사로 인하여 헌법상 보장된 기본권을 침해받은 자만이 청구할 수 있는 제도인데, 청구인들이 주장하는 바의 피청구인의 행위가 있었다 하더라도 이로 인하여 청구인들의 "기본권"이 침해받을 여지는 없기 때문이다.

(2) 대의 제도에 있어서 국민과 국회의원은 명령적 위임관계에 있는 것이 아니라 자유위임관계에 있기 때문에 일단 선출된 후에는 국회의원은 국민의 의사와 관계없이 독자적인 양식과 판단에 따라 정책결정에 임할 수 있다. 그런데 청구인들 주장의 "국회구성권"이란 유권자가 설정한 국회의석분포에 국회의원들을 기속시키고자 하는 것이고, 이러한 내용의 "국회구성권"이라는 것은 오늘날 이해되고 있는 대의 제도의 본질에 반하는 것이므로 헌법상 인정될 여지가 없다.

해설

공권력의 행사 또는 불행사로 헌법의 기본원리 혹은 헌법상 보장된 제도의 본질이 훼손되었다고 하여 그 점만으로 바로 국민의 기본권이 직접 현실적으로 침해된 것이라고 할 수는 없다.

대의제 민주주의하에서 국민의 국회의원 선거권이란 국회의원을 보통·평등·직접·비밀선거에 의하여 국민의 대표자로 선출하는 권리에 그친다.

기출지문 O X

국회구성권이란 유권자가 설정한 국회의석분포에 국회의원들을 기속시키고자 하는 것이며, 이는 오늘날 대의 제도의 본질에 반하는 것으로 헌법상 기본권으로 인정될 여지가 없다. (   )

▶ 14. 국가직 7급

해설 "국회구성권"이란 유권자가 설정한 국회의석분포에 국회의원들을 기속시키고자 하는 것이고, 이러한 내용의 "국회구성권"이라는 것은 오늘날 이해되고 있는 대의 제도의 본질에 반하는 것이므로 헌법상 인정될 여지가 없다(헌재 1998.10.29. 96헌마186).

정답 (○)

87 비례대표국회의원 의석승계 제한 사건
헌재 2009.6.25. 2008헌마413 전원재판부

조문보기

공직선거법(2005.8.4. 법률 제7681호로 개정된 것) 제200조 (보궐선거)
② 비례대표국회의원 및 비례대표지방의회의원에 궐원이 생긴 때에는 선거구선거관리위원회는 궐원통지를 받은 후 10일 이내에 그 궐원된 의원이 그 선거 당시에 소속한 정당의 비례대표국회의원후보자명부 및 비례대표지방의회의원후보자명부에 기재된 순위에 따라 궐원된 국회의원 및 지방의회의원의 의석을 승계할 자를 결정하여야 한다. 다만, 제264조(당선인의 선거범죄로 인한 당선무효)의 규정에 의하여 당선이 무효로 되거나 그 정당이 해산된 때 또는 임기만료일 전 180일 이내에 궐원이 생긴 때에는 그러하지 아니하다.

사건개요 갑은 국회의원선거 당시 한나라당의 비례대표국회의원 후보자명부에 등록된 자이다. 갑은 한나라당 소속의 비례대표국회의원 당선인이 당적의 이탈 등으로 퇴직할 경우에는 한나라당의 비례대표국회의원 후보자명부상의 차순위자로서 궐원된 비례대표국회의원의 의석을 승계할 수 있는 지위에 있는 자이다. 그런데 갑은 공직선거법에서 "임기만료일 전 180일 이내에 궐원이 생긴 때"에 해당된다는 이유로 궐원된 비례대표국회의원의 의석을 승계하지 못하였다. 이에 갑은 헌법소원심판을 청구하였다.

판결요지 (1) 임기만료일 전 180일 이내에 비례대표국회의원에 궐원이 생긴 때를 비례대표국회의원 의석승계 제한사유로 규정한 공직선거법규정 중 '임기만료일 전 180일 이내에 비례대표국회의원에 궐원이 생긴 때' 부분이 대의제 민주주의 원리에 위배된다.
(2) 심판대상조항은 궐원된 비례대표국회의원 의석을 승계 받을 후보자명부상의 차순위후보자의 공무담임권을 침해한다.
(3) 헌법불합치 결정을 선고하면서 심판대상조항의 계속 적용을 명한 사례이다.

해설 선거권자들은 비례대표국회의원의석을 할당받을 정당에 배분되는 비례대표국회의원의 의석수를 결정한다. 그런데 심판대상조항은 임기만료일 전 180일 이내에 비례대표국회의원에 궐원이 생긴 때에는 정당의 비례대표국회의원 후보자명부에 의한 의석 승계를 인정하지 아니함으로써 결과적으로 그 정당에 비례대표국회의원의석을 할당받도록 한 선거권자들의 정치적 의사표명을 무시하고 왜곡하는 결과가 된다. 이는 헌법의 기본원리인 대의제 민주주의 원리에 부합되지 않는다고 할 것이다. 또한 과잉금지 원칙에 위배하여 공무담임권을 침해한 것이다.

기출지문 O X

비례대표제를 채택하는 경우 직접선거의 원칙은 의원의 선출뿐만 아니라 정당의 비례적인 의석확보도 선거권자의 투표에 의하여 직접 결정될 것을 요구한다. (   ) ▶14. 국가직 7급

해설 비례대표제를 채택하는 경우 직접선거의 원칙은 의원의 선출뿐만 아니라 정당의 비례적인 의석확보도 선거권자의 투표에 의하여 직접 결정될 것을 요구한다(헌재 2001.7.19. 2000헌마91).

정답 (○)

88 지구당 및 당연락소 폐지 사건
헌재 2004.12.16. 2004헌마456 전원재판부

조문보기

정당법 제3조 (구성)
정당은 수도에 소재하는 중앙당과 특별시·광역시·도에 각각 소재하는 시·도당(이하 "시·도당"이라 한다)으로 구성한다.

정당법 부칙 제5조 (지구당에 관한 경과조치)
① 이 법 시행 전의 지구당의 당원은 그 지구당이 소재하는 시·도를 관할하는 시·도당의 당원으로 본다.
② 이 법 시행 전의 지구당의 재산의 처분에 대하여는 제41조의 규정을 준용한다.
③ 이 법 시행 전의 제24조의2의 규정에 의한 지구당의 관련서류는 중앙당 또는 시·도당에 인계한다.

정당법 부칙 제7조 (지구당 등의 등록말소)
이 법 시행 전의 지구당 및 구·시·군연락소는 이 법 시행일에 그 등록이 말소된다.

사건개요 갑은 민주노동당으로서 정당법상의 정당이다. 정당법이 개정되어 정당의 지구당 제도가 폐지되고 지구당의 등록도 말소되었다. 갑은 정당법 개정에 의하여 헌법 제8조 제1항이 보장한 정당설립, 활동의 자유, 같은 조 제2항이 보장한 조직선택과 결성의 자유를 침해당하였다고 주장하면서 헌법소원심판 청구를 하였다.

판결요지 헌법 제8조 제1항이 명시하는 정당설립의 자유는 설립할 정당의 조직형태를 어떠한 내용으로 할 것인가에 관한 정당조직 선택의 자유 및 그와 같이 선택된 조직을 결성할 자유를 포괄하는 '정당조직의 자유'를 포함한다. 결국 위 조항은 결국 정당설립의 자유, 정당조직의 자유, 정당활동의 자유 등을 포괄하는 정당의 자유를 보장하고 있다. 그러나 위 조항이 정당의 자유의 헌법적 근거를 제공하는 근거규범으로서 기능한다고는 할 수 없다. 지구당이 없더라도 이러한 기능과 임무를 수행하는 것이 불가능하지 아니하므로 본질적 내용을 침해한다고 할 수 없다.

해설 기본권의 본질적 내용은 만약 이를 제한하는 경우에는 기본권 그 자체가 무의미하게 되는 기본권의 근본요소를 의미한다. 우리 헌법은 정당의 핵심적 기능과 임무를 '국민의 정치적 의사형성에의 참여'로 설정하고 있고, 이러한 정치적 의사형성은 민주적인 과정을 통하여 이루어질 것을 요구하고 있다. 그러므로 이 사건 법률조항들이 정당으로 하여금 위와 같은 핵심적인 기능과 임무를 전혀 수행하지 못하도록 하거나 이를 수행하더라도 전혀 비민주적인 과정을 통할 수밖에 없도록 하는 것이라면, 이는 정당의 자유 그 자체를 무의미하게 하고 이를 형해화하는 것으로서 기본권의 본질적 내용을 침해하는 것이 된다. 정당의 자유는 민주정치의 전제인 자유롭고 공개적인 정치적 의사형성을 가능하게 하는 것이므로 그 자유가 최대한 보장되어야 함은 물론이지만, 한편, 정당은 그 자유로운 지위와 함께 '공공(公共)의 지위'를 함께 가진다.

예상지문 O X

헌법은 정당이 국민의 정치적 의사형성에 참여하는데 필요한 조직을 가질 것을 명문으로 규정하고 있다. (   )

해설 정당은 그 목적·조직과 활동이 민주적이어야 하며, 국민의 정치적 의사 형성에 참여하는데 필요한 조직을 가져야 한다(헌법 제8조 제2항).

정답 (O)

89 정당등록요건 사건
헌재 2006.3.30. 2004헌마246 전원재판부

조문보기

정당법(2004.3.12. 법률 제7190호로 개정되고, 2005.8.4. 법률 제7683호로 전문 개정되기 전의 것) 제25조 (법정시·도당 수)
정당은 5 이상의 시·도당을 가져야 한다.

정당법 제27조 (시·도당의 법정당원 수)
시·도당은 1천 인 이상의 당원을 가져야 한다.

사건개요 정당법이 다음과 같이 개정되었다. 정당법은 정당의 등록요건으로 "정당은 5 이상의 시·도당을 가져야 한다.", "시·도당은 1천 인 이상의 당원을 가져야 한다." 등을 규정하였다. 그리고 법정 시·도당 수 및 법정당원 수에 흠결이 있는 때에는 동법 시행일부터 180일 이내에 이를 보완하여야 하고, 보완하지 아니한 정당에 대하여는 선거관리위원회가 등록을 취소하도록 규정하였다. 갑은 군소정당으로서 위 조항이 위헌이라고 주장하면서 헌법소원심판을 청구하였다.

판결요지 (1) 이 사건 법률조항은 정당의 등록요건을 설정해 놓은 것이고 이 규정은 모든 국민이나 정당에게 차별 없이 적용된다. 그러므로 평등권침해 문제가 따로 제기되는 것은 아니다.
(2) 우리 헌법의 대의민주적 기본질서가 제 기능을 수행하기 위해서는 의회 내의 안정된 다수세력의 확보를 필요로 한다는 점에서, 군소정당의 배제는 그 목적의 정당성이 인정될 수 있다. 위 조항이 국민의 정당설립의 자유에 어느 정도 제한을 가하는 점이 있는 것은 사실이나, 이러한 제한은 헌법적으로 정당화된다.

해설 정당은 국민과 국가의 중개자로서 정치적 도관(導管)의 기능을 수행하여 주체적·능동적으로 국민의 다원적 정치의사를 유도·통합함으로써 국가정책의 결정에 직접 영향을 미칠 수 있는 규모의 정치적 의사를 형성하고 있다. 이와 같이, 정당은 오늘날 대중민주주의에 있어서 국민의 정치의사형성의 담당자이며 매개자이자 민주주의에 있어서 필수불가결한 요소이기 때문에, 정당의 자유로운 설립과 활동은 민주주의 실현의 전제조건이라고 할 수 있다. 우리 헌법은 정당설립의 자유를 보장한 것의 당연한 법적 산물인 복수정당제를 제도적으로 보장하고 있다.

기출지문 O X

정당의 등록요건으로서 5개 이상의 시도당 및 각 시도당마다 1,000명 이상의 당원을 갖출 것을 요구하는 것은 정당설립의 자유를 침해하기 때문에 위헌이다. (   )   ▶ 15. 법원서기보

해설 정당으로 등록되기에 필요한 요건으로서 5개 이상의 시·도당 및 각 시·도당마다 1,000명 이상의 당원을 갖출 것을 요구하고 있기 때문에 국민의 정당설립의 자유에 어느 정도 제한을 가하는 점이 있는 것은 사실이나, 이러한 제한은 "상당한 기간 또는 계속해서", "상당한 지역에서" 국민의 정치적 의사형성 과정에 참여해야 한다는 헌법상 정당의 개념표지를 구현하기 위한 합리적인 제한이라고 할 것이므로, 그러한 제한은 헌법적으로 정당화된다고 할 것이다.

정답 (×)

제2장 정당 제도

90 지방자치단체장의 선거일 전 180일 사퇴 사건
헌재 2003.9.25. 2003헌마106 전원재판부

조문보기

공직선거 및 선거부정방지법(2000.2.16. 법률 제6265호로 개정된 것) 제53조 (공무원 등의 입후보)
③ 제1항의 규정에 불구하고, 지방자치단체의 장은 선거구역이 당해지방자치단체의 관할구역과 같거나 겹치는 지역구국회의원선거에 입후보하고자 하는 때에는 당해선거의 선거일 전 180일까지 그 직을 그만두어야 한다.

사건개요 갑은 지방선거에서 대구광역시 달서구청장으로 당선된 자이다. 갑은 지방자치단체의 장으로 하여금 당해 지방자치단체의 관할구역과 같거나 겹치는 선거구역에서 실시되는 지역구 국회의원선거에 입후보하고자 하는 경우 당해 선거의 선거일 전 180일까지 그 직을 사퇴하도록 규정하고 있는 공직선거 및 선거부정방지법 제53조 제3항이 국회의원이 지방자치단체의 장 선거에 입후보하는 경우에 비해 사퇴시한에 현저한 차별을 두는 등으로 헌법상 보장된 갑의 평등권과 공무담임권을 침해한다고 주장하면서 헌법소원심판을 청구하였다.

판결요지 지방자치단체의 장으로 하여금 당해 지방자치단체의 관할구역과 같거나 겹치는 선거구역에서 실시되는 지역구 국회의원선거에 입후보하고자 하는 경우 당해 선거의 선거일 전 180일까지 그 직을 사퇴하도록 규정하고 있는 공직선거 및 선거부정방지법 조항은 평등의 원칙에 위배된다. 또한 위 규정은 청구인들의 공무담임권을 침해한다.

해설 이 사건 규정을 통해 지방자치단체의 장의 사퇴시한을 다른 공무원에 비하여 훨씬 앞당겨야 할 합리적인 이유를 발견하기 어려우므로, 이 사건 조항은 지방자치단체의 장을 합리적 이유 없이 차별하는 것으로서 평등의 원칙에 위배된다.

이 사건 조항은 선거의 공정성과 직무전념성이라는 입법목적 달성을 위한 적절한 수단들이 이미 공선법에 존재하고 있음에도 불구하고 불필요하고 과도하게 청구인들의 공무담임권을 제한하는 것이라 할 것이므로 침해의 최소성 원칙에 위반되고, 이 사건 조항에 의해 실현되는 공익과 그로 인해 청구인들이 입는 기본권 침해의 정도를 비교형량할 경우 양자간에 적정한 비례관계가 성립하였다고 할 수 없어 법익의 균형성 원칙에 위배된다.

기출지문 O X

지방자치단체의 장으로 하여금 당해지방자치단체의 관할구역과 같거나 겹치는 선거구역에서 실시되는 지역구 국회의원선거에 입후보자하는 경우 당해선거의 선거일 전 180일까지 그 직을 사퇴하도록 하는 것은 평등 원칙에 위배된다. (   ) ▶14. 국가직 9급

해설 지방자치단체의 장으로 하여금 당해 지방자치단체의 관할구역과 같거나 겹치는 선거구역에서 실시되는 지역구 국회의원선거에 입후보하고자 하는 경우 당해 선거의 선거일 전 180일까지 그 직을 사퇴하도록 규정하고 있는 공직선거 및 선거부정방지법 조항은 평등의 원칙에 위배된다(헌재 2003.9.25. 2003헌마106).

정답 (○)

91 경상남도 등과 정부 간의 권한쟁의
헌재 2008.3.27. 2006헌라1 전원재판부

사건개요 정부는 진해시와 부산 일대에 항만공사를 진행하였다. 행정구역 획정 및 신항만의 명칭과 관련하여 경상남도와 부산광역시 사이에 분쟁이 발생하였다. 해양수산부장관은 무역항인 '부산항'의 명칭은 그대로 유지하고, 신항만의 공식명칭을 '신항'으로 하기로 결정하였다. 이에 경상남도와 진해시는 부산지방해양수산청장 등을 피청구인으로 하여 권한쟁의심판을 청구하였다.

판결요지 (1) 부산지방해양수산청장은 지방에서의 해양수산부장관의 일부 사무를 관장할 뿐, 항만에 관한 독자적인 권한을 가지고 있지 못하다. 그러므로 항만구역의 명칭결정에 관한 이 사건 권한쟁의심판의 당사자가 될 수 없다. 또한 부산지방해양수산청장은 이 사건 명칭결정에 관하여 아무런 권한이 없을 뿐 아니라 그 과정에서 어떠한 권한을 행사한 바도 없으므로 이 사건 권한쟁의심판사건에서 피청구인으로서의 적격도 갖추지 못하였다.
(2) 지방자치법 제11조에 의하면 지정항만에 관한 사무는 국가사무이므로 국가가 신항만을 지정항만의 하위항만으로 하기로 결정한 이상, 그 항만구역의 명칭을 무엇이라 할 것인지 역시 국가에게 결정할 권한이 있다.

해설 헌법재판소법 제62조 제1항 제2호는 국가와 지방자치단체 간의 권한쟁의 심판으로서 '가. 정부와 특별시·광역시 또는 도 간의 권한쟁의심판, 나. 정부와 시·군 또는 지방자치단체의 구(이하 "자치구"라 한다) 간의 권한쟁의심판'을 규정하고 있다. 그러므로 지방자치단체인 경상남도와 경상남도 진해시 모두 이 사건 권한쟁의심판의 당사자가 될 수 있다. 한편 위 조항에 의하면 권한쟁의의 당사자인 국가기관으로서 '정부'만을 규정하고 있으나, 이는 예시적인 것으로서 정부의 부분기관이나 국회·법원 등 여타 국가기관도 당사자가 될 수 있다. 명칭결정은 국가 고유의 사무이므로, 그 명칭결정으로 청구인들의 '자치권의 공간적 범위인 관할구역에 대한 권한'이 침해되었거나 침해될 현저한 위험이 없다.

기출지문 O X

권한쟁의심판청구는 피청구인의 처분 또는 부작위가 헌법에 의하여 부여받은 청구인의 권한을 침해하였거나 침해할 현저한 위험이 있는 때에 한하여 이를 할 수 있다. (   ) ▶14. 서울시 7급

해설 권한쟁의심판청구는 피청구인의 처분 또는 부작위가 헌법 또는 법률에 의하여 부여받은 청구인의 권한을 침해하였거나 침해할 현저한 위험이 있는 경우에만 할 수 있다(헌법재판소법 제61조 제2항).

정답 (O)

92 제주특별자치도에 대한 헌법소원 사건
헌재 2006.4.27. 2005헌마1190 전원재판부

조문보기

제주도 행정체제 등에 관한 특별법(2006.1.11. 법률 제7847호, 2006.7.1. 시행) 제3조 (제주시 등의 폐지)
① 제주도의 제주시·서귀포시·북제주군 및 남제주군을 각각 폐지한다.
② 제주도에는 지방자치법 제2조 제1항 및 제3조 제2항의 규정에 불구하고 관할구역 안에 지방자치단체인 시와 군을 두지 아니한다.

제주특별자치도 설치 및 국제자유도시 조성을 위한 특별법(2006.2.21. 법률, 제7849호, 2006.7.1. 시행) 제15조 (지방자치단체가 아닌 시 및 읍·면·동의 설치)
① 제주자치도는 지방자치법 제2조 제1항 및 제3조 제2항의 규정에 불구하고 그 관할구역 안에 지방자치단체인 시와 군을 두지 아니한다.
② 제주자치도의 관할구역 안에 지방자치단체가 아닌 시(이하 "행정시"라 한다)를 두고, 행정시에는 도시의 형태를 갖춘 지역에는 동을, 그 밖의 지역에는 읍·면을 둔다.

사건개요 제주도행정개혁추진위원회는 현행유지안과, 단일광역자치안의 두 가지 안을 주민투표를 거쳐 최종확정할 것을 결의하였다. 이에 따라 제주도지사는 행정자치부장관에게 주민투표를 실시할 것을 건의하였고, 행정자치부장관이 이를 받아들여 주민투표가 실시되었다. 그 결과 혁신적 대안이 우세하게 나타났다. 이러한 주민투표의 결과에 따라 정부는 특별법을 국회에 제출하였고 모두 국회에서 가결되었다. 이에 제주도민인 갑, 제주도 공무원인 을은 특별법에 의하여 선거권 등을 침해받는다고 주장하며 이 사건 헌법소원심판을 청구하였다.

판결요지
(1) 일정 지역 내의 지방자치단체인 시·군을 모두 폐지하여 지방자치단체의 중층구조를 단층화하는 것은 헌법상 지방자치제도의 보장에 위반되지 않는다.
(2) 제주도의 지방자치단체인 시·군을 모두 폐지하는 법률은 제주도민들의 선거권 및 피선거권의 참정권을 침해하지 않는다.
(3) 제주도의 지방자치단체인 시·군을 폐지하는 입법을 위해 제주도 전체의 주민투표를 실시한 것은 폐지되는 지방자치단체의 주민들의 청문권을 침해하지 않는다.

해설 헌법상 지방자치제도의 보장은 특정 지방자치단체의 존속을 보장하는 것이 아니며 지방자치단체의 폐치·분합은 헌법적으로 허용될 수 있다. 자치제도의 보장은 지방자치단체에 의한 자치행정을 일반적으로 보장한다는 것뿐이고 특정자치단체의 존속을 보장한다는 것이 아니며 지방자치단체의 폐치·분합에 있어 지방자치권의 존중은 법정절차의 준수로 족하다. 만약 국회가 이러한 주민투표의 결과에 구속된다면 기본적인 지방자치제도의 형성을 입법자에게 맡겨두고 지방자치단체의 종류를 법률로 정하도록 하고 있는 헌법의 취지와도 부합하지 않는다.

기출지문 O X

지방자치제도의 헌법적 보장은 한마디로 국민주권의 기본원리에서 출발하여 주권의 지역적 주체로서의 주민에 의한 자기통치의 실현으로 요약할 수 있다. (   ) ▶14. 서울시 7급

해설 지방자치제도의 헌법적 보장은 한마디로 국민주권의 기본원리에서 출발하여 주권의 지역적 주체로서의 주민에 의한 자기통치의 실현으로 요약할 수 있고, 이러한 지방자치의 본질적 내용인 핵심영역(자치단체·자치기능·자치사무의 보장)은 어떠한 경우라도 입법 기타 중앙정부의 침해로부터 보호되어야 한다는 것을 의미한다(헌재 2014.1.28. 2012헌바216).

정답 (O)

93 당진군과 평택시 간의 권한쟁의
헌재 2004.9.23. 2000헌라2 전원재판부

조문보기

헌법 제117조
① 지방자치단체는 주민의 복리에 관한 사무를 처리하고 재산을 관리하며, 법령의 범위안에서 자치에 관한 규정을 제정할 수 있다.

헌법재판소법 제61조 (청구사유)
① 국가기관 상호간, 국가기관과 지방자치단체 간 및 지방자치단체 상호간에 권한의 존부 또는 범위에 관하여 다툼이 있을 때에는 당해 국가기관 또는 지방자치단체는 헌법재판소에 권한쟁의심판을 청구할 수 있다.
② 제1항의 심판청구는 피청구인의 처분 또는 부작위가 헌법 또는 법률에 의하여 부여받은 청구인의 권한을 침해하였거나 침해할 현저한 위험이 있는 때에 한하여 이를 할 수 있다.

지방자치법 제4조 (지방자치단체의 명칭과 구역)
① 지방자치단체의 명칭과 구역은 종전에 의하고 이를 변경하거나 지방자치단체를 폐치·분합할 때에는 법률로써 정하되, 시·군 및 자치구의 관할구역 경계변경은 대통령령으로 정한다.

사건개요 해운항만청장이 '아산만 해역'에 항만시설을 건설하는 '아산국가공업단지항만개발사업 실시계획' 등을 승인하고 인천지방해운항만청장은 이에 대한 공사를 실시하였다. 인천지방해운항만청장은 평택시장에게 제방에 대한 토지대장 등록신청을 하였다. 이에 따라 평택시장은 제방을 자신의 토지대장에 신규 등록하였다. 그러자 당진군은 제방이 당진군의 관할구역에 속하므로, 평택시장에게 이 사건 제방에 대한 토지대장의 등록을 말소해 줄 것을 수차례 요구하였으나, 평택시장은 불응하였다. 그리하여 당진군은 직권으로 제방을 자신의 토지대장에 등록하였다. 그 후 당진군은 이러한 이중등록 상태를 시정하고자 헌법재판소에 권한쟁의심판 청구를 하였다.

판결요지 당진군의 평택시장에 대한 심판 청구는 그 심판 청구의 본질을 지방자치권의 침해로 볼 수 없다. 지방자치단체인 당진군이 국가사무인 지적공부의 등록사무에 관한 권한의 존부 및 범위에 관하여 국가기관의 지위에서 국가로부터 사무를 위임받은 평택시장을 상대로 다투고 있는 청구라고 할 것이다. 그러므로 지방자치단체인 당진군의 이 부분 심판 청구는 당진군의 권한에 속하지 아니하는 사무에 관한 권한쟁의심판 청구라고 할 것이므로 부적법하다.

해설 권한쟁의심판이 적법하기 위해서는 헌법 또는 법률에 의하여 부여받은 청구인의 권한이 존재하여야 한다. 따라서 지방자치단체가 권한쟁의심판을 청구하기 위해서는 헌법 또는 법률에 의하여 부여받은 그의 권한 즉, 지방자치단체의 사무에 관한 권한이 침해되거나 침해될 우려가 있는 때에 한하여 권한쟁의심판을 청구할 수 있다. 그런데 기관위임사무는 지방자치단체의 사무라고 할 수 없고, 지방자치단체의 장은 기관위임사무의 집행권한과 관련된 범위에서는 그 사무를 위임한 국가기관의 지위에 서게 될 뿐 지방자치단체의 기관이 아니다. 따라서 지방자치단체는 기관위임사무의 집행에 관한 권한의 존부 및 범위에 관한 권한분쟁을 이유로 기관위임사무를 집행하는 국가기관 또는 다른 지방자치단체의 장을 상대로 권한쟁의심판 청구를 할 수 없다.

기출지문 O X

국가사무로서의 성격을 가지고 있는 기관위임사무의 집행권한의 존부 및 범위에 관하여 지방자치단체가 청구한 권한쟁의심판 청구는 적법하다. (   )　　　　　　　　　　　　　　▶15. 법원서기보

해설 기관위임사무는 지방자치단체의 사무라고 할 수 없고, 지방자치단체의 장은 기관위임사무의 집행권한과 관련된 범위에서는 그 사무를 위임한 국가기관의 지위에 서게 될 뿐 지방자치단체의 기관이 아니다. 따라서 지방자치단체는 기관위임사무의 집행에 관한 권한의 존부 및 범위에 관한 권한분쟁을 이유로 기관위임사무를 집행하는 국가기관 또는 다른 지방자치단체의 장을 상대로 권한쟁의심판 청구를 할 수 없다. 기관위임사무의 집행권한의 존부 및 범위에 관하여 지방자치단체가 청구한 권한쟁의심판 청구는 지방자치단체의 권한에 속하지 아니하는 사무에 관한 심판 청구로서 그 청구가 부적법하다(헌재 2009.7.30. 2005헌라2).

정답 (×)

94 주민소환에 관한 법률 사건
헌재 2009.3.26. 2007헌마843 전원재판부

조문보기

주민소환에 관한 법률 (2006.5.24. 법률 제7958호로 제정된 것) 제7조 (주민소환투표의 청구)
① 전년도 12월 31일 현재 주민등록표 및 외국인등록표에 등록된 제3조 제1항 제1호 및 제2호에 해당하는 자(이하 "주민소환투표청구권자"라 한다)는 해당 지방자치단체의 장 및 지방의회의원(비례대표선거구시·도의회의원 및 비례대표선거구자치구·시·군의회의원은 제외하며, 이하 "선출직 지방공직자"라 한다)에 대하여 다음 각 호에 해당하는 주민의 서명으로 그 소환사유를 서면에 구체적으로 명시하여 관할선거관리위원회에 주민소환투표의 실시를 청구할 수 있다.
2. 시장·군수·자치구의 구청장: 당해 지방자치단체의 주민소환투표청구권자 총수의 100분의 15 이상

사건개요 갑은 하남시 시장에 당선되었다. 갑은 광역장사시설을 설치하겠다는 선거공약을 추진하려고 하였으나 지역주민들의 잇단 반대시위로 그 사업을 제대로 추진하지 못하였다. 그러던 중 하남시민일부는 갑에 대한 주민소환투표를 청구하였다. 그러자 갑은 주민소환법에 대하여 헌법소원심판을 청구하였다. 그리고 하남시선거관리위원회는 절차를 진행하여 주민소환투표가 이루어졌으나 결국 부결되었다.

판결요지 (1) 주민소환법이 주민소환의 청구사유에 관하여 아무런 규정을 두지 아니함으로써 과잉금지원칙을 위반하여 청구인의 공무담임권을 침해하는 것은 아니다.
(2) 당해 지방자치단체 주민소환투표청구권자 총수의 100분의 15 이상 주민들만의 서명으로 당해 지방자치단체의 장에 대한 주민소환투표를 청구할 수 있도록 함으로써 과잉금지원칙에 위반하여 청구인의 공무담임권을 침해하는 것은 아니다.
(3) 이미 적법하게 수리된 주민소환투표청구가 있음에도 불구하고 동일한 사유에 의한 주민소환투표청구를 재차 허용함으로써 청구인의 공무담임권을 침해하는 것은 아니다.
(4) 주민소환투표가 발의되어 공고되었다는 이유만으로 곧바로 주민소환투표대상자의 권한행사를 정지되도록 한 것이 과잉금지원칙에 위반하여 청구인의 공무담임권을 침해하거나 평등권을 침해하는 것은 아니다.
(5) 주민소환투표권자 총수의 3분의 1 이상의 투표와 유효투표 총수 과반수의 찬성만으로 주민소환이 확정되도록 한 것이 과잉금지원칙에 위반하여 청구인의 공무담임권을 침해하거나 평등권을 침해하는 것은 아니다.

해설 선출직 공무원의 공무담임권은 선거를 전제로 하는 대의제의 원리에 의하여 발생하는 것이므로 공직의 취임이나 상실에 관련된 어떠한 법률조항이 대의제의 본질에 반한다면 이는 공무담임권도 침해하는 것이라고 볼 수 있다. 과잉금지원칙을 심사하면서 피해의 최소성을 판단함에 있어서는 입법재량의 허용 범위를 고려하여 구체적으로는 '입법자의 판단이 현저하게 잘못 되었는가' 하는 명백성의 통제에 그치는 것이 타당하다 할 것이다.

기출지문 O X

주민소환의 청구사유에 관하여 아무런 규정을 두지 아니한 것은 나름대로 상당한 이유가 있다. ( )
▶14. 지방직 7급

해설 주민소환에 관한 법률 제7조 제1항 제2호 중 시장에 대한 부분이 주민소환의 청구사유에 관하여 아무런 규정을 두지 않은 것은 지방자치단체의 장의 공무담임권을 침해하는 것이 아니다(헌재 2009.3.26. 2007헌마843).

정답 (○)

95 국회의원과 국회의장 간의 권한쟁의 1
헌재 2010.11.25. 2009헌라12

조문보기

헌법 제64조
① 국회는 법률에 저촉되지 아니하는 범위안에서 의사와 내부규율에 관한 규칙을 제정할 수 있다.

헌법 제111조
① 헌법재판소는 다음 사항을 관장한다.
4. 국가기관 상호간, 국가기관과 지방자치단체간 및 지방자치단체 상호간의 권한쟁의에 관한 심판

헌법 제113조
① 헌법재판소에서 법률의 위헌 결정, 탄핵의 결정, 정당해산의 결정 또는 헌법소원에 관한 인용결정을 할 때에는 재판관 6인 이상의 찬성이 있어야 한다.

사건개요 갑은 민주당 소속의 국회의원으로서 헌법재판소에 국회의장을 피청구인으로 한 권한쟁의심판청구를 하였다. 심판대상은 국회의장이 신문법의 개정법률안의 가결을 선포한 행위가 갑의 신문법 법률안 심의·표결권을 침해하는지 여부 및 위 각 법률안에 대한 가결선포행위가 무효인지 여부였다. 헌법재판소는 이에 대하여, 법률안 심의·표결권을 침해한 것임을 확인하였다. 선고 후 일부법률이 시행되었고, 갑은 헌재판결 주문의 기속력에 따라 국회의장은 갑에게 심의·표결권을 행사할 수 있는 조치를 취하여야 함에도 불구하고 국회의장이 아무런 조치를 취하지 않고 있고, 피청구인의 위와 같은 부작위는 청구인들의 이 사건 각 법률안 심의·표결권을 침해하는 것이라고 주장하며 이 사건 권한쟁의심판을 청구하였다.

판결요지 청구인이 법률안 심의·표결권의 주체인 국가기관으로서의 국회의원 자격으로 권한쟁의심판을 청구하였다가 심판절차 계속 중 사망한 경우, 국회의원의 법률안 심의·표결권은 성질상 일신전속적인 것으로 당사자가 사망한 경우 승계되거나 상속될 수 없어 그에 관련된 권한쟁의심판절차 또한 수계될 수 없으므로, 권한쟁의심판 청구는 청구인의 사망과 동시에 당연히 그 심판절차가 종료된다.

해설 피청구인의 법률안 가결선포행위가 청구인들의 법률안 심의·표결권을 침해한 것임을 확인한 권한침해확인결정의 기속력으로 피청구인이 구체적인 특정한 조치를 취할 작위의무를 부담한다고는 볼 수 없다. 권한침해확인결정 이후 피청구인의 부작위가 재차 청구인들의 법률안 심의·표결권을 침해한 것이라고 주장하여 제기된 권한쟁의심판 청구를 기각한 사례이다.

기출지문 O X

국회의원의 질의권, 표결권의 침해를 이유로 헌법소원을 청구할 수는 없다는 것이 헌법재판소의 입장이다. (   )
▶15. 법원서기보

해설 입법권은 헌법 제40조에 의하여 국가기관으로서의 국회에 속하는 것이고, 국회의원이 국회 내에서 행사하는 질의권·토론권 및 표결권 등은 입법권 등 공권력을 행사하는 국가기관인 국회의 구성원의 지위에 있는 국회의원에게 부여된 권한으로서 국회의원 개인에게 헌법이 보장하는 권리 즉 기본권으로 인정된 것이라고 할 수는 없다. 그러므로 국회의 구성원인 지위에서 공권력작용의 주체가 되어 오히려 국민의 기본권을 보호 내지 실현할 책임과 의무를 지는 국회의원이 국회의 의안처리과정에서 위와 같은 권한을 침해당하였다고 하더라도 이는 헌법재판소법 제68조 제1항에서 말하는 "기본권의 침해"에는 해당하지 않으므로, 이러한 경우 국회의원은 개인의 권리구제수단인 헌법소원을 청구할 수 없다고 할 것이다(헌재 1995.2.23. 91헌마231).

정답 (○)

96 국회의원과 국회의장 간의 권한쟁의 2
헌재 2003.10.30. 2002헌라1 전원재판부

조문보기

국회법(2000.2.16. 법률 제6266호로 개정된 것) 제48조 (위원의 선임 및 개선)
① 상임위원은 교섭단체소속의원수의 비율에 의하여 각 교섭단체대표의원의 요청으로 의장이 선임 및 개선한다. 이 경우 각 교섭단체대표의원은 국회의원총선거 후 최초의 임시회의 집회일부터 2일 이내에 그리고 국회의원총선거 후 처음 선임된 상임위원의 임기가 만료되는 때에는 그 임기 만료일 전 3일 이내에 의장에게 위원의 선임을 요청하여야 하며, 이 기한 내에 요청이 없는 때에는 의장이 위원을 선임할 수 있다.
⑤ 위원의 선임이 있은 후 교섭단체소속의원수의 이동이 있을 때에는 의장은 위원회의 교섭단체별 할당 수를 변경하여 위원을 개선할 수 있다.
⑥ 의장 및 교섭단체대표의원은 의원이 기업체 또는 단체의 임·직원 등 다른 직을 겸하고 있는 경우 그 직과 직접적인 이해관계를 가지는 상임위원회의 위원으로 선임하는 것이 공정을 기할 수 없는 현저한 사유가 있다고 인정하는 때에는 해당 상임위원회의 위원으로 선임하거나 선임을 요청하여서는 아니 된다.

사건개요 갑은 한나라당 소속 국회의원으로서 국회 보건복지위원회 상임위원으로 활동하였다. 한나라당 지도부는 유일하게 당론에 반대하고 있는 갑을 위원회에서 강제로 사임시켜서라도 당론을 관철하고자 하였다. 그리하여 한나라당의 원내총무 을은 갑을 사임시켰다. 이에 갑은 국회의원으로서의 법률안 심의·표결권이 침해되었다고 주장하면서 권한쟁의심판을 청구하였다.

판결요지
(1) 국회의원과 국회의장은 권한쟁의심판에서 '국가기관'에 해당하여 이들의 당사자능력이 인정된다.
(2) 국회의장의 이 사건 사·보임행위는 권한쟁의심판의 대상이 되는 처분이다.
(3) 상임위원회 위원의 개선, 즉 사·보임행위는 헌법적 해명의 필요성이 있으므로 이 사건은 심판의 이익이 있다.
(4) 이 사건 사·보임행위는 청구인이 소속된 정당내부의 사실상 강제에 터 잡아 교섭단체대표의원이 상임위원회 사·보임 요청을 하고 이에 따라 이른바 의사정리권한의 일환으로 이를 받아들인 것으로서, 그 절차·과정에 헌법이나 법률의 규정을 명백하게 위반하여 재량권의 한계를 현저히 벗어나 청구인의 권한을 침해한 것으로는 볼 수 없다고 할 것이다.

해설 국회는 국민의 대표기관이자 입법기관으로서 폭넓은 자율권을 가지고 있다. 그러나 이 사건은 국회의장인 피청구인이 국회의원인 청구인의 헌법 및 법률상 보장된 법률안 심의·표결권을 침해하였다는 이유로 권한쟁의심판이 청구된 사건이므로, 피청구인의 이 사건 사·보임행위는 헌법재판소가 심사할 수 없는 국회내부의 자율에 관한 문제라고 할 수 없다. 당론과 다른 견해를 가진 소속 국회의원을 당해 교섭단체의 필요에 따라 다른 상임위원회로의 전임(사·보임)하는 조치는 특별한 사정이 없는 한 헌법상 용인될 수 있는 "정당내부의 사실상 강제"의 범위 내에 해당한다.

기출지문 O X

교섭단체대표의원의 소속의원에 대한 국회상임위원회 사·보임 요청에 따라 국회의장이 해당의원을 그의 의사에 반하여 다른 상임위원회로 전임하게 된다면 이는 정당내부의 사실상 강제에 불과하나 이로 인하여 의원의 심의·표결권권한이 침해되었다고 볼 수 있다. (   )   ▶14. 경정승진

해설 교섭단체대표의원이 요청한 상임위원 사·보임행위는 해당의원의 국회의원으로서의 심의·표결권을 침해한 것으로 볼 수 없다는 것이 판례이다(헌재 2003.10.30. 2002헌라1).   정답 (×)

97 국회의장과 국회의원 간의 권한쟁의
헌재 2001.6.28. 2000헌라1 전원재판부

조문보기

헌법재판소법 제40조 (준용규정)
① 헌법재판소의 심판절차에 관하여는 이 법에 특별한 규정이 있는 경우를 제외하고는 민사소송에 관한 법령의 규정을 준용한다. 이 경우 탄핵심판의 경우에는 형사소송에 관한 법령을, 권한쟁의심판 및 헌법소원심판의 경우에는 행정소송법을 함께 준용한다.
② 제1항 후단의 경우에 형사소송에 관한 법령 또는 행정소송법이 민사소송에 관한 법령과 저촉될 때에는 민사소송에 관한 법령은 준용하지 아니한다.

민사소송법 제239조 (소의 취하)
① 소는 판결의 확정에 이르기까지 그 전부나 일부를 취하할 수 있다.
② 소의 취하는 상대방이 본안에 관한 준비서면을 제출하거나 준비절차에서 진술하거나 변론을 한 후에는 상대방의 동의를 얻지 아니하면 그 효력이 없다.
③ 소의 취하는 서면으로 하여야 한다. 다만, 변론 또는 준비절차에서 구술로써 할 수 있다.
④ 소장을 송달한 후에는 취하의 서면을 상대방에 송달하여야 한다.

사건개요 새천년민주당 소속 운영위원회 간사인 국회의원 갑은 국회 운영위원회 회의실에서 국회 운영위원회 위원장의 직무를 대리하여 임시국회 운영위원회를 개의하여 국회법 중 개정법률안을 상정하고 그 가결을 선포하였다. 이에 한나라당 소속 국회의원인 을은 갑이 독립된 헌법기관인 을의 법률안 심의·표결권을 침해하였다고 주장하였다. 그리하여 을은 권한쟁의심판을 청구하였다가 취하하였다.

판결요지 헌법재판소의 심판절차에 관하여 헌법재판소법이나 행정소송법에 권한쟁의심판청구의 취하와 이에 대한 피청구인의 동의나 그 효력에 관하여 특별한 규정이 없으므로, 소의 취하에 관한 민사소송법이 권한쟁의심판절차에 준용된다. 권한쟁의심판은 개인의 주관적 권리구제를 목적으로 삼는 것이 아니라 헌법적 가치질서를 보호하는 객관적 기능을 수행하는 것이다. 특히 국회의원의 법률안에 대한 심의·표결권의 침해 여부가 다투어진 이 사건 권한쟁의심판의 경우에는 국회의원의 객관적 권한을 보호함으로써 헌법적 가치질서를 수호·유지하기 위한 쟁송으로서 공익적 성격이 강하다. 그러나 법률안에 대한 심의·표결권의 행사 여부가 국회의원 스스로의 판단에 맡겨져 있는 사항일 뿐만 아니라, 그러한 심의·표결권이 침해당한 경우에 권한쟁의심판을 청구할 것인지 여부도 국회의원의 판단에 맡겨져 있어서 심판청구의 자유가 인정되고 있다. 따라서 권한쟁의심판의 공익적 성격만을 이유로 이미 제기한 심판청구를 스스로의 의사에 기하여 자유롭게 철회할 수 있는 심판청구의 취하를 배제하는 것은 타당하지 않다.

해설 헌법재판소법이나 행정소송법에 권한쟁의심판청구의 취하와 이에 대한 피청구인의 동의나 그 효력에 관하여 특별한 규정이 없으므로, 소의 취하에 관한 민사소송법 제239조는 이 사건과 같은 권한쟁의심판절차에 준용된다고 보아야 한다.

기출지문 O X

권한쟁의심판의 대상이 되는 피청구인의 처분에는 개별적 행위뿐만 아니라 일반적 규범의 정립작용까지 포함되고 이에는 법률의 제·개정행위도 포함된다. (   )　　　　　　　　　　　　　　▶14. 경정승진

해설 적법요건으로서의 "처분"에는 개별적 행위뿐만 아니라 규범을 제정하는 행위도 포함되며, 입법영역에서는 법률의 제정행위 및 법률 자체, 행정영역에서는 법규명령 및 모든 개별적인 행정적 행위를 포함한다(헌재 2006.8.31. 2004헌라2).

정답 (O)

98 사립학교법 개정법률안의 수정안 가결 사건
헌재 2008.4.24. 2006헌라2 전원재판부

조문보기

국회법 제77조 (의사일정의 변경)
의원 20인 이상의 연서에 의한 동의로 본회의의 의결이 있거나 의장이 각 교섭단체대표의원과 협의하여 필요하다고 인정할 때에는 의장은 회기 전체 의사일정의 일부를 변경하거나 당일 의사일정의 안건 추가 및 순서 변경을 할 수 있다. 이 경우 의원의 동의에는 이유서를 첨부하여야 하며, 그 동의에 대하여는 토론을 하지 아니하고 표결한다.

국회법 제85조 (체계·자구의 심사)
① 위원회에서 법률안의 심사를 마치거나 입안한 때에는 법제사법위원회에 회부하여 체계와 자구에 대한 심사를 거쳐야 한다. 이 경우 법제사법위원장은 간사와 협의하여 그 심사에 있어서 제안자의 취지설명과 토론을 생략할 수 있다.

국회법 제93조 (안건심의)
본회의는 안건을 심의함에 있어서 그 안건을 심사한 위원장의 심사보고를 듣고 질의·토론을 거쳐 표결한다. 다만, 위원회의 심사를 거치지 아니한 안건에 대하여는 제안자가 그 취지를 설명하여야 하고, 위원회의 심사를 거친 안건에 대하여는 의결로 질의와 토론 또는 그 중의 하나를 생략할 수 있다.

사건개요 국회의장은 국회(정기회) 본회의를 개의하여, 의사일정으로 사립학교법 중 개정법률안을 상정하였다. 그리고 국회의장은 그에 대한 제안설명을 요지로 대체한 후 토론신청이 없다 하여 바로 표결에 부쳐 재석 154인 중 찬성 140인으로 수정안에 대한 가결을 선포하였다. 가결선포에 있어 국회의장은 "수정안이 가결되었으므로 원안은 표결하지 않겠습니다. 그러면 사립학교법 중 개정법률안은 수정한 부분은 수정안대로, 기타 부분은 원안대로 가결되었음을 선포합니다."고 하였다. 이에 국회의원 갑은 국회의장의 가결선포행위가 자신들의 헌법 및 국회법에 의한 법률안 심의·표결권을 침해한 것이라며 그 무효확인을 구하는 이 사건 권한쟁의심판을 청구하였다.

판결요지 국회법상 '협의'의 개념은 의견을 교환하고 수렴하는 절차라는 성질상 다양한 방식으로 이루어질 수 있고, 그에 대한 판단과 결정은 종국적으로 국회의장에게 맡겨져 있다. 국회의장이 한나라당 대표의원과 직접 협의 없이 의사일정순서를 변경하였다고 하여 국회법 제77조 위반으로 보기 어렵다. 국회법 제93조는 '위원회의 심의를 거치지 아니한 안건에 대해서는 제안자가 그 취지를 설명하도록' 정하고 있으나, 그러한 취지설명의 방식에는 제한이 없으므로 발언대의 마이크를 사용하기 어려울 만큼 소란스러운 상황에서 피청구인이 제안자의 취지설명을 컴퓨터 단말기로 대체하도록 한 것은 적법하다.

해설 헌법 제64조는 국회가 법률에 저촉되지 아니하는 범위 안에서 의사와 내부규율에 관한 규칙을 제정할 수 있고, 의원의 자격심사·징계·제명에 관하여 자율적 결정을 할 수 있음을 규정하여 국회의 자율권을 보장하고 있다. 이에 따라 국회는 국민의 대표기관이자 입법기관으로서 의사와 내부규율 등 국회운영에 관하여 폭넓은 자율권을 가지며, 국회의 의사절차나 입법절차에 헌법이나 법률의 규정을 명백히 위반한 흠이 있는 경우가 아닌 한 그 자율권은 권력분립의 원칙이나 국회의 위상과 기능에 비추어 존중되어야 한다. 국회법 제96조 제2항은 수정안이 전부 부결된 때에만 원안을 표결하도록 하여 수정안이 가결된 경우에는 원안에 대한 표결이 필요 없는 것으로 규정하고 있으므로, 국회법상 수정안에 해당하는 경우에는 그 표결에 원안의 내용에 대한 표결 역시 포함되어 있는 것으로 보아야 한다.

기출지문 O X

폭넓은 자율권을 가지고 있는 국회를 대표하는 국회의장의 지위에 비추어, 개별적인 수정안에 대한 평가와 그 처리에 대한 국회의장의 판단은 명백히 법에 위반되지 않는 한 존중되어야 한다. (   )

▶ 12. 국회 8급

해설 폭넓은 자율권을 가지고 있는 국회를 대표하는 국회의장의 지위에 비추어, 개별적인 수정안에 대한 평가와 그 처리에 대한 국회의장의 판단은 명백히 법에 위반되지 않는 한 존중되어야 한다는 것이 판례이다(헌재 2008. 4. 24. 2006헌라2).

정답 (○)

99 대통령(노무현) 탄핵 사건
헌재 2004.5.14. 2004헌나1 전원재판부

조문보기

국회법 제130조 (탄핵소추의 발의)
① 탄핵소추의 발의가 있은 때에는 의장은 발의된 후 처음 개의하는 본회의에 보고하고, 본회의는 의결로 법제사법위원회에 회부하여 조사하게 할 수 있다.
② 본회의가 제1항에 의하여 법제사법위원회에 회부하기로 의결하지 아니한 때에는 본회의에 보고된 때로부터 24시간 이후 72시간 이내에 탄핵소추의 여부를 무기명투표로 표결한다. 이 기간 내에 표결하지 아니한 때에는 그 탄핵소추안은 폐기된 것으로 본다.
③ 탄핵소추의 발의에는 피소추자의 성명·직위와 탄핵소추의 사유·증거 기타 조사상 참고가 될만한 자료를 제시하여야 한다.

공직선거 및 선거부정방지법 제9조 (공무원의 중립의무 등)
① 공무원 기타 정치적 중립을 지켜야 하는 자(기관·단체를 포함한다)는 선거에 대한 부당한 영향력의 행사 기타 선거결과에 영향을 미치는 행위를 하여서는 아니 된다.

사건개요 국회는 2004.3.12. 제246회 국회(임시회) 제2차 본회의에서 유용태·홍사덕 의원 외 157인이 발의한 '대통령(노무현) 탄핵소추안'을 상정하여 재적의원 271인 중 193인의 찬성으로 가결하였다. 소추위원인 국회 법제사법위원회 위원장 김기춘은 헌법재판소법 제49조 제2항에 따라 소추의결서의 정본을 같은 날 헌법재판소에 제출하여 대통령에 대한 탄핵심판을 청구하였다.

판결요지
(1) 대통령은 공직선거 및 선거부정방지법 제9조의 '공무원'에 해당한다. 그리고 기자회견에서 특정정당을 지지한 대통령의 발언은 공무원의 정치적 중립의무에 위반되나 공무원의 선거운동금지를 규정하는 공선법 제60조에 위반되지는 않는다.
(2) 대통령이 재신임 국민투표를 제안한 행위는 헌법에 위반되지만 불성실한 직책수행과 경솔한 국정운영으로 인한 정국의 혼란 및 경제파탄은 탄핵심판절차의 판단대상이 되지 않는다.
(3) 대통령의 구체적인 법위반행위에 있어서 헌법질서에 역행하고자 하는 적극적인 의사를 인정할 수 없는 경우 파면결정을 할 수 없다.

해설 탄핵심판절차는 행정부와 사법부의 고위공직자에 의한 헌법침해로부터 헌법을 수호하고 유지하기 위한 제도이다. 공직자가 직무수행에 있어서 헌법에 위반한 경우 그에 대한 법적 책임을 추궁함으로써, 헌법의 규범력을 확보하고자 하는 것이 바로 탄핵심판절차의 목적과 기능인 것이다. 헌법은 탄핵사유를 "헌법이나 법률에 위배한 때"로 규정하고 있는데, '헌법'에는 명문의 헌법규정뿐만 아니라 헌법재판소의 결정에 의하여 형성되어 확립된 불문헌법도 포함된다. 대통령은 헌법을 수호하고 실현하기 위한 모든 노력을 기울여야 할 뿐만 아니라, 법을 준수하여 현행법에 반하는 행위를 해서는 안 되며, 나아가 입법자의 객관적 의사를 실현하기 위한 모든 행위를 해야 한다. 탄핵심판절차를 통하여 궁극적으로 보장하고자 하는 헌법질서, 즉 '자유민주적 기본질서'의 본질적 내용은 법치국가원리의 기본요소인 '기본적 인권의 존중, 권력분립, 사법권의 독립'과 민주주의 원리의 기본요소인 '의회 제도, 복수정당 제도, 선거 제도' 등으로 구성되어 있다.

기출지문 O X

1. 탄핵소추절차에도 적법절차의 원칙이 직접 적용된다. (   ) ▶15. 법원서기보

2. 대통령은 탄핵결정에 의해서 파면된 공직자를 사면할 수 없다. (   ) ▶14. 국회 9급

해설 1. 국가기관이 국민과의 관계에서 공권력을 행사함에 있어서 준수해야 할 법원칙으로서 형성된 적법절차의 원칙을 국가기관에 대하여 헌법을 수호하고자 하는 탄핵소추절차에는 직접 적용할 수 없다(헌재 2004. 5.14. 2004헌나1).
2. 탄핵결정을 받은 자는 사면의 대상이 될 수 없다.

정답 1. (×) 2. (○)

100 금융감독위원회의 부실금융기관 처분 사건
헌재 2004.10.28. 99헌바91 전원재판부

조문보기

금융산업의 구조개선에 관한 법률(1998.9.14. 법률 제5549호로 개정되고 2000.1.21. 법률 제6178호로 개정되기 전의 것) 제2조 (정의)
이 법에서 사용하는 용어의 정의는 다음과 같다.
3. "부실금융기관"이라 함은 다음 각 목의 1에 해당하는 금융기관을 말한다.
가. 경영상태를 실사한 결과 부채가 자산을 초과하는 금융기관 또는 거액의 금융사고 또는 부실채권의 발생으로 부채가 자산을 초과하여 정상적인 경영이 어려울 것이 명백한 금융기관으로서 금융감독위원회 또는 예금자보호법 제8조의 규정에 의한 운영위원회가 결정한 금융기관. 이 경우 부채와 자산의 평가 및 산정은 금융감독위원회가 미리 정하는 기준에 의한다.

사건개요 금융감독위원회는 갑 생명보험회사에 대하여 부채가 자산을 초과한다는 이유로 부실금융기관으로 결정하고, 증자명령 및 감자명령을 하였다. 이에 갑 생명보험회사의 이사인 을은 행정법원에 취소소송을 제기하고, 위 행정처분의 근거법령에 대하여 위헌법률심판 제청신청을 하였으나 각하되자 헌법소원심판을 청구하였다.

판결요지 헌법이 인정하고 있는 위임입법의 형식은 예시적인 것으로 보아야 할 것이다. 금융산업의 구조개선에 관한 법률은 부실금융기관을 결정할 때 '부채와 자산의 평가 및 산정'의 기준에 관하여, 금융감독위원회의 고시에 위임하고 있는바, 위와 같이 입법위임된 사항은 전문적·기술적인 것으로 업무의 성질상 금융감독위원회의 고시로 위임함이 불가피한 사항일 뿐만 아니고, 위 각 법률규정 자체에서 금융감독위원회의 고시로 규제될 내용 및 범위의 기본사항이 구체적으로 규정되어 있어 누구라도 위 규정으로부터 금융감독위원회의 고시에 규정될 내용의 대강을 예측할 수 있다 할 것이어서, 포괄위임입법금지를 선언한 헌법 제75조에 위반되지 아니한다.

해설 헌법 제119조 제2항에 규정된 '경제주체 간의 조화를 통한 경제민주화'의 이념은 경제영역에서 정의로운 사회질서를 형성하기 위하여 추구할 수 있는 국가목표로서 개인의 기본권을 제한하는 국가행위를 정당화하는 헌법규범이다.

기출지문 O X

국회가 행정기관에 입법권을 위임하는 경우에는 규율의 형식도 선택할 수 있으므로 헌법이 규정하고 있는 위임입법의 형식은 예시적인 것으로 보아야 한다. (   )   ▶13. 국회 9급

해설 국회입법에 의한 수권이 입법기관이 아닌 행정기관에게 법률 등으로 구체적인 범위를 정하여 위임한 사항에 관하여는 당해 행정기관에게 법정립의 권한을 갖게 되고, 입법자가 규율의 형식도 선택할 수 있다 할 것이므로, 헌법이 인정하고 있는 위임입법의 형식은 예시적인 것으로 보아야 할 것이고, 그것은 법률이 행정규칙에 위임하더라도 그 행정규칙은 위임된 사항만을 규율할 수 있으므로, 국회입법의 원칙과 상치되지도 않는다(헌재 2006. 12. 28. 2005헌바59).

정답 (○)

101 게임제공업소의 경품취급기준고시 사건
헌재 2008.11.27. 2005헌마161·189(병합) 전원재판부

조문보기

게임제공업소의 경품취급기준 (2004.12.31. 문화관광부고시 제2004-14호)
3. 경품지급기준
  가. 경품을 제공할 수 있는 게임물 및 경품한도액 기준은 다음과 같다.
    ② 18세이용가 게임물: 2만 원 이내(시중판매가격 기준)
    ③ 사행성 간주 게임물은 경품을 제공할 수 없음
  나. 동 지급기준의 용어의 의미는 다음과 같다.
    ① "경품한도액"이라 함은 1회 이상의 게임을 진행하면서 당첨된 점수를 누적하여 획득할 수 있는 경품의 최고금액을 말함.
    ④ "사행성 간주 게임물"이라 함은 다음과 같은 게임물을 말함.
      ㉯ 1시간당 총 이용금액이 90,000원을 초과하는 게임물
6. 시행시기
  가. 이 고시는 고시한 날부터 시행한다. 다만, 이 고시 시행 당시 종전의 게임물은 고시한 후 60일이 경과한 날부터 시행한다.

사건개요 갑은 스크린경마게임물(영상물등급위원회로부터 18세이용가 게임물로 등급분류 판정을 받음) 기기를 설치하고 게임제공업을 영위하고 있는 자들이다. 게임제공업소에서 제공하는 게임물의 사행성이 계속하여 사회문제를 일으키자, 문화관광부장관은 고시로 사행성 간주 게임물의 경우에 게임이용자에 대한 경품제공을 금지하였다. 이에 갑은 게임이용자에게 경품을 제공할 수 없게 되었다. 그리하여 갑은 문화관광부장관의 고시 중 일부조항이 갑의 헌법상 보장된 기본권을 침해한다고 주장하며 각 헌법소원심판을 청구하였다.

판결요지 (1) 법령 자체에 의한 직접적인 기본권 침해가 문제될 때에는 그 법령 자체의 효력을 직접 다투는 것을 소송물로 하여 일반법원에 소송을 제기하는 길이 없어 구제절차가 있는 경우가 아니므로 보충성의 예외로서 다른 구제절차를 거칠 것 없이 바로 헌법소원심판을 청구할 수 있다.
(2) 이 사건 심판대상규정은 이 사건 모법조항의 위임범위를 일탈하지 아니하였으므로 죄형법정주의의 원칙에 위배된다고 할 수 없다.
(3) 이 사건 심판대상규정은 시행시기에 대하여 적절한 유예기간을 부여함으로써 청구인들의 신뢰이익을 충분히 고려하고 있으므로, 과잉금지의 원칙에 위반하여 직업의 자유를 침해하는 위헌적인 규정이라 할 수 없다.

해설 헌법상 보장된 재산권은 사적 유용성 및 그에 대한 원칙적인 처분권을 내포하는 재산가치 있는 구체적인 권리이므로, 구체적 권리가 아닌 영리획득의 단순한 기회나 기업활동의 사실적·법적 여건은 기업에게는 중요한 의미를 갖는다고 하더라도 재산권 보장의 대상이 아니다.

예상지문 O X

자동차운전전문학원을 졸업하고 운전면허를 받은 사람 중 교통사고를 일으킨 비율이 대통령령이 정한 비율을 초과하는 경우 운전전문학원의 등록을 취소하거나 운영정지를 할 수 있도록 규정한 것은 직업의 자유에 대한 제한 중 헌법에 위반되는 것에 해당한다. (   )

해설 운전교육과 기능검정이 철저하더라도 교통사고는 우연적 사정과 운전자 개인의 부주의로 발생할 수 있다는 것을 감안하면, 이 사건 조항이 추구하는 입법목적이 이 사건 조항을 통하여 달성될 것인지가 불투명한 반면, 이 사건 조항에 따른 행정제재를 당하는 운전전문학원은 자신이 충실히 운전교육과 기능검정을 하였더라도 피할 수 없는 제재를 당할 수 있게 되고, 그러한 제재가 가져오는 영업상의 손실은 큰 것이다. 따라서 자동차운전전문학원을 졸업하고 운전면허를 받은 사람 중 교통사고를 일으킨 비율이 대통령령이 정하는 비율을 초과하는 때에는 학원의 등록을 취소하거나 1년 이내의 운영정지를 명할 수 있도록 한 이 사건 조항은 비례의 원칙에 어긋나 직업의 자유를 침해한다(헌재 2005.7.21. 2004헌가30).

정답 (O)

102 사면법 제5조 제1항 제2호 사건
헌재 2000.6.1. 97헌바74 전원재판부

조문보기

헌법 제11조
① 모든 국민은 법 앞에 평등하다. 누구든지 성별·종교 또는 사회적 신분에 의하여 정치적·경제적·사회적·문화적 생활의 모든 영역에 있어서 차별을 받지 아니한다.

헌법 제23조
① 모든 국민의 재산권은 보장된다. 그 내용과 한계는 법률로 정한다.

헌법 제79조
① 대통령은 법률이 정하는 바에 의하여 사면·감형 또는 복권을 명할 수 있다.
③ 사면·감형 및 복권에 관한 사항은 법률로 정한다.

사면법 제2조 (사면의 종류)
사면은 일반사면과 특별사면으로 구분한다.

사면법 제7조 (집행유예를 선고받은 자에 대한 사면 등)
형의 집행유예를 선고받은 자에 대하여는 형 선고의 효력을 상실하게 하는 특별사면 또는 형을 변경하는 감형을 하거나 그 유예기간을 단축할 수 있다.

사건개요 갑은 법원에서 특정범죄 가중처벌 등에 관한 법률 위반(조세)등으로 고등법원에서 징역 2년에 집행유예 3년 및 벌금 10억 원을 선고받은 후 상고를 포기하여 확정되었다. 그 후 갑은 집행유예된 징역형에 대하여 형의 선고의 효력을 상실케 하는 특별사면과 복권을 받았다. 사면 후 검찰청에서 갑에게 미납된 벌금 2억 5,500만 원을 납부하라는 징수명령 및 집행처분을 하자, 갑은 위 유죄판결이 선고된 범죄행위에 대하여 사면을 받았으므로 벌금형도 사면을 받은 것이라고 주장하면서 해당 사면법 조항에 대하여 헌법소원심판을 청구하였다.

판결요지 우리 헌법 제79조 제1항은 "대통령은 법률이 정하는 바에 의하여 사면·감형 또는 복권을 명할 수 있다"고 대통령의 사면권을 규정하고 있다. 또한 동조 제3항은 "사면·감형 또는 복권에 관한 사항은 법률로 정한다."고 규정하여 사면의 구체적 내용과 방법 등을 법률에 위임하고 있다. 그러므로 사면의 종류, 대상, 범위, 절차, 효과 등은 제반사항을 종합하여 입법자가 결정할 사항으로서 광범위한 입법재량 내지 형성의 자유가 부여되어 있다. 따라서 선고된 형의 전부를 사면할 것인지 또는 일부만을 사면할 것인지를 결정하는 것은 사면권자의 전권사항에 속하는 것이고, 징역형의 집행유예에 대한 사면이 병과된 벌금형에도 미치는 것으로 볼 것인지 여부는 사면의 내용에 대한 해석문제에 불과하다 할 것이다.

해설 사면은 형의 선고의 효력 또는 공소권을 상실시키거나, 형의 집행을 면제시키는 국가원수의 고유한 권한을 의미하며, 사법부의 판단을 변경하는 제도로서 권력분립의 원리에 대한 예외가 된다. 사면 제도는 역사적으로 절대군주인 국왕의 은사권(恩赦權)에서 유래하였으며, 대부분의 근대국가에서도 유지되어 왔고, 대통령제국가에서는 미국을 효시로 대통령에게 사면권이 부여되어 있다. 사면권은 전통적으로 국가원수에게 부여된 고유한 은사권이며, 국가원수가 이를 시혜적으로 행사한다. 현대에 이르러서는 법이념과 다른 이념과의 갈등을 조정하고, 법의 이념인 정의와 합목적성을 조화시키기 위한 제도로도 파악되고 있다.

예상지문 O X

일반사면은 국회의 동의를 얻어 대통령령으로 한다. ( )

해설 일반사면은 대통령이 국회의 동의를 얻어 대통령령으로 행하지만, 특별사면은 국회의 동의를 요하지 않고 대통령이 행한다.

정답 (○)

103 정부조직법 제14조 제1항 사건
헌재 1994.4.28. 89헌마221 전원재판부

조문보기

구 정부조직법 제14조 (국가안전기획부)
① 국가안전보장에 관련되는 정보·보안 및 범죄수사에 관한 사무를 담당하게 하기 위하여 대통령 소속하에 국가안전기획부를 둔다.
② 국가안전기획부의 조직·직무범위 기타 필요한 사항은 따로 법률로 정한다.

구 국가안전기획부법 제4조 (직원)
① 안전기획부에 부장·차장 및 기획조정실장과 기타 필요한 직원을 둔다. 다만, 특히 필요한 경우에는 차장 2인을 둘 수 있다.
② 직원의 정원은 예산의 범위 안에서 대통령의 승인을 얻어 부장이 정한다.

구 국가안전기획부법 제6조 (부장·차장 및 기획조정실장)
① 부장은 대통령이 임명하며, 차장 및 기획조정실장은 부장의 제청에 의하여 대통령이 임명한다.
② 부장은 안전기획부의 직무를 통할하고 소속직원을 지휘·감독한다.
③ 차장은 부장을 보좌하며, 부장이 사고가 있을 때에는 그 직무를 대행한다.
④ 기획조정실장은 부장과 차장을 보좌하며, 위임된 사무를 처리한다.
⑤ 부장·차장 및 기획조정실장 이외의 직원의 인사에 관하여는 따로 법률이 정하는 바에 의한다.

사건개요 갑은 안기부 소속 사법경찰관리에 의하여 군사기밀보호법 위반으로 구속영장이 신청되었다. 그 후 갑은 구속되었다. 갑은 1심에서 유죄선고 후 항소하여 현재 서울고등법원에 계속 중이다. 갑에 대한 기소내용의 요지는 다음과 같다. 갑은 비밀취급인가가 없음에도 불구하고 국회의원회관 사무실에서 국회의원 비서에게 부탁하여 군사2급 비밀문서인 "국방업무보고" 1부를 입수함으로써 군사상 기밀을 부당한 방법으로 수집하고, 이를 타인에게 교부하여 군사상 비밀을 누설하였다. 이에 갑은 정부조직법, 국가안전기획부법이 헌법에 위반된다는 취지로 위헌여부심판 제청신청을 하였으나, 제청법원으로부터 기각결정을 받게 되자 헌법소원심판을 청구하였다.

판결요지 국가가 정보기관을 대통령직속으로 하느냐 여부는 기본적으로 입법정책의 영역에 속하는 것으로서 당해 국가의 헌법이념에 위배되지 않는 한 위헌이라 할 수 없는 것인데, 국가안전기획부법은 그 목적, 직무범위, 통제방법 등의 관점에서 헌법이 요구하는 최소한의 요건을 갖추고 있다고 보아야 할 것이므로, 국무총리의 관할을 받지 않는 대통령직속기관인 국가안전기획부의 설치근거와 직무범위 등을 정한 행정조직법 제14조와 국가안전기획부법 제4조 및 제6조의 규정은 헌법에 위배된다 할 수 없다.

해설 헌법 제86조 제2항은 국무총리의 헌법상 주된 지위가 대통령의 보좌기관이라는 것과 그 보좌기관인 지위에서 행정에 관하여 대통령의 명을 받아 행정각부를 통할할 수 있다는 것을 규정한 것일 뿐이다. 국가의 공권력을 집행하는 행정부의 조직은 헌법상 예외적으로 열거되어 있거나 그 성질상 대통령의 직속기관으로 설치할 수 있는 것을 제외하고는 모두 국무총리의 통할을 받아야 하며, 그 통할을 받지 않은 행정기관은 법률에 의하더라도 이를 설치할 수 없음을 의미한다고는 볼 수 없다. 정부의 구성단위로서 그 권한에 속하는 사항을 집행하는 모든 중앙정부기관이 곧 헌법 제86조 제2항 소정의 "행정각부"라고 볼 수도 없다. 대통령이 이러한 직속기관을 설치하는 경우에도 자유민주적 통치구조의 기본이념과 원리에 부합되어야 할 것인데 그 최소한의 기준으로서 ① 우선 그 설치·조직·직무범위 등에 관하여 법률의 형식에 의하여야 하고 ② 그 내용에 있어서도 목적·기능 등이 헌법에 적합하여야 하며 ③ 모든 권한이 기본권적 가치실현을 위하여 행사되도록 제도화하는 한편 ④ 권한의 남용 내지 악용이 최대 억제되도록 합리적이고 효율적인 통제장치가 있어야 할 것이다.

기출지문 O X

국무총리의 국회의원 겸직은 행정부에 대한 국회의 통제라는 측면에서 금지하는 것이 타당하며 현행법도 이를 금지하고 있다. (   )　▶14. 지방직 7급

해설 국회법 제29조는 국회의원과 국무총리의 겸직을 인정하고 있다.

정답 (×)

104 강남구청 등과 감사원 간의 권한쟁의
헌재 2008.5.29. 2005헌라3 전원재판부

조문보기

헌법 제97조
국가의 세입·세출의 결산, 국가 및 법률이 정한 단체의 회계검사와 행정기관 및 공무원의 직무에 관한 감찰을 하기 위하여 대통령 소속하에 감사원을 둔다.

헌법 제100조
감사원의 조직·직무범위·감사위원의 자격·감사대상공무원의 범위 기타 필요한 사항은 법률로 정한다.

헌법 제117조
① 지방자치단체는 주민의 복리에 관한 사무를 처리하고 재산을 관리하며, 법령의 범위 안에서 자치에 관한 규정을 제정할 수 있다.

감사원법 제24조 (감찰사항)
① 감사원은 다음 사항을 감찰한다.
2. 지방자치단체의 사무와 그에 소속한 지방공무원의 직무

감사원법 제33조 (시정 등의 요구)
① 감사원은 감사의 결과 위법 또는 부당하다고 인정되는 사실이 있을 때에는 소속장관, 감독기관의 장 또는 당해 기관의 장에게 시정 주의 등을 요구할 수 있다.

사건개요 감사원은 감시반을 지방에 상주시켜 지방선거까지 1년간 직무감찰활동을 강화하고 대대적인 감사인력을 투입하여 전국 250개 지방자치단체를 대상으로 예산집행실태 등에 대한 일제점검을 실시할 예정이라고 밝힌 후, 강남구청을 상대로 감사를 실시하였다. 그 결과 일부 지방공무원에 대하여 주의처분을 내리고 검찰수사를 요청하거나 고발, 징계를 요구하였다. 이에 강남구청은 감사원의 위 감사는 자치사무에 대한 합목적성 감사까지 포함한 것으로 청구인들의 헌법 및 지방자치법에 의하여 부여된 지방자치권의 본질적 내용을 침해하였다고 주장하며 청구인들의 자치사무에 대한 피청구인의 감사권의 존부 또는 범위 확인을 구하는 이 사건 권한쟁의심판을 청구하였다.

판결요지 감사원법은 지방자치단체의 위임사무나 자치사무의 구별 없이 합법성 감사뿐만 아니라 합목적성 감사도 허용하고 있는 것으로 보이므로, 감사원의 지방자치단체에 대한 이 사건 감사는 법률상 권한 없이 이루어진 것은 아니다. 따라서 이 사건 관련규정이 지방자치단체의 고유한 권한을 유명무실하게 할 정도로 지나친 제한을 함으로써 지방자치권의 본질적 내용을 침해하였다고는 볼 수 없다.

해설 헌법이 감사원을 독립된 외부감사기관으로 정하고 있는 취지, 중앙정부와 지방자치단체는 서로 행정기능과 행정책임을 분담하면서 중앙행정의 효율성과 지방행정의 자주성을 조화시켜 국민과 주민의 복리증진이라는 공동목표를 추구하는 협력관계에 있다는 점을 고려하면 지방자치단체의 자치사무에 대한 합목적성 감사의 근거가 되는 이 사건 관련규정은 그 목적의 정당성과 합리성을 인정할 수 있다. 감사원법에서 지방자치단체의 자치권을 존중할 수 있는 장치를 마련해두고 있는 점, 국가재정지원에 상당 부분 의존하고 있는 우리 지방재정의 현실, 독립성이나 전문성이 보장되지 않은 지방자치단체 자체감사의 한계 등으로 인한 외부감사의 필요성이 있다.

기출지문 O X

감사원은 원장을 포함한 5인 이상 11인 이하의 감사위원으로 구성한다. (   ) ▶ **14. 국회 8급**

해설 감사원은 원장을 포함한 5인 이상 11인 이하의 감사위원으로 구성한다(헌법 제98조 제1항).   정답 (○)

105 법원조직법 제45조 제4항 사건
헌재 2002.10.31. 2001헌마557 전원재판부

조문보기

구 법원조직법 제45조 (임기·연임·정년)
④ 대법원장의 정년은 70세, 대법관의 정년은 65세, 판사의 정년은 63세로 한다.

사건개요 갑은 법관으로 재직하다가 법원조직법 제45조 제4항에 의하여 정년으로 퇴직한 자이다. 그런데 청구인은 수원지방법원 판사로 재직하던 중 위 법률조항으로 인하여 자신의 의사와 관계없이 정년으로 퇴직하게 되므로, 이는 헌법 제10조의 기본적 인권보장, 제11조의 평등권, 제15조 직업선택의 자유를 침해하고 제106조 법관의 신분보장 규정에 위배된다고 하며, 그 위헌확인을 구하는 심판청구를 하였다.

판결요지 (1) 법관의 정년을 직위에 따라 순차적으로 낮게 차등하게 설정한 것은 법관 업무의 성격과 특수성, 평균수명, 조직체 내의 질서 등을 고려하여 정한 것으로 그 차별에 합리적인 이유가 있다. 따라서 평등권을 침해하였다고 볼 수 없다.
(2) 이 사건 법률조항은 직업선택의 자유 내지 공무담임권을 침해하고 있다고 할 수 없다. 입법자가 법관의 정년을 결정한 이 사건 법률조항은 그것이 입법자의 입법재량을 벗어나지 않고 기본권을 침해하지 않는 한 헌법에 위반된다고 할 수 없다.

해설 법관은 국가의 통치권인 입법·행정·사법의 주요 3권 중 사법권을 담당하고 그 권한을 행사하는 국가기관이고, 다른 국가기관이나 그 종사자와는 달리 헌법과 법률에 의하여 그 양심에 따라 독립하여 심판하는 기관으로서, 법관 하나하나가 법을 선언·판단하는 독립된 기관이며, 그에 따라 사법권의 독립을 위하여 헌법에 의하여 그 신분을 고도로 보장받고 있다. 따라서 법관의 정년을 설정함에 있어서, 입법자는 위와 같은 헌법상 설정된 법관의 성격과 그 업무의 특수성에 합치되도록 하여야 할 것이다. 헌법규정 사이의 우열관계, 헌법규정에 대한 위헌성판단은 인정되지 아니하므로, 그에 따라 헌법 제106조 법관의 신분보장 규정은 헌법 제105조 제4항 법관정년제 규정과 병렬적 관계에 있는 것으로 보아 조화롭게 해석하여야 할 것이다.

기출지문 O X

구 법원조직법이 법관의 정년을 직위에 따라 대법원장 70세, 대법관 65세, 그 이외의 법관 63세로 정한 것은 법관 업무의 성격과 특수성, 평균수명, 조직체 내의 질서 등을 고려하여 정한 것으로 그 차별에 합리적인 이유가 있다. (   )

▶ 15. 변호사시험

해설 법관의 정년을 규정하고 있는 이 사건 법률조항은 법관의 정년을 직위에 따라 대법원장 70세, 대법관 65세, 그 이외의 법관 63세로 하여 법관 사이에 약간의 차이를 두고 있는 것으로, 헌법 제11조 제1항에서 금지하고 있는 차별의 요소인 '성별', '종교' 또는 '사회적 신분' 그 어디에도 해당되지 아니할 뿐만 아니라, 그와 같이 법관의 정년을 직위에 따라 순차적으로 낮게 차등하게 설정한 것은 법관 업무의 성격과 특수성, 평균수명, 조직체 내의 질서 등을 고려하여 정한 것으로 그 차별에 합리적인 이유가 있다(헌재 2002.10.31. 2001헌마557).

정답 (O)

제1장 위헌법률심판
제2장 헌법소원심판

제 4 편

04

헌법재판

106 민사집행법 제130조 제3항 사건
헌재 2007.7.26. 2006헌바40 전원재판부

조문보기

민사집행법 제130조 (매각허가여부에 대한 항고)
③ 매각허가결정에 대하여 항고를 하고자 하는 사람은 보증으로 매각대금의 10분의 1에 해당하는 금전 또는 법원이 인정한 유가증권을 공탁하여야 한다.

헌법재판소법 제68조 (청구 사유)
① 공권력의 행사 또는 불행사로 인하여 헌법상 보장된 기본권을 침해받은 자는 법원의 재판을 제외하고는 헌법재판소에 헌법소원심판을 청구할 수 있다. 다만, 다른 법률에 구제절차가 있는 경우에는 그 절차를 모두 거친 후에 청구할 수 있다.
② 제41조 제1항에 따른 법률의 위헌 여부 심판의 제청신청이 기각된 때에는 그 신청을 한 당사자는 헌법재판소에 헌법소원심판을 청구할 수 있다. 이 경우 그 당사자는 당해 사건의 소송절차에서 동일한 사유를 이유로 다시 위헌 여부 심판의 제청을 신청할 수 없다.

사건개요 갑은 의정부지방법원에 부동산 임의경매 사건으로 진행된 경매절차에서 유치권신고를 한 유치권자이다. 갑은 매각허가결정에 대하여 즉시항고를 하였으나 각하되었다. 그 후 각하결정의 근거가 된 민사집행법에 대하여 위헌법률심판 제청신청을 하였으나 기각되었다. 그 후 대법원에 재항고를 제기한 후 위헌법률심판을 제청하였으나 기각되었다. 그러자 헌법소원심판을 청구하였다.

판결요지 법률의 위헌여부심판의 제청신청이 기각된 때에는 그 신청을 한 당사자는 헌법재판소에 헌법소원심판을 청구할 수 있다. 다만 이 경우 그 당사자는 당해 사건의 소송절차에서 동일한 사유를 이유로 다시 위헌여부심판의 제청을 신청할 수 없다. 이 때 당해 사건의 소송절차란 당해 사건의 상소심 소송절차를 포함한다.

해설 헌법재판소법 제68조 제2항 후문의 '당해 사건의 소송절차'에 당해 사건의 상소심 소송절차가 포함된다. 항고심 소송절차에서 위헌법률심판 제청신청을 하여 그 신청이 기각되었는데도 헌법소원심판을 청구하지 아니하고 있다가 그 재항고심 소송절차에서 같은 이유를 들어 위헌법률심판 제청신청을 하여 그 신청이 기각되자 헌법소원심판 청구를 한 경우에 헌법재판소법 제68조 제2항 후문에 위배된다.

예상지문 O X
법률의 위헌여부심판의 제청신청이 기각된 때에는 헌법소원심판을 청구할 수 있으나 당해사건의 소송절차에서 동일한 사유로 다시 위헌여부심판의 제청을 신청할 수 없다. (   )

해설 당해사건의 소송절차란 당해 사건의 상소심 소송절차를 포함한다.

정답 (O)

107 헌법재판소법 제47조 제2항 사건
헌재 1993.5.13. 92헌가10, 91헌바7, 92헌바24, 50(병합) 전원재판부

조문보기

헌법재판소법 제47조 제2항 본문 (위헌 결정의 효력)
② 위헌으로 결정된 법률 또는 법률의 조항은 그 결정이 있는 날로부터 효력을 상실한다. 다만, 형벌에 관한 법률 또는 법률의 조항은 소급하여 그 효력을 상실한다.

사건개요 국유재산법(1976.12.31. 법률 제2950호) 제5조 제2항은 "국유재산은 민법 제245조의 규정에 불구하고 시효취득의 대상이 되지 아니한다."라고 규정하고 있는데, 헌법재판소는 1991.5.13. 89헌가97 결정에서 위 국유재산법의 규정을 동법의 국유재산 중 잡종재산에 대하여 적용하는 것은 헌법에 위반된다고 선고하였다.
1945.8.9. 당시 일본인의 소유로서 국가에게 귀속된 잡종재산인 5필지 토지가 있었다. 갑은 헌법재판소의 위 위헌 결정일 이후에 국가를 상대로 위 청구목적부동산에 관하여 취득시효완성을 원인으로 한 소유권이전등기절차의 이행청구소송을 제기하였다. 법원은 위 사건에 대한 판결을 함에 있어서 헌법재판소의 위헌 결정의 소급효를 부정하고 있는 헌법재판소법 제47조 제2항 본문의 규정이 헌법에 위반되는지의 여부가 위 사건의 전제가 되고 나아가 위 규정이 헌법에 위반된다고 보았다. 그래서 법원은 직권으로 헌법재판소에 위 헌법재판소법 규정의 위헌여부의 심판을 제청하였다.

판결요지 위헌법률심판 제청 내지 헌법재판소법 제68조 제2항에 의한 헌법소원심판 청구의 적법요건인 재판의 전제성이라 함은 첫째 구체적인 사건이 법원에 계속되어 있었거나 계속중이어야 하고, 둘째 위헌여부가 문제되는 법률이 당해 소송사건의 재판에 적용되는 것이어야 하며, 셋째 그 법률이 헌법에 위반되는지의 여부에 따라 당해 사건을 담당한 법원이 다른 내용의 재판을 하게 되는 경우를 말하는 것이다. 여기에서 법원이 "다른 내용의" 재판을 하게 되는 경우라 함은 원칙적으로 법원이 심리중인 당해 사건의 재판의 결론이나 주문에 어떠한 영향을 주는 것뿐만이 아니라, 문제된 법률의 위헌여부가 비록 재판의 주문 자체에는 아무런 영향을 주지 않는다고 하더라도 재판의 결론을 이끌어 내는 이유를 달리 하는데 관련되어 있거나 또는 재판의 내용과 효력에 관한 법률적 의미가 전혀 달라지는 경우도 포함한다 할 것이다.

해설 위헌 결정의 효력이 다양해질 수밖에 없는 논리적 필연성, 헌법재판의 기능과 본질 그리고 외국의 입법례에 비추어, 형벌법규에 관하여는 소급효를 인정하면서도 일반 법규에는 장래효를 규정한 법 제47조 제2항 본문의 규정이 헌법에 위반된다고는 속단하기 어려울 것이다. 헌법재판소에 의하여 위헌으로 선고된 법률 또는 법률의 조항이 제정 당시로 소급하여 효력을 상실하는가 아니면 장래에 향하여 효력을 상실하는가의 문제는 특단의 사정이 없는 한 헌법적합성의 문제라기보다는 입법자가 법적 안정성과 개인의 권리구제 등 제반이익을 비교형량하여 가면서 결정할 입법정책의 문제인 것으로 보인다.

기출지문 O X

1. 법원이 재판의 전제성을 인정하여 위헌법률심판을 제청한 경우 헌법재판소가 직권으로 조사하여 재판의 전제성을 부인할 수도 있다. (   ) ▶14. 국가직 7급
2. 재판의 전제성을 판단할 때 재판은 종국재판을 의미하며, 중간재판은 포함되지 않는다. (   ) ▶12. 경정승진

해설 1. 위헌법률심판이나 헌법소원심판에 있어서 위헌여부가 문제되는 법률이 재판의 전제성 요건을 갖추고 있는지의 여부는 헌법재판소가 별도로 독자적인 심사를 하기보다는 되도록 법원의 이에 관한 법률적 견해를 존중해야 할 것이며, 다만 그 전제성에 관한 법률적 견해가 명백히 유지될 수 없을 때에만 헌법재판소는 이를 직권으로 조사할 수 있다 할 것이다(헌재 1993.5.13. 92헌가10).
2. 재판의 전제성을 판단할 때 재판은 종국재판 뿐만 아니라 중간재판도 포함된다. **정답** 1. (O) 2. (×)

108 구 사립학교법 제53조의2 제3항 사건
헌재 2006.6.29. 2004헌가3 전원재판부

조문보기

구 사립학교법 제53조의2 (학교의 장이 아닌 교원의 임면)
③ 대학교육기관의 교원은 당해 학교법인의 정관이 정하는 바에 따라 기간을 정하여 임면할 수 있다. 이 경우 국·공립대학의 교원에게 적용되는 임용기간에 관한 규정을 준용한다.

구 사립학교법(1990.4.7. 법률 제4226호로 개정되고, 1997.1.13. 법률 제5274호로 개정되기 전의 것) 제53조의2 (학교의 장이 아닌 교원의 임면)
③ 대학교육기관의 교원은 당해 학교법인의 정관이 정하는 바에 따라 기간을 정하여 임면할 수 있다.

구 사립학교법(1999.8.31. 법률 제6004호로 개정되고, 2005.1.27. 법률 제7352호로 개정되기 전의 것) 제53조의2 (학교의 장이 아닌 교원의 임면)
③ 대학교육기관의 교원은 정관이 정하는 바에 따라 근무기간·급여·근무조건, 업적 및 성과약정 등 계약조건을 정하여 임용할 수 있다. 이 경우 근무기간에 관하여는 국·공립대학의 교원에게 적용되는 관련규정을 준용한다.
④ 제3항의 규정에 의하여 임용된 교원의 임용기간이 종료되는 경우에 임면권자는 교원인사위원회의 심의를 거쳐 당해 교원에 대한 재임용여부를 결정하여야 한다.

사건개요 갑 학교법인은 대학교를 설치·경영하는 법인이고, 을은 대학교의 전임강사로 재직하였던 자이다. 교수회의와 학과회의에서 교수들 사이의 의견대립으로 인해 을과 교수들 사이에 불화가 발생하였다. 교원인사위원회는 8차례에 걸쳐 을의 재임용 여부에 관하여 심의를 한 후 을에 대한 신임교원 학과심사결과 부적격 판정을 한 후 재임용 탈락사실을 통보하였다. 이에 을은 임용계약기간이 만료된 후 법원에 갑 학교법인을 상대로 교수지위확인청구의 소를 제기하였고 구 사립학교법에 대하여 위헌법률심판 제청신청을 하였으며, 법원은 이를 받아들여 위헌법률심판 제청결정을 하였다.

판결요지 헌법재판소가 어떠한 법률조항에 대하여 헌법불합치 결정을 하여 입법자에게 그 법률조항을 합헌적으로 개정 또는 폐지하는 임무를 입법자의 형성 재량에 맡긴 이상, 그 개선입법의 소급적용 여부와 소급적용의 범위는 원칙적으로 입법자의 재량에 달린 것이기는 하지만, 그 헌법불합치 결정의 취지나 위헌심판에서의 구체적 규범통제의 실효성 보장이라는 측면을 고려할 때, 적어도 헌법불합치 결정을 하게 된 당해 사건 및 그 결정 당시에 법률조항의 위헌 여부가 쟁점이 되어 법원에 계속 중인 사건에 대하여는 헌법불합치 결정의 소급효가 미친다.

해설 이 사건에서 제청신청인은 2003. 7. 15. 위헌법률심판 제청신청을 하였고 제청법원이 2004. 1. 15. 이 사건 법률조항에 대하여 위헌제청 결정을 하였으나, 이미 그 이전인 2003. 12. 18. 이 사건 법률조항에 대하여 헌법불합치 결정이 선고된 바 있다. 이 경우 위 헌법불합치 결정의 소급효는 헌법불합치 결정 당시에 이 사건 법률조항의 위헌 여부가 쟁점이 되어 법원에 계속 중인 당해 사건에도 미친다고 할 것이므로, 종전의 법률조항인 이 사건 법률조항이 그대로 적용될 수는 없고, 위헌성이 제거된 현행 사립학교법의 규정이 적용되어야 할 것이다. 그렇다면 이 사건 위헌법률심판의 제청은 심판의 대상이 된 법률조항이 재판의 전제성을 잃게 됨으로써 결국 심판제청의 이익이 없게 되었다 할 것이다.

기출지문 O X

임용기간이 만료한 교수에 대한 재임용거부를 재심청구대상으로 법률에 명시하지 않은 것은 교원지위법정주의에 위반된다. (   )　　　　　　　▶14. 지방직 7급

해설 임용기간이 만료한 대학교원에 대한 재임용거부를 재심청구의 대상으로 명시하지 않은 것은, 입법자가 법률로 정하여야 할 교원지위의 기본적 사항에는 교원의 신분이 부당하게 박탈되지 않도록 하는 최소한의 보호의무에 관한 사항이 포함되어야 한다는 헌법 제31조 제6항 소정의 교원지위법정주의에 위반된다고 할 것이다(헌재 2003. 12. 18. 2002헌바14).

정답 (○)

109 사법시험령 제4조 제3항 효력정지 가처분신청 사건

헌재 2000.12.8. 2000헌사471 전원재판부

조문보기

사법시험령(1998.12.31. 대통령령 제16032호로 개정된 것) 제4조 (응시자격의 제한)

③ 제5조의 규정에 의한 제1차 시험을 4회 응시한 자는 마지막으로 응시한 제1차 시험의 시행일부터 4년이 경과한 날이 속하는 해의 말일까지는 제1차 시험에 다시 응시할 수 없다. 본문의 규정에 의하여 응시가 제한되는 자로서 4년이 경과되어 다시 응시하는 경우에도 제1차시험 4회 응시 후에는 또한 같다.

사건개요 갑은 사법시험 제1차 시험에 4회 응시하여 내리 불합격한 자이다. 제1차 시험을 4회 응시한 자는 마지막 응시 이후 4년간 제1차 시험에 다시 응시할 수 없도록 하는 사법시험령 제4조 제3항 본문 규정에 의하여, 갑은 2001년부터 4년간 제1차 시험에 응시할 수 없다. 이에 갑은 직업선택의 자유·공무담임권·행복추구권·평등권 등 기본권을 침해당하였다며 헌법소원심판을 청구하는 한편 이 사건 규정의 효력정지를 구하는 가처분신청을 제기하였다.

판결요지 (1) 헌법재판소법은 명문의 규정을 두고 있지는 않으나, 같은 법 제68조 제1항 헌법소원심판절차에서도 가처분의 필요성이 있을 수 있고 또 이를 허용하지 아니할 상당한 이유를 찾아볼 수 없으므로, 가처분이 허용된다.
(2) 사법시험령 제4조 제3항이 효력을 유지하면, 신청인들은 곧 실시될 차회 사법시험에 응시할 수 없어 합격기회를 봉쇄당하는 돌이킬 수 없는 손해를 입게 되어 이를 정지시켜야 할 긴급한 필요가 인정되는 반면 효력정지로 인한 불이익은 별다른 것이 없으므로, 이 사건 가처분신청은 허용함이 상당하다.

해설 가처분의 요건은 헌법소원심판에서 다투어지는 '공권력 행사 또는 불행사'의 현상을 그대로 유지시킴으로 인하여 생길 회복하기 어려운 손해를 예방할 필요가 있어야 한다는 것과 그 효력을 정지시켜야 할 긴급한 필요가 있어야 한다는 것 등이 된다. 따라서 본안심판이 부적법하거나 이유없음이 명백하지 않는 한, 위와 같은 가처분의 요건을 갖춘 것으로 인정되면, 가처분을 인용한 뒤 종국결정에서 청구가 기각되었을 때 발생하게 될 불이익과 가처분을 기각한 뒤 청구가 인용되었을 때 발생하게 될 불이익을 비교형량하여 후자가 전자보다 큰 경우에, 가처분을 인용할 수 있다.

기출지문 O X

헌법소원심판절차에서 가처분에 관한 명문 규정은 없으나 헌법재판소는 가처분을 허용하고 있다. ( )
▶ 08. 지방직 7급

해설 헌법재판소법은 명문의 규정을 두고 있지는 않으나, 같은 법 제68조 제1항 헌법소원심판절차에서도 가처분의 필요성이 있을 수 있고 또 이를 허용하지 아니할 상당한 이유를 찾아볼 수 없으므로, 가처분이 허용된다(헌재 2000.12.8. 2000헌사471).

정답 (○)

110 불기소처분취소(재심) 사건
헌재 2001.9.27. 2001헌아3 전원재판부

조문보기

헌법재판소법 제40조 (준용규정)
① 헌법재판소의 심판절차에 관하여는 이 법에 특별한 규정이 있는 경우를 제외하고는 민사소송에 관한 법령의 규정을 준용한다. 이 경우 탄핵심판의 경우에는 형사소송에 관한 법령을, 권한쟁의심판 및 헌법소원심판의 경우에는 행정소송법을 함께 준용한다.
② 제1항 후단의 경우에 형사소송에 관한 법령 또는 행정소송법이 민사소송에 관한 법령과 저촉될 때에는 민사소송에 관한 법령은 준용하지 아니한다.

민사소송법 제422조 (재심사유)
① 다음 경우에는 확정된 종국판결에 대하여 재심의 소를 제기할 수 있다. 다만, 당사자가 상소에 의하여 그 사유를 주장하였거나 이를 알고 주장하지 아니한 때에는 그러하지 아니하다.
9. 판결에 영향을 미칠 중요한 사항에 관하여 판단을 유탈한 때

사건개요 갑은 을의 밭을 임차하여 밀감농장을 운영하는 자이다. 갑이 을에게 임차료를 지급하지 아니하여 을로부터 토지인도 및 임차료지급청구소송을 당하였다. 갑은 을과 소송계속 중 을이 갑의 재산을 강취하거나 재심청구인을 살해할 의사를 가지고 수차에 걸쳐 폭행, 협박하였다는 내용의 고소장을 제출하였다. 그러나 이를 수사한 검사는 그중 일부의 사실만을 폭행죄로 약식기소하고 나머지 고소사실에 대하여는 불기소처분을 내렸다. 이에 갑은 이에 불복하여 항고, 재항고하였으나 모두 기각되자 헌법소원심판 청구를 제기하였다.

판결요지 공권력의 작용에 대한 권리구제형 헌법소원심판절차에 있어서 '헌법재판소의 결정에 영향을 미칠 중대한 사항에 관하여 판단을 유탈한 때'를 재심사유로 허용하는 것이 헌법재판의 성질에 반한다고 볼 수는 없다. 민사소송법 제422조 제1항 제9호를 준용하여 "판단유탈"도 재심사유로 허용되어야 한다. 청구인의 수사미진 주장에 대한 헌법재판소의 판단이 있는 이상, 그 판단에 이르는 이유나 근거 등을 일일이 또는 개별적으로 설시하지 아니하였다고 하더라도 이를 민사소송법 제422조 제1항 제9호에서 말하는 판단유탈이라고 할 수 없다.

해설 헌법재판소법 제68조 제1항에 의한 헌법소원 중 공권력의 작용을 대상으로 하는 권리구제형 헌법소원절차에 있어서는, 그 결정의 효력이 원칙적으로 당사자에게만 미치기 때문에 법령에 대한 헌법소원과는 달리 일반법원의 재판과 같이 민사소송법의 재심에 관한 규정을 준용하여 재심을 허용함이 상당하다고 할 것이다.

예상지문 O X

법령에 관한 헌법재판소법 제68조 제1항의 헌법소원심판에서는 재심이 허용되지 않는다. (   )

해설 헌법재판소는 "제68조 제1항에 의한 헌법소원 중 '행정작용에 속하는 공권력 작용을 대상으로 하는 권리구제형 헌법소원'의 경우 그 결정의 효력이 원칙적으로 당사자에게만 미치기 때문에 법령에 대한 헌법소원과는 달리 일반법원의 재판과 같이 민사소송법의 재심에 관한 규정을 준용하여 재심을 허용함이 상당하다"고 판시한 바 있다(헌재 2001.9.27. 2001헌아3). 그런데 헌법재판소법 제68조 제1항에 의한 헌법소원 중 법령에 대한 헌법소원은 그 결정의 효력이 당사자에게만 미치는데 그치지 아니하다는 점에서 행정작용에 속하는 공권력 작용을 대상으로 하는 권리구제형 헌법소원의 경우와 분명히 구별된다(헌재 2002.9.19. 2002헌아5).

정답 (○)

111 헌법재판소법 제68조 제1항 사건
헌재 1997.12.24. 96헌마172·173(병합) 전원재판부

조문보기

헌법재판소법 제68조 (청구 사유)

① 공권력의 행사 또는 불행사로 인하여 헌법상 보장된 기본권을 침해받은 자는 법원의 재판을 제외하고는 헌법재판소에 헌법소원심판을 청구할 수 있다. 다만, 다른 법률에 구제절차가 있는 경우에는 그 절차를 모두 거친 후에 청구할 수 있다.

사건개요 세무서장은 갑이 자기 처의 명의로 임야를 취득하였다가 양도한 사실을 인정한 다음, 갑이 타인 명의로 자산을 유상으로 취득한 후 양도하고 부동산을 취득하여 1년 이내에 양도하였음을 이유로, 과세처분을 하였다. 갑이 법원에 과세처분의 취소를 구하는 소송을 진행하던 중 헌법재판소는 이 사건 과세처분의 근거규정에 대하여 한정위헌 결정을 하였다. 그럼에도 법원은 이 사건 과세처분의 근거규정이 유효한 규정이라고 본 끝에 갑의 상고를 기각하였다. 이에 갑은 헌법소원심판을 청구하였다.

판결요지 (1) 입법작용과 행정작용의 잠재적인 기본권침해자로서의 기능과 사법작용의 기본권의 보호자로서의 기능이 법원의 재판을 헌법소원심판의 대상에서 제외한 것을 정당화하는 본질적인 요소이므로, 헌법재판소법 제68조 제1항은 평등의 원칙에 위반된 것이라 할 수 없다. 기본권의 침해에 대한 구제절차가 반드시 헌법소원의 형태로 독립된 헌법재판기관에 의하여 이루어 질 것만을 요구하지는 않는다.
(2) 헌법재판소법 제68조 제1항이 원칙적으로 헌법에 위반되지 아니한다고 하더라도, 법원이 헌법재판소가 위헌으로 결정하여 그 효력을 전부 또는 일부 상실하거나 위헌으로 확인된 법률을 적용함으로써 국민의 기본권을 침해한 경우에도 법원의 재판에 대한 헌법소원이 허용되지 않는 것으로 해석한다면, 위 법률조항은 그러한 한도내에서 헌법에 위반된다.

해설 헌법재판소가 위헌으로 결정하여 그 효력을 상실한 법률을 적용하여 한 법원의 재판은 헌법재판소 결정의 기속력에 반하는 것일 뿐 아니라, 법률에 대한 위헌심사권을 헌법재판소에 부여한 헌법의 결단(헌법 제107조 및 제111조)에 정면으로 위배된다.

기출지문 O X

헌법재판소에 의하면 한정합헌 결정과 한정위헌 결정은 관점을 달리할 뿐 본질상 효과를 달리하는 것은 아니다. (   )　　　　　　　　　　　　　　　　▶14. 경정승진

해설 한정합헌 결정과 한정위헌 결정은 일반적으로는 서로 표리관계에 있어서 실제적으로는 차이가 있다 할 수 없다. 합헌적인 한정축소해석은 위헌적인 해석 가능성과 그에 따른 법적용을 소극적으로 배제하고, 적용범위의 축소에 의한 한정적 위헌선언은 위헌인 법적용 영역과 그에 상응하는 해석 가능성을 적극적으로 배제한다는 뜻에서 차이가 있을 뿐, 다 같이 본질적으로는 일종의 부분적 위헌선언이며 실제적인 면에서 그 효과를 달리하는 것이 아니다(헌재 1992.2.25. 89헌가104).　　　　　　　　　　　　　　　　　　　　정답 (O)

112 형사소송법 제260조 제4항 사건
헌재 2009.12.29. 2008헌마414 전원재판부

조문보기

형사소송법(2007.6.1. 법률 제8496호로 개정된 것) 제260조 (재정신청)
④ 재정신청서에는 재정신청의 대상이 되는 사건의 범죄사실 및 증거 등 재정신청을 이유 있게 하는 사유를 기재하여야 한다.

사건개요

갑은 영업부장으로 근무하던 을이 판매대금을 횡령하였다며 신고했다. 검사는 을에 대해 혐의없음의 불기소처분을 하였다. 이에 갑은 검찰청법에 따라 항고하였으나, 기각당하였다. 갑은 재정신청을 하였는데, 법원은 갑이 재정신청서에 그 사유를 기재하지 않았다는 이유로 기각하였다. 이에 갑은 재정신청서에 재정신청의 대상이 되는 사건의 범죄사실 및 증거 등 재정신청을 이유 있게 하는 사유를 기재하도록 규정하고 있는 형사소송법 제260조 제4항이 갑의 재판청구권 등을 침해하였다고 주장하면서 헌법소원심판을 청구하였다.

판결요지

이 사건 법률조항에서 재정신청서에 재정신청이유를 기재하도록 규정하고 있는 것은 재정신청서에 재정신청의 근거를 명시하게 함으로써 법원으로 하여금 재정신청의 범위를 신속하게 확정하고, 재정신청에 대한 결정을 신속하게 내릴 수 있도록 하며, 재정신청의 남발을 방지하려는 취지와 재정신청으로 인하여 이미 검사의 불기소처분을 받은 피고소인 또는 피고발인의 지위가 계속 불안정하게 되는 불이익을 고려하여 입법자가 정당한 이익형량을 한 결과라고 할 것이므로 합리적인 이유가 있다. 따라서 이 사건 법률조항에서 고소인 또는 고발인에게 재정신청서에 재정신청의 이유를 기재하도록 하는 것이 재판청구권을 형해화할 정도에 이른다고 볼 수도 없다.

해설

우리 헌법은 공소제기의 주체, 방법, 절차나 사후통제에 관하여 직접적인 규정을 두고 있지 아니하며, 검사의 자의적인 불기소처분에 대한 통제방법에 관하여도 헌법에 아무런 규정을 두고 있지 않기 때문에 어떠한 방법으로 어느 범위에서 그 남용을 통제할 것인가 하는 문제 역시 기본적으로 입법자의 재량에 속하는 입법정책의 문제이다. 그러므로 입법자가 재정신청 제도를 두면서 그 범위나 방법을 제한하는 경우에도 그 제한이 현저하게 불합리하게 설정되지 않는 한 헌법에 위반되는 것이라고 할 수 없다.

예상지문 O X

헌법에서 공소제기의 사후통제에 관하여 직접적인 규정을 두지 않고 있으므로 입법자가 재정신청 제도를 두면서 그 범위나 방법을 제한하는 경우에도 현저하게 불합리하지 않은 한 합헌이다. (   )

해설 기본적으로 입법자의 재량에 속하는 입법정책의 문제이다.

정답 (O)

113 조선철도 주식의 보상금청구에 관한 헌법소원 사건

헌재 1994.12.29. 89헌마2 전원재판부

조문보기

헌법 제23조
① 모든 국민의 재산권은 보장된다. 그 내용과 한계는 법률로 정한다.
② 재산권의 행사는 공공복리에 적합하도록 하여야 한다.
③ 공공필요에 의한 재산권의 수용·사용 또는 제한 및 그에 대한 보상은 법률로써 하되, 정당한 보상을 지급하여야 한다.

재조선미국육군사령부군정청법령 제75호 조선철도의통일(1946.5.7. 제정) 제1조
본령의 목적은 공용을 위하여 사설철도를 정부접수하에 통일함으로서 조선 내 철도운수를 완전한 국영체제로 발전시킴에 재함.

재조선미국육군사령부군정청법령 제75호 조선철도의통일(1946.5.7. 제정) 제2조 (수용선언)
전기 목적을 달성하고자 조선철도주식회사·경남철도주식회사 급 경춘철도주식회사의 전재산을 조선정부운수부 감독하에 조선의 공용으로 하기 위하여 자에 취득·수용함을 선언함.

사건개요 6·25 전쟁 후 군정법령에 따라 사설철도의 전 재산이 공용을 위하여 수용되었다. 철도회사의 주식을 소유하고 있던 갑은 군정법령이 정한 손실보상을 받기 위하여 미군정청의 운수부장에게 보상청구서를 제출하였다. 그러나 전쟁으로 관계서류가 소실됨으로써 교통부장관이 사설철도회사 주주의 등록을 하도록 공고하였다. 갑의 업무와 재산일체를 인수한 을은 이에 따른 등록을 마쳤다. 그리고 을이 보상청구권을 병에게 양도하였다. 그 후 보상절차가 중단되자 병은 대한민국을 상대로 소송을 제기하여 승소판결을 받았다. 그러나 대한민국 정부는 근거법령이 없다는 이유로 손실보상금의 지급을 거절하였다. 이에 병은 입법부작위에 대하여 헌법소원심판을 청구하였다.

판결요지 (1) 공권력의 불행사로 인한 기본권침해는 그 불행사가 계속되는 한 기본권침해의 부작위가 계속된다 할 것이므로, 공권력의 불행사에 대한 헌법소원심판은 그 불행사가 계속되는 한 기간의 제약이 없이 적법하게 청구할 수 있다.
(2) 해방 후 사설철도회사의 전 재산을 수용하면서 그 보상절차를 규정한 군정법령 제75호에 따른 보상절차가 이루어지지 않은 단계에서 조선철도의통일폐지법률에 의하여 위 군정법령이 폐지됨으로써 대한민국의 법령에 의한 수용은 있었으나 그에 대한 보상을 실시할 수 있는 절차를 규정하는 법률이 없는 상태가 현재까지 계속되고 있으므로, 대한민국은 헌법상 명시된 입법의무가 있다. 위 폐지법률이 시행된 지 30년이 지나도록 입법자가 전혀 아무런 입법조치를 취하지 않고 있는 것은 헌법상 보장된 재산권을 침해하는 것이므로 위헌이다.

해설 헌법에서 기본권보장을 위해 법령에 명시적으로 입법위임을 하였음에도 불구하고 입법자가 이를 이행하지 않고 있는 경우 또는 헌법 해석상 특정인의 기본권을 보호하기 위한 국가의 입법의무가 발생하였음이 명백함에도 불구하고 입법자가 전혀 아무런 입법조치를 취하지 않고 있는 경우에 한하여 그 입법부작위가 헌법소원의 대상이 된다.

기출지문 O X

공권력의 불행사에 대한 헌법소원의 경우 불행사가 계속되는 한 청구기간에 제한이 없다. (   )

▶14. 국회 9급

해설 공권력의 불행사로 인한 기본권침해는 그 불행사가 계속되는 한 기본권침해의 부작위가 계속된다 할 것이므로, 공권력의 불행사에 대한 헌법소원심판은 그 불행사가 계속되는 한 기간의 제약이 없이 적법하게 청구할 수 있다(헌재 1994.12.29, 89헌마2).

정답 (O)

114 군법무관의 월급 인상 규정에 관한 사건
헌재 2004.2.26. 2001헌마718 전원재판부

조문보기

구 군법무관임용법 제5조
③ 군법무관의 대우는 법관 및 검사의 대우에 준하여 대통령령으로 정한다.

구 군법무관임용법 제6조 (군법무관의 보수)
군법무관의 봉급과 그 밖의 보수는 법관 및 검사의 예에 준하여 대통령령으로 정한다.

사건개요 갑은 사법시험에 합격한 후 현재 군법무관으로 근무 중이다. 갑은 구 군법무관임용법 제5조 제3항 및 군법무관 임용 등에 관한 법률 제6조의 위임에 따라 대통령이 군법무관의 봉급과 그 밖의 보수를 법관 및 검사의 대우(예)에 준하여 지급하도록 하는 시행령을 제정할 의무가 있음에도 불구하고 이를 이행하지 아니함으로써 자신들의 기본권을 침해하고 있다며 헌법소원심판을 청구하였다.

판결요지 우리 헌법은 국가권력의 남용으로부터 국민의 자유와 권리를 보호하려는 법치국가의 실현을 기본이념으로 하고 있고, 자유민주주의 헌법의 원리에 따라 국가의 기능을 입법·행정·사법으로 분립하여 견제와 균형을 이루게 하는 권력분립 제도를 채택하고 있다. 행정과 사법은 법률에 기속되므로, 국회가 특정한 사항에 대하여 행정부에 위임하였음에도 불구하고 행정부가 정당한 이유 없이 이를 이행하지 않는다면 권력분립의 원칙과 법치국가의 원칙에 위배되는 것이다. 법률이 군법무관의 봉급과 그 밖의 보수를 법관 및 검사의 예에 준하여 지급하도록 하는 대통령령을 제정할 것을 규정하였는데, 대통령이 지금까지 해당 대통령령을 제정하지 않는 것은 군법무관의 기본권을 침해하는 것이다.

해설 행정권력의 부작위에 대한 헌법소원은 공권력의 주체에게 헌법에서 유래하는 작위의무가 특별히 구체적으로 규정되어 이에 의거하여 기본권의 주체가 행정행위를 청구할 수 있음에도 공권력의 주체가 그 의무를 해태하는 경우에 허용되고, 특히 행정명령의 제정 또는 개정의 지체가 위법으로 되어 그에 대한 법적 통제가 가능하기 위하여는 첫째, 행정청에게 시행명령을 제정(개정)할 법적 의무가 있어야 하고 둘째, 상당한 기간이 지났음에도 불구하고 셋째, 명령제정(개정)권이 행사되지 않아야 한다.

기출지문 O X

국회가 특정한 사항에 대하여 행정부에 위임하였음에도 불구하고 행정부가 정당한 이유 없이 이를 이행하지 않는다면 권력분립의 원칙과 법치국가의 원칙에 위배되는 것이다. (   ) ▶ 08. 법원행시

해설 우리 헌법은 입법·행정·사법으로 분립하여 견제와 균형을 이루게 하는 권력분립 제도를 채택하고 있다. 국회가 특정한 사항에 대하여 행정부에 위임하였음에도 불구하고 행정부가 정당한 이유 없이 이를 이행하지 않는다면 권력분립의 원칙과 법치국가의 원칙에 위배되는 것이다(헌재 2004.2.26. 2001헌마718).

정답 (○)

115 행정입법부작위 위헌확인 사건
헌재 2005.12.22. 2004헌마66 전원재판부

조문보기

사법시험법 제11조 (시험의 합격결정)
② 각 시험의 구분별·과목별 합격최저점수, 과목별 배점기준, 성적의 세부산출방법 기타 시험의 합격결정방법은 대통령령으로 정한다.

사법시험법시행령 제5조 (시험의 합격결정)
⑤ 성적의 세부산출방법 그 밖에 합격결정에 필요한 사항은 법무부령으로 정한다.

사건개요 법무부장관은 제45회 사법시험 제2차 시험을 실시하였는데, 위 시험의 커트라인은 평균 42.64점으로서 총 응시생 5,122명 중 선발예정인원 약 1,000명에 못 미치는 905명만이 합격하였다. 갑은 제45회 사법시험 제2차 시험에 응시하여 커트라인을 상회하는 평균점수를 얻고도 한 과목 이상의 시험과목에서 과목별 합격최저점수인 4할을 얻지 못하여 불합격 처리된 사람이다. 갑은 사법시험법 및 동시행령이 법무부령으로 정하도록 위임한 '성적의 세부산출방법'을 상당한 기간이 지나도록 정하지 아니한 피청구인의 행정입법부작위로 인하여 자신들의 공무담임권, 직업선택의 자유, 행복추구권이 침해되었다고 주장하며 헌법소원심판 청구를 제기하였다.

판결요지 (1) 상위 법령의 규정만으로도 집행이 이루어질 수 있는 경우 하위 행정입법을 하여야 할 헌법적 작위의무는 인정되지 않는다. 법무부장관이 사법시험의 '성적세부산출 및 그 밖에 합격결정에 필요한 사항'에 관한 법무부령을 제정하여야 할 헌법상의 작위의무는 인정되지 않는다.
(2) 사법시험 제2차 시험에서 과락점수를 받아 불합격된 갑은 사법시험의 '성적세부산출 및 그 밖에 합격결정에 필요한 사항'에 관하여 법무부령을 제정하지 아니한 법무부장관의 부작위에 대하여 위헌확인을 구할 권리보호의 이익이 없다.

해설 행정입법의 지체가 위법으로 되어 그에 대한 법적 통제가 가능하기 위하여는, 우선 행정청에게 시행명령을 제정(개정)할 법적 의무가 있어야 하고, 상당한 기간이 지났음에도 불구하고, 명령제정(개정)권이 행사되지 않아야 한다. 헌법소원 제도는 국민의 기본권 침해를 구제해 주는 제도이므로 그 제도의 목적상 권리보호의 이익이 있어야 비로소 제기할 수 있는 것이다.

예상지문 O X

하위 행정입법의 제정 없이 상위 법령의 규정만으로도 집행이 이루어질 수 있는 경우라면 하위 행정입법을 하여야 할 헌법적 작위의무는 인정되지 아니하므로 입법부작위로 인한 헌법소원은 부적법하다. (   )

해설 삼권분립의 원칙, 법치행정의 원칙을 당연한 전제로 하고 있는 우리 헌법 하에서 행정권의 행정입법 등 법집행의무는 헌법적 의무라고 보아야 할 것이다. 그런데 이는 행정입법의 제정이 법률의 집행에 필수불가결한 경우로서 행정입법을 제정하지 아니하는 것이 곧 행정권에 의한 입법권 침해의 결과를 초래하는 경우를 말하는 것이므로, 만일 하위 행정입법의 제정 없이 상위 법령의 규정만으로도 집행이 이루어질 수 있는 경우라면 하위 행정입법을 하여야 할 헌법적 작위의무는 인정되지 아니한다(헌재 2005.12.22. 2004헌마66).

정답 (O)

116 근로기회제공불이행 위헌확인 사건
헌재 2004.10.28. 2003헌마898 전원재판부

조문보기

국가유공자등 예우 및 지원에 관한 법률 제33조의2 (기업체 등의 우선고용의무 등)
① 제30조 제2호에 해당하는 취업보호실시기관은 전체 고용인원의 3퍼센트 내지 8퍼센트 이내의 범위에서 대통령령이 정하는 대상업체별 고용비율 이상으로 취업보호대상자를 우선하여 고용하여야 한다.

국가유공자등 예우 및 지원에 관한 법률 제34조 (고용명령 등)
① 국가보훈처장은 취업을 희망하는 취업보호대상자를 지정하여 대통령령이 정하는 바에 따라 업체 등에 대하여 그를 고용할 것을 명할 수 있다.

국가유공자등 예우 및 지원에 관한 법률 시행령 제55조 (고용명령 등)
① 법 제34조 제1항의 규정에 의한 고용명령에 의하여 업체 등에 취업하고자 하는 취업보호대상자는 취업희망신청서를 관할 청장 또는 지청장에게 제출하여야 한다.

사건개요 갑은 철도청 기능직공무원으로 재직하던 중 공상을 입고 국가유공자등 예우 및 지원에 관한 법률에 따라 국가유공자로 등록된 자로서 법에 따른 취업보호대상자이다. 갑은 실직 후 보훈지청에 취업희망신청서를 제출하였으나, 국가보훈처장은 이에 대하여 아직 고용명령의 조치를 취하고 있지 아니하다. 갑은 철도청장에게 국가공무원법 등 관련법령에서 국가유공자를 공무원으로 우선 임용하도록 규정하고 있음을 들어 청구인을 기능직공무원으로 복직(그 실질은 새로운 임용에 해당한다)시켜줄 것을 요구하는 청원을 하였고, 철도청장은 공개적인 시험절차 없이 채용할 수는 없다는 취지의 회신을 하였다. 이에 갑은 헌법소원심판을 청구하였다.

판결요지 행정권력의 부작위에 대한 헌법소원은 공권력의 주체에게 헌법에서 유래하는 작위의무가 특별히 구체적으로 규정되어 이에 의거하여 기본권의 주체가 행정행위 내지 공권력의 행사를 청구할 수 있음에도 공권력의 주체가 그 의무를 해태하는 경우에 한하여 허용된다. 국가보훈처장에게는 고용명령에 의한 취업보호와 관련하여 일정한 작위의무가 인정된다고 보아야 한다. 다만 국가보훈처장에게 그 독자의 의사와 판단만으로는 실행하기가 곤란하거나 불가능한 고용명령에까지 나아가야 할 작위의무를 인정하기는 어렵다.

해설 청원서를 접수한 국가기관은 이를 적정히 처리하여야 할 의무를 부담하나, 그 의무이행은 청원법이 정하는 절차와 범위 내에서 청원사항을 성실·공정·신속히 심사하고 청원인에게 그 청원을 어떻게 처리하였거나 처리하려 하는지를 알 수 있을 정도로 결과통지함으로써 충분하고, 비록 그 처리내용이 청원인이 기대한 바에 미치지 않는다고 하더라도 헌법소원의 대상이 되는 공권력의 행사 또는 불행사가 있다고 볼 수 없다.

기출지문 O X

작위의무가 없는 공권력의 불행사에 대한 헌법소원은 인정되지 않는다. (　　) ▶ 09. 지방직 7급

해설 행정권력의 부작위에 대한 헌법소원은 공권력의 주체에게 헌법에서 유래하는 작위의무가 특별히 구체적으로 규정되어 이에 의거하여 기본권의 주체가 행정행위를 청구할 수 있음에도 공권력의 주체가 그 의무를 해태하는 경우에 허용된다(헌재 1996.6.13. 94헌마118).

정답 (O)

117 재판지연 위헌확인 사건
헌재 1999.9.16. 98헌마75 전원재판부

조문보기

헌법 제27조
③ 모든 국민은 신속한 재판을 받을 권리를 가진다. 형사피고인은 상당한 이유가 없는 한 지체없이 공개재판을 받을 권리를 가진다.

헌법재판소법 제68조
① 공권력의 행사 또는 불행사로 인하여 헌법상 보장된 기본권을 침해받은 자는 법원의 재판을 제외하고는 헌법재판소에 헌법소원심판을 청구할 수 있다. 다만, 다른 법률에 구제절차가 있는 경우에는 그 절차를 모두 거친 후에 청구할 수 있다.

사건개요 갑은 북한군의 병사로 한국전쟁에 참여하였다가 국군의 포로가 되었으나 구 국방경비법 위반죄로 중앙고등군법회의에서 무기징역형을 선고받고 복역하다가 형집행정지로 가석방되었다. 그런데 법무부장관은 갑에 대하여 보안관찰처분을 하였다. 갑은 이에 불복하여 취소를 구하는 소를 제기하였으나, 법원은 위 보안관찰처분의 효력기간인 2년이 이미 경과하여 소의 이익이 없게 되었다는 이유로 위 청구를 각하하였다. 이에 갑은 법원이 처분취소사건에 대하여 심리와 판결선고를 부당하게 지연하여 소송의 대상이 된 보안관찰처분들의 효력이 만료되는 날까지 판결을 각 선고하지 아니함으로써 공정하고 신속한 재판을 받을 권리와 평등권을 침해하였다고 주장하면서, 헌법소원심판 청구를 하였다.

판결요지 공권력의 불행사에 대한 헌법소원은 공권력의 주체에게 헌법에서 직접 도출되는 작위의무나 법률상의 작위의무가 특별히 구체적으로 존재하여 이에 의거하여 기본권의 주체가 그 공권력의 행사를 청구할 수 있음에도 불구하고 공권력의 주체가 그 의무를 해태하는 경우에 한하여 허용되므로, 이러한 작위의무가 없는 공권력의 불행사에 대한 헌법소원은 부적법하다. 또한 헌법에 의거한 신속한 재판을 받을 권리의 실현을 위해서는 구체적인 입법형성이 필요하다.

해설 법원은 민사소송법 제184조에서 정하는 기간내에 판결을 선고하도록 노력해야 하겠지만, 이 기간 내에 반드시 판결을 선고해야 할 법률상의 의무가 발생한다고 볼 수 없으며, 헌법 제27조 제3항 제1문에 의거한 신속한 재판을 받을 권리의 실현을 위해서는 구체적인 입법형성이 필요하고, 신속한 재판을 위한 어떤 직접적이고 구체적인 청구권이 이 헌법규정으로부터 직접 발생하지 아니하므로, 보안관찰처분들의 취소청구에 대해서 법원이 그 처분들의 효력이 만료되기 전까지 신속하게 판결을 선고해야 할 헌법이나 법률상의 작위의무가 존재하지 아니한다.

예상지문 O X

신속한 재판을 받을 권리를 규정하고 있는 헌법 제27조 제3항에 의하여, 모든 국민은 법률에 의한 구체적 형성이 없어도 직접 신속한 재판을 청구할 수 있는 권리를 가진다. (   )

해설 헌법 제27조 제3항 제1문에 의거한 신속한 재판을 받을 권리의 실현을 위해서는 구체적인 입법형성이 필요하고, 신속한 재판을 위한 어떤 직접적이고 구체적인 청구권이 이 헌법규정으로부터 직접 발생하지 아니하므로, 보안관찰처분들의 취소청구에 대해서 법원이 그 처분들의 효력이 만료되기 전까지 신속하게 판결을 선고해야 할 헌법이나 법률상의 작위의무가 존재하지 아니한다(헌재 1999.9.16. 98헌마75).

정답 (×)

118 기소유예처분취소 사건
헌재 2001.12.20. 2001헌마39 전원재판부

조문보기

헌법재판소법 제40조
① 헌법재판소의 심판절차에 관하여는 이 법에 특별한 규정이 있는 경우를 제외하고는 헌법재판의 성질에 반하지 아니하는 한도에서 민사소송에 관한 법령을 준용한다. 이 경우 탄핵심판의 경우에는 형사소송에 관한 법령을 준용하고, 권한쟁의심판 및 헌법소원심판의 경우에는 행정소송법을 함께 준용한다.

행정소송법 제20조
② 취소소송은 처분 등이 있은 날부터 1년(제1항 단서의 경우는 재결이 있은 날부터 1년)을 경과하면 이를 제기하지 못한다. 다만, 정당한 사유가 있는 때에는 그러하지 아니하다.

행정심판법 제18조
② 피청구인은 그 소속 직원 또는 제1항 제3호부터 제5호까지의 어느 하나에 해당하는 자를 대리인으로 선임할 수 있다.

형사소송법 제258조
② 검사는 불기소 또는 제256조의 처분을 한 때에는 피의자에게 즉시 그 취지를 통지하여야 한다.

사건개요 검사는 갑의 폭력행위등 처벌에 관한 법률 위반 피의사실에 대하여 기소유예처분을 하였다. 검사는 별도의 수사 없이 기소유예처분을 하면서 갑으로부터 반성문이나 서약서도 받지 않았을 뿐만 아니라, 고소사건이 아니라는 이유로 갑에게 통지를 하지 아니하였다. 갑은 검사의 기소유예처분은 잘못된 것이라고 주장하면서 헌법소원심판을 청구하였다.

판결요지 검사가 불기소처분을 한 경우 피의자에게 그 취지를 통지하여야 한다. 검사가 기소유예처분을 함에 있어 피의자로부터 반성문도 징구하지 아니하고, 피의자에게 그 취지도 통지하지 않은 사정은 행정소송법 제20조 제2항 소정의 정당한 사유에 해당한다.

해설 권리구제형 헌법소원심판이 비록 180일의 청구기간을 경과하여서 한 것이라 하더라도 정당한 사유가 있는 경우에는 이를 허용하는 것이 헌법소원 제도의 취지와 헌법재판소법 제40조에 의하여 준용되는 행정소송법 제20조 제2항 단서에 부합하는 해석이다. 검사의 불기소처분을 다투는 헌법소원의 심판에 있어서 청구인이 특별한 과실 없이 불기소처분이 있은 사실을 알지 못하여 헌법소원의 청구기간을 준수할 수 없었을 때에는 정당한 사유가 있다고 봄이 상당하다.

예상지문 O X

검사의 불기소처분을 다투는 헌법소원의 심판에 있어서 청구인이 특별한 과실 없이 불기소처분이 있은 사실을 알지 못하여 헌법소원청구기간을 준수할 수 없었을 때에는 정당한 사유가 있다. (   )

해설 검사의 불기소처분을 다투는 헌법소원의 심판에 있어서 청구인이 특별한 과실 없이 불기소처분이 있은 사실을 알지 못하여 헌법소원의 청구기간을 준수할 수 없었을 때에는 정당한 사유가 있다고 봄이 상당하다(헌재 2001.12.20. 2001헌마39).

정답 (ㅇ)

119 아동·청소년의 성보호에 관한 법률 제38조 제1항 제1호 사건

헌재 2013.10.24. 2011헌바106·107(병합)

조문보기

구 아동·청소년의 성보호에 관한 법률(2010.4.15. 법률 제10260호로 개정되고, 2012.12.18. 법률 제11572호로 개정되기 전의 것) 제38조 (등록정보의 공개)
① 법원은 다음 각 호의 어느 하나에 해당하는 자(이하 "공개대상자"라 한다)에 대하여 판결로 제3항의 공개정보를 등록기간 동안 정보통신망을 이용하여 공개하도록 하는 명령(이하 "공개명령"이라 한다)을 아동·청소년대상 성범죄 사건의 판결과 동시에 선고하여야 한다. 다만, 아동·청소년대상 성범죄 사건에 대하여 벌금형을 선고하거나 피고인이 아동·청소년인 경우, 그 밖에 신상정보를 공개하여서는 아니 될 특별한 사정이 있다고 판단되는 경우에는 그러하지 아니하다.
1. 아동·청소년대상 성폭력범죄를 저지른 자

사건개요 갑은 13세 미만의 미성년자를 간음한 혐의 등으로 기소되어 유죄판결과 함께 신상정보 공개명령을 선고받게 되었다. 갑은 아동·청소년 대상 성폭력 범죄를 저지른 사람에 대하여 신상정보를 공개하도록 한 '아동·청소년의 성보호에 관한 법률' 제38조 제1항 본문 제1호에 대하여 위헌법률심판 제청신청을 하였다. 갑은 신청이 기각되자 이 사건 헌법소원심판을 청구하였다.

판결요지 아동·청소년 대상 성폭력 범죄를 저지른 사람에 대하여 신상정보를 공개하도록 한 구 아동·청소년의 성보호에 관한 법률 관련 조항은 청구인들의 인격권 및 개인정보 자기결정권을 침해하지 않는다. 또한 심판대상조항은 평등원칙에 반하지 않는다. 심판대상조항은 적법절차 원칙 및 이중처벌금지 원칙에 반하거나 청구인들의 재판받을 권리를 침해하지 않는다.

해설 청구인들은 심판대상조항이 적법절차 원칙에 반하고 청구인들의 재판받을 권리를 침해한다고 주장하나, 법관이 유죄판결을 선고하는 경우에만 여러 사정을 종합적으로 고려하여 신상정보 공개명령을 할 수 있으므로, 심판대상조항이 적법절차 원칙에 반하거나 청구인들의 재판받을 권리를 침해한다고 볼 수 없다. 또한, 청구인들은 심판대상조항이 이중처벌금지 원칙에도 반한다고 주장하나, 이중처벌은 동일한 행위를 대상으로 처벌이 거듭 행해질 때 발생하는 문제로서 이 사건과 같이 특정한 범죄행위에 대하여 동일한 재판절차를 거쳐 형벌과 신상정보 공개명령을 함께 선고하는 것은 이중처벌금지 원칙과 관련이 없다.

기출지문 O X

아동·청소년 대상 성폭력범죄를 저지른 자에 대하여 신상정보를 공개하도록 하는 구 아동·청소년의 성보호에 관한 법률은 인격권 및 개인정보자기결정권을 침해하는 것은 아니다. (   )

▶ 14. 경정승진

해설 '아동·청소년의 성보호'라는 목적이 침해되는 사익에 비하여 매우 중요한 공익에 해당한다.

정답 (O)

120 사실혼 배우자의 상속권 사건
헌재 2014.8.28. 2013헌바119

조문보기

민법(1990.1.13. 법률 제4199호로 개정된 것) 제1003조 (배우자의 상속순위)
① 피상속인의 배우자는 제1000조 제1항 제1호와 제2호의 규정에 의한 상속인이 있는 경우에는 그 상속인과 동순위로 공동상속인이 되고 그 상속인이 없는 때에는 단독상속인이 된다.

사건 개요 갑은 을과 사실혼관계를 맺었고, 사실혼관계가 지속되던 중 을이 사망하였다. 사망한 을의 모 병은 을 소유의 1/2 지분에 관하여 상속을 원인으로 한 소유권이전등기를 경료하였다. 이에 갑은 법원에 병을 상대로 주위적으로 재산분할청구를, 예비적으로 상속회복을 원인으로 하는 소유권이전등기절차 이행청구를 하였다. 또한 갑은 위 심판 계속 중 민법 제1003조 제1항에 대하여 위헌법률심판 제청신청을 하였으나 그 신청이 기각되자, 헌법소원심판을 청구하였다.

판결 요지 사실혼 배우자에게 상속권을 인정하지 않는 민법 제1003조 제1항 중 '배우자' 부분은 청구인의 상속권을 침해하지 않는다. 또한 이 사건 법률조항은 청구인의 평등권을 침해하지 않으며, 헌법 제36조 제1항에 위반되지 않는다.

해설 상속권은 재산권의 일종이고 상속 제도나 상속권의 내용은 입법자가 입법정책적으로 결정하여야 할 사항으로서 입법자는 상속권의 내용과 한계를 구체적으로 형성함에 있어서 일반적으로 광범위한 입법형성권을 가진다. 법률혼주의를 채택한 취지에 비추어 볼 때 제3자에게 영향을 미쳐 명확성과 획일성이 요청되는 상속과 같은 법률관계에서는 사실혼을 법률혼과 동일하게 취급할 수 없는 점 등을 고려하면, 이 사건 법률조항이 청구인의 평등권을 침해한다고 보기 어렵다.

헌법 제36조 제1항은 "혼인과 가족생활은 개인의 존엄과 양성의 평등을 기초로 성립되고 유지되어야 하며, 국가는 이를 보장한다."고 규정하고 있다. 그러나 법적으로 승인되지 아니한 사실혼은 헌법 제36조 제1항의 보호범위에 포함되지 아니하므로, 이 사건 법률조항은 헌법 제36조 제1항에 위반되지 않는다.

기출지문 OX

재산권 보장은 사유재산의 처분과 그 상속을 포함하는 것이므로 유언자가 생전에 최종적으로 자신의 재산권에 대하여 처분할 수 있는 법적 가능성을 의미하는 유언의 자유는 헌법상 재산권의 보호를 받는다. (   ) ▶14. 지방직 7급

해설 우리 헌법의 재산권 보장은 사유재산의 처분과 그 상속을 포함하는 것인바, 유언자가 생전에 최종적으로 자신의 재산권에 대하여 처분할 수 있는 법적 가능성을 의미하는 유언의 자유는 생전증여에 의한 처분과 마찬가지로 헌법상 재산권의 보호를 받는다(헌재 2008.12.26. 2007헌바128).

정답 (O)

만화로 배우는 헌법 판례 120

제1판 발행	2016년 3월 15일	
제2판 발행	2017년 1월 20일	
제3판 발행	2020년 1월 15일	저자와의
제4판 초판 인쇄	2021년 11월 15일	협의하에
제4판 초판 발행	2021년 11월 22일	인지생략
글·그림	김재호 변호사 / 김영란	
발 행 인	박 용	
발 행 처	(주)박문각출판	
등 록	2015년 4월 29일 제2015-000104호	
주 소	06654 서울시 서초구 효령로 283 서경 B/D	
전 화	교재 주문 (02)3489-9400	
팩 스	(02)584-2927	

이 책의 무단 전재 또는 복제행위를 금합니다.

정가 12,000원   ISBN 979-11-6704-390-0